兜底保障目标下
中国社会救助
瞄准机制研究

DOUDI BAOZHANG MUBIAO XIA
ZHONGGUO SHEHUI JIUZHU
MIAOZHUN JIZHI YANJIU

李 鹏◎著

中国财经出版传媒集团
经济科学出版社
Economic Science Press

图书在版编目（CIP）数据

兜底保障目标下中国社会救助瞄准机制研究/李鹏
著 . -- 北京：经济科学出版社，2022. 3
ISBN 978 - 7 - 5218 - 3528 - 1

Ⅰ. ①兜…　Ⅱ. ①李…　Ⅲ. ①社会救济 - 福利制度 -
研究 - 中国　Ⅳ. ①D632. 1

中国版本图书馆 CIP 数据核字（2022）第 049485 号

责任编辑：孙丽丽　胡蔚婷
责任校对：李　建
责任印制：范　艳

兜底保障目标下中国社会救助瞄准机制研究

李　鹏　著

经济科学出版社出版、发行　新华书店经销
社址：北京市海淀区阜成路甲 28 号　邮编：100142
总编部电话：010 - 88191217　发行部电话：010 - 88191522
网址：www. esp. com. cn
电子邮箱：esp@ esp. com. cn
天猫网店：经济科学出版社旗舰店
网址：http://jjkxcbs. tmall. com
北京季蜂印刷有限公司印装
710 × 1000　16 开　19 印张　300000 字
2022 年 3 月第 1 版　2022 年 3 月第 1 次印刷
ISBN 978 - 7 - 5218 - 3528 - 1　定价：76. 00 元

前　言

　　实现社会政策托底，需要充分发挥社会保障在保障和改善低收入居民的兜底方面作用。作为整个社会保障政策体系的托底性安排，社会救助承担着筑牢最后一道"安全网"的职责与任务。当前中国社会救助主要是一种基于特定对象识别的补缺型福祉制度，瞄准机制在落实制度公平共享理念，体现再分配效率方面起着核心作用。实现兜底目标首先需要精准高效识别全部实际需要社会救助的各种弱势群体和贫困家庭，既需要全覆盖不漏一人，也需兼顾"精准"，避免再分配失灵而导致公共政策微效甚至失效。中国社会救助瞄准机制在有效识别收入贫困群体，保障困难居民基本生活方面发挥着显著作用，已经基本建立起以家庭人均可支配收入或家庭人均纯收入，以及包括家庭财产标准等在内的一揽子瞄准政策体系。在一些地方实践中，多维贫困理论和多维贫困标准已经逐步开始应用，尤其是对支出型贫困群体的关注和加大扶持，更是充分体现出政府与社会对贫困理论与贫困复杂面的认识深化。

　　习近平在主持中共中央政治局学习时强调我国社会保障制度改革已进入系统集成、协同高效的阶段，要准确把握社会保障各个方面之间、社会保障领域和其他相关领域之间改革的联系，提高统筹谋划和协调推进能力，确保各项改革形成整体合力。本书着重从系统角度完善社会救助瞄准机制。社会救助瞄准机制是一个完备的系统，它是包括一系列价值理念、目标、制度、保障与执行的动态有机结合体，同时与外部环境保持着密切联系和动态适应。社会救助蕴含的价值理念和问题导向及救助标准的设定，都会对瞄准效果产生影响。这里把社会救助视作一个完整、开放、动态化的系统,包括理念价值系统、目标以及动力系统、执行系统、监督以及保障系统、预警和应急系统等子系统,所有的子系统通过建立瞄准机制进行有机整合与联系,瞄准机制成为社会救助运行的核心系统,所有子系统都需要把落实福利理念,提高瞄准效果,实现社会救助目标体系作为指引,减小"摩擦力"更不能产生阻力,通过有机整合、协同并进产生"1+1>2"的效果。

对社会救助瞄准偏差的研究在学界已形成多种研究视角,但从系统和全流程角度全面分析偏差产生原因的研究还存在深入挖掘的空间。仅从执行角度或简单归因于实践情境复杂,都尚无法全面解释瞄准偏差。从更深层理论视野和更系统实践来看,对于社会救助支出与经济发展的辩证关系、中国是否存在福利依赖现象、如何理解贫困"通行证"的实践应用,以及怎样认识社会救助一线实践中存在的较多自由裁量问题,都是在研究分析社会救助瞄准机制亟待厘清的重要命题。从兜住底线和进一步提升社会救助治理能力和治理体系现代化的视角出发,当前社会救助瞄准机制还存在诸多不相适应且亟须完善的地方。(1)社会救助理念滞后。缺乏生命周期视角并且风险管理应对不足。(2)瞄准治理水平有待进一步提升。机制统筹层次较低,社会力量参与不足,法律规制保护尚不完善。(3)技术治理亟待规范加强。在充分利用大数据等信息化工具的同时,也需要合理界定和规范技术治理在整个社会救助瞄准机制中的角色与定位。加强情感治理与技术治理的结合。(4)瞄准执行优化面临挑战。执行情境发生明显变化,执行力量与需求匹配度不高,监督机制有待完善。(5)尽管中国家庭一直以来承担着福利供给的基础角色,但以家庭作为基本瞄准单元却不利于困难家庭中的特定贫困对象及时获得社会救助,传统"孝"文化转型也实际影响着社会救助瞄准质量。以2018年中国六省市社会救助专项调查数据为样本,构建实证计量模型研究发现,当前社会救助瞄准机制在识别收入贫困群体的瞄准绩效方面仍有大幅提升的空间,利用多维贫困指标得出的瞄准率相比单一收入贫困维度有了一定提高,但也存在信息不对称等瞄准情境复杂性等因素制约。采用"结构—功能"分析方法对湖北省武汉市社会救助瞄准机制进行剖析,研究发现,提升瞄准机制的针对性与适用性,关键取决于治理参与主体的合作程度以及对贫困风险的分析质量,同时需要在机制结构约束下保持一定幅度和空间的灵活性。

　　瞄准机制作为整个社会救助的制度核心与运行中枢，制度理念、相关流程模块都会对最终瞄准质量和政策效果产生系统性影响，需要加以系统整合和机制优化。当前中国社会救助无论是在识别收入贫困群体，还是对多维贫困群体的救助，都有着瞄准质量的提升空间和机制建设的发展潜力。构建系统化、整体性治理的社会救助瞄准机制，首先，在宏观层面积极认识兜底目标对于经济社会文化发展的相向而生的和谐促进关系，全面分析和辩证看待中国情境下救助支出与经济发展、救助力度与福利依赖的关系，形成更加积极、更为全面深刻的救助理念。而且还需要以实现兜底瞄准需要为导线，牵引社会救助其他方面制度建设和工作机制，形成整体性、协同化的广义视角上的瞄准机制。在此基础上还需要有效回应以下问题：（1）瞄准标准和主要救助对象的包容性、发展性不够，需要根据托底社会政策目标和共享经济社会发展，适当可持续地增量扩容，更好地体现多维贫困理念；（2）规定标准与实际执行的具体操作性程序并未完全一致，地方风俗习惯等社会文化情境以及具体经办人员的职业能力和道德素养，都会直接影响着瞄准质量；（3）社会救助既体现国家治理角色，也是基层社会治理体系的组成部分，如何在确保兜底保障目标的前提下，发挥好社会救助其他公共治理功能以实现综合治理效益；（4）兜底目标张力下，社会救助制度建设与治理体系如何有效互动整合，以更好地聚焦于提升瞄准绩效。

　　社会救助瞄准需要强化问题导向与风险治理。社会救助产生瞄准偏差的根本原因在于社会政策执行要求的简约性与社会现实与问题的复杂性之间的矛盾。社会救助需要突出问题导向，但社会问题具有隐蔽性和一定潜伏期，同时随着经济社会发展而不断出现新情况、新变化。贫困问题既涉及宏观的政治经济社会因素，也与家庭结构等情况密不可分，呈现出复杂性、区域性和微观化的特征。对贫困的不同理解会直接影响社会救助瞄准机制，这不仅是个实践问题，更是理念抉择问题。同时福利模式选择、价值理念导向及救助标准、社会力量参与等因素也会影响瞄准效果。因此，实现好社会救助兜底保障功能，需要积极转变过去主要以家庭收入（财产）为主要标准，在通过收入扶持补充困难家庭现金收入之外，逐步导入多维贫困理念，充分借鉴和吸收农村精准扶贫实践当中"收入贫困＋多维治理"的干预模式。依托瞄准机制的优化整合以及救助对象的适度扩容，提升和筑牢社会救助的兜底基石。

中国社会救助在政策治理目标提升以及国家治理体系和治理能力现代化的背景下，全面进行理念优化和机制整合，进一步提升瞄准机制的反应力、适应力以及包容性与整体性，以充分适应新时代社会救助面临的新任务与新要求。一是进一步丰富社会救助发展型、包容性理念，构建多维框架下的兜底保障目标体系。二是加强相关制度供给和流程建设，拓展稳定可持续的社会救助资源筹集渠道。完善家计调查程序，加强监督机制建设。三是加强政府购买社会救助服务，积极引导社会力量参与，促进形成协同治理格局。四是进一步提升信息化、智能化工具的应用水平，充分利用大数据、信息化平台提高瞄准操作的规范透明程度，提高政策可及性拓展居民参与监督渠道。将朴素的情感关怀与先进的技术手段相结合，提升社会救助瞄准的主动性、精准性和人文性。五是加强风险管理和应急能力建设，以有效应对后工业化社会和全球化带来的"新社会风险"冲击。同时为应对瞄准偏差建立应急管理机制，全面改善影响瞄准效果的理念、制度和技术因素，建立瞄准偏差的监管控制和事后补救机制，加强对瞄准过程管理监督。

目 录
CONTENTS

| 第 1 章 |

绪　论

1.1　研究背景与研究意义

1.1.1　研究背景

在当代社会保障体系中，社会救助是最古老的社会保障制度，同时也是当今社会中仍发挥重要作用的制度。它是为贫困人口与不幸者组成的社会脆弱群体提供款物扶助和接济的保障政策，被称为社会最后的安全网。由于不同国家社会经济、文化传统和价值观念等方面的差异，各国实施的社会救助计划也呈现出多样性并存在显著差异。纵观世界各国社会救助发展史，也是一部与本国经济社会发展密切相连的改革史，发展变化成为社会救助不变的主题，其中社会救助瞄准机制在这变化中具有"风向标"的指示性作用。无论是在西欧等传统的福利国家，还是以美国为代表的补缺型社会福利体制，都在突出和强化瞄准机制的作用，竭力避免因为瞄准不当而造成社会公共资源浪费，并且对市场效率机制产生消极影响，引发出"贫穷陷阱"等福利依赖问题。其也标志一些传统的福利国家的普惠型福利理念发生了转折和变化，通过瞄准机制将福利投向无劳动能力的老人、小孩和残疾人等群体以及单亲家庭等，而对具有劳动能力的群体通过工作福利的方式，激励其重返劳动力市场。而这一切背后在于这些国家所面临的经济增长乏力、失业、福利观念异化、未婚先孕、离婚率高等突出的社会问题。而在改革过程中，通过强化对这些问题的瞄准从而将资源精准投放，从而为国家摆脱经济增长泥潭和解决社会问题提供了出路。而当前中国经济进入新常态，同时精准脱贫战略实施都对社会救助的瞄准机制提出了更高要求，一方面要求资金投向精准，充分发挥和提高资金使用的经济社会效益，确保不错保；另一方面则要求精准识别贫困人员，确保不漏保，同时精准帮扶贫困人员维持最低生活，对具备劳动能力的弱势群体鼓励和帮扶其提升内生发展动力和发展能力。同时，转型期中国的一些相对突出的社会问题开始凸显，比如家庭核心化、人口老龄化、贫困代际传递、失独家庭、"二孩"家庭等增多，由于其自身的脆弱性容易受到各种风险冲击，而如果社会保护不足则可能会使其生存发展难以为继。

在最低生活保障制度建立之初，主要针对的城镇下岗工人失业问题和农村极端贫困问题，当时中国整个社会保障制度体系也刚开始起步，福利体系主要是依照工业化过程中所面临的失业等传统社会风险进行构建，逐渐形成以社会保险为核心的多方共担的风险防范和福利保障体系，社会救助体系成为社会最后的安全网。福利理念因经济发展水平、财政负担能力以及考虑到中国传统的把家庭作为主要的福利供给者等因素，政府一直以补缺者的角色出现。而现在随着社会救助兜底责任的强化以及中国经济发展水平提升，可以由补缺型福利向适度普惠型的福利转变，同时对家庭提供福利也需要给予明确的政策激励导向和经济补助，使得政府和家庭、社会在提供福利的时候能够并行不悖，相互促进。

在补缺型福利供给模式下，政府承担兜底保障责任，而家庭则一直以来作为福利主要和基本的供给单元，发挥着十分重要和稳定的作用，这也是该模式长期存在和发展的基础保障。只有当家庭人均收入低于最低生存需要时，政府予以介入和救助。家庭人均收入指标与家庭的规模和结构密切相关。根据2014年中国家庭发展追踪调查居住在本户的家庭成员为研究对象，发现家庭户规模小型化，农村户均规模2.76人/户，城镇户均规模2.63人/户，同时户结构核心化，核心户占所有户的59.5%，主干户占24.2%。[①] 同时由于

---

① 国家卫生计生委家庭司. 中国家庭发展报告2016 [M]. 北京：中国人口出版社。

婚姻、生育和居住的影响，出现单亲家庭、丁克家庭、留守儿童、留守家庭，由于低生育水平的作用，家庭扩展期缩短，而成年人口的流动以及分户居住等使得家庭收缩期提前到来。这都使得家庭在福利供给以及防御社会风险方面的作用受到影响和削弱①。与此同时，近九成的家庭有不同程度的照料需求，研究表明中国家庭的照料需求与支持之间存在失衡问题，社会照料对家庭照料的替代或补充有限②。家庭规模缩小与结构核心化与人口老龄化相互交织，对于人力资本不足、收入匮乏的贫困家庭来说，面临家庭内部照料与外出工作获取收入的困境。

当下经济社会发展日新月异，经济社会发展呈现诸多长远而又深刻的变化，与社会救助制度建立之初的情况不可同日而语。比如人口老龄化带来的家庭结构变化和老年贫困，养老问题在受助的贫困家庭表现更为突出，第一个问题是未能参保获取养老金权益依靠社会救助养老恐难以实现，第二个问题是按照家庭人均收入补差，那么老人的养老权益就会被稀释和转移。第七次全国人口普查主要数据显示，截至 2020 年，全国 60 岁及以上老年人口 26402万人，占总人口的 18.7%，其中 65 岁及以上人口 19064 万人，占总人口的13.5%。③ 此外，还有人户分离、人口流动日益频繁，给属地化管理带来很多困难，入户调查等核查有时无法进行。第三个重要的问题就是共享经济和"互联网＋"的发展，就业形态更加多样，就业时间更加灵活，自雇者、小时工、兼职工作者等日益增多，对此类群体的收入如何进行核查，随着就业渠道增多，对有一定劳动能力的受助者还是否可以用相关的激励政策促进其工作就业，而不纳入最低保障范围？这些都是比较现实又亟待解决的问题。

当前中国社会救助的瞄准机制基本是以家庭人均可支配收入或家庭人均纯收入作为瞄准依据，因此瞄准的是经济现金流，然而仅仅评估家庭收入不足以全面准确反映家庭的脆弱性。而且当前关于瞄准偏差的研究已经证实实践中并不少见，但仍缺乏从全面、系统的角度对背后的原因进行阐述分析。例如往往只针对收入核算困难、基层自由裁量权大、福利捆绑导致逆向选择等问题，而忽略瞄准偏差有其客观必然性。所以焦点应当是如何将瞄准偏差降到最小，同时也出台了一定的补救措施。而且现有研究对瞄准机制往往只侧重于家计调查

---

①② 国家卫生计生委家庭司. 中国家庭发展报告 2016［M］. 北京：中国人口出版社。

③ 国家卫生计生委健康司.《2020 年度国家老龄事业发展公报》。

这一环节，比较缺乏从系统整体角度分析，例如瞄准偏差是执行不力还是制度标准设计不当？制度价值理念是否会对瞄准偏差产生影响？这一切背后隐含的是社会救助瞄准的不单是经济上的收入贫困家庭，而是解决某些突出和典型的社会问题，收入匮乏只是问题的表象，也只是问题的某一个方面。所以说，对瞄准偏差的分析需要系统化、多角度的综合全面分析。具体从中国转型期的经济社会突出的矛盾和问题入手，然后从制度对问题的价值理念、制度构建、标准制定、机制的运行以及具体执行、反馈调适等体系化全流程予以分析，全景式展现瞄准机制的各个构成要素及其之间的有机联系，避免相互割裂的分析。

以发展型社会政策为视角，系统设计和整体规划社会救助瞄准机制具有十分重要的现实意义。实现社会政策的兜底功能，单一的收入扶持型在经济新常态和"新社会风险"并存的背景下，会出现制度目标与政策功能不相适应，兜底功能可以有效防范各种社会风险，守住社会公平正义底线，创造稳定良好的经济社会发展环境，同时也需要适应经济发展带来的新变化，为经济稳定可持续发展创造条件，因此根本上是要求形成经济与社会发展的良性互动、相辅相成的关系，即社会政策要同时兼备民生兜底、经济兜底与社会、文化兜底的复合功能，见表1-1。一方面，当前社会救助瞄准机制主要针对收入贫困群体的收入扶持以维持最低生活，尚缺乏主动干预、提前预防机制，救助对象的人力资本投资体系尚不够完善，救助标准上缺乏一种发展型导向和支持，全生命周期的针对性帮扶相对欠缺，对人口老龄化等"新社会风险"应对不足。另一方面，经济新常态发展需要与收入扶持型社会救助存在总量和结构性矛盾。即社会救助瞄准的对象和救助措施与经济社会发展需要匹配度不高，与经济发展密切相关的支出型贫困、发展型贫困尚未在瞄准机制中体现。经济新常态是指中国经济从改革开放以来的高速增长转为中高速增长，产业结构由中低端向中高端转型升级，由粗放型向集约型发展方式转变，由过去依靠资源消耗转为依靠劳动力素质、技术进步来推动。社会救助瞄准机制根本上是要适应经济新常态，实现社会政策的经济兜底功能，同时也实现自身可持续发展。其中提高人力资本是实现中国经济提质升级的核心要素，这就需要充分考虑人口老龄化、家庭核心化对劳动力市场和家庭工作决策的影响，以及兼顾游离于劳动力市场之外的各种类型贫困家庭，在收入扶持之外通过能力投资等措施提升其参与劳动力市场的意识和能力。

表 1-1 发展型社会政策视角下社会救助兜底指标释义

兜底指标	主要内容	发展指标	主要内容
民生兜底	①保障困难群体最低生活所需;②维护每个社会成员基本生存权利和尊严;③确保遭遇各种风险或不幸的社会成员可以获得及时有效帮助	民生发展	①确保困难群体可以共享改革发展成果;②促进社会公平正义和保障平等发展权利;③健全社会保护机制,可持续发展社会福利
经济兜底	①弥补市场效率机制产生的各种问题;②创造公平的发展机会;③配套经济发展改革,防范各种风险	经济发展	①为经济发展扩大内需,促进消费;②提升人力资本;③公共支出与经济发展实现可持续;④创造稳定良好发展环境
社会兜底	①避免阶层固化,促进社会流动;②消除歧视和社会排斥;③打破贫困代际传递;④打破影响社会基本公平的藩篱和障碍;⑤应对各种突出社会风险	社会发展	①促进社会正常双向流动和充分融合;②形成多元化、橄榄型的社会结构;③形成利益共享和协调互动的社会发展机制;④建立社会风险预警、评估和防御机制
文化兜底	①维护优秀传统文化;②抵制西方文化的冲击;③预防和避免进取心和责任心下降等福利依赖观念	文化发展	①培育和发展符合国情和发展需要的社会福利文化;②大力弘扬中国传统优秀文化
家庭兜底	①维持家庭基本生产生活所需;②维护家庭稳定和代际发展;③介入和支持家庭责任和亲情观念得以延续	家庭和个人发展	①巩固家庭在经济社会发展中的地位和作用;②为家庭福利供给提供支持保障;③形成个人、家庭与社会互补互动机制

1.1.2 研究意义

社会救助不仅是学术界、政策界的研究讨论热点,也是普通公众关注的焦点民生问题,社会救助在维护社会公平正义,筑牢最后一道安全网,兜底保障困难群众最低生活方面发挥着重要作用。反贫困不是一个简单地使用公共资源对不幸者施以救助的过程,而是在其背后有理论和技术的支撑。世界银行描述社会政策的瞄准机制时提道:"瞄准机制的主要目标是将更多的资源分配给人口中最贫困的群体"。扶贫或社会救助资源分配中的瞄准偏差是一个全球性"顽疾"。无论是在福利体系相对成熟的发达国家还是在社会政策正在推进的发展中国家,瞄准偏差都是困扰社会政策的重要因素,是社会政策领域普遍存在的一大顽疾。

如何减小标准偏差对促进社会公平正义,提高政府公共产品和服务的供给质量有着十分积极的意义。精准识别救助对象，降低漏保、错保等现象，是实现政策目标的首要任务，关键是建立规范科学的制度瞄准机制。这种机制既要有社会救助政策明确规定，也需要考虑复杂的经济社会文化情境因素，规避精英控制和道德风险问题，二者直接影响着制度的瞄准精度和实施效果。社会救助兜底功能要求能够提高瞄准效果，把公共资源投入到真正贫困的人员手中，降低瞄准偏差是实现政策功能的基本要求。但是社会救助执行的简约性与社会具体情境的复杂性这一矛盾，使得瞄准偏差难以做到完全避免。在政策和执行等各种层面通过政治、技术、文化等多种治理手段只能降低瞄准偏差，所以在完善瞄准机制建设，加强执行能力提升的同时，既从社会救助系统的角度全面优化瞄准机制，同时对瞄准偏差需要建立相应的权利救济和帮扶措施。

第一，社会救助依托瞄准机制实际上是反映了中国选择型的福利模式，而这种选择型福利随着经济社会发展所瞄准的对象也需要调整和变化，例如针对收入贫困是否可以同时兼顾支出等因素，针对高龄老人、单亲家庭以及失独家庭等是否可以以适度普惠型取代收入瞄准机制，在救助标准不断提高、中央财政投入不断加大的情况下，是否进一步对救助对象进行细致的区分，对家庭结构、劳动力情况不同从而采取不同的救助标准和救助项目，这些都需要从系统化、全流程的角度对瞄准机制进行优化。截至 2016 年底，全国共有孤儿 46 万人，其中集中供养孤儿 8.8 万人，社会散居孤儿 37.3 万人。2016 年依法办理离婚手续的共有 415 万对，比上年增长 8.3%，结婚率为 8.3‰，比上年下降 0.7 个千分点，离婚率为 3‰，比上年增加 0.2 个千分点，具体见图 1-1。

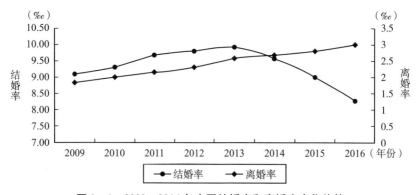

图 1-1　2009~2016 年中国结婚率和离婚率变化趋势

第二，社会救助根本上瞄准的是贫困问题，而贫困问题也有不同面向也呈现不同的变化发展趋势，如果只是对无收入或收入下滑到救助标准线以下的对象进行救助，缺乏上游干预和风险预警，那么从持续发展生计角度以及实现家庭自立，促进社会流动的目标来看，维持型的社会救助的效果十分有限，见表 1-2。因此，有必要在社会救助理念和制度中嵌入发展型视角，即重视人力资本投资和上游干预，将社会救助视为促进社会再生产的手段之一，而不是单一的消耗性、维持型目标，同时注重贫困人员的能力建设，不仅对已经陷入贫困的个人和家庭进行救助，而且对贫困的边缘群体也需要给予适当的关注，不仅是提供经济支援，同时需要提供可以帮助家庭和个人发展自立所需要的基本资源和服务。

表 1-2　　　　发展型社会政策视角下社会救助反贫困功能释义

贫困类型	预防措施	干预措施	长效机制
收入型贫困	①建立收入预警制度，主动识别收入贫困群体；②将中低收入群体纳入制度体系中来；③注重就业救助和工作激励；④加强非正规就业的劳动权益保护	①适度收入补助，以维持最低生活所需；②建立与物价联动的补助调整机制；③根据家庭规模和结构确定最低收入需要	①完善社会保障机制；②建立就业促进帮扶机制；③完善收入风险综合治理机制；④统筹收入扶持与自立发展；⑤建立经济发展与国民收入同步增长的收入分配机制
支出型贫困	①利用大数据平台，主动分析和识别突发性或长期大宗大额支出家庭；②提高基本医疗卫生等公共服务可及性，预防较大风险产生	①根据支出需要提供现金、服务等针对性扶持，降低家庭支出负担；②保障支出困难家庭最低生活需要	①完善社会保障机制，加强对大额大宗支出的政策支持；②形成社会力量的有效参与机制；③充分发挥商业保险等市场机制作用
能力贫困	①提高基本教育、就业等公共服务供需匹配与精细化水平；②通过社区或社会组织提高贫困群体的社区参与和社会融入	①加强社会服务供给水平，将能力建设作为反贫困的根本保障；②在就业或项目扶贫等实践中提升贫困者自立能力	①建立贫困群体人力资本开发保障机制，为贫困人员技能培训、学历提升、生理康复等提供基本经济和服务支持；②分类施策，对具有发展潜力的贫困人员以能力开发作为重点

续表

贫困类型	预防措施	干预措施	长效机制
发展型贫困	①保障公平的发展权利；②消除制度歧视和基本公共产品和服务的地区、区域差异；③经济社会发展更加突出人的全面进步和充分参与	①打破贫困代际传递，重视教育扶贫作用，保障起点公平；②为贫困地区和贫困家庭创造发展条件；③引导和培育自力更生的积极理念	①创造有利于公平发展的制度环境；②明确治理各方在保障起点公平和程序正义中的功能和作用；③促进协同发展，缩小地区区域之间发展差距；④塑造具有福利和生产多重效应的社会政策

第三，随着中国经济社会发展水平的不断提升，统筹城乡之间、区域之间一体化、均衡化发展的各种政策制度措施落地和深入实施，中国的绝对贫困人口数量不断减少，特别是国家精准扶贫精准脱贫战略的深入推进，农村地区的减贫成效非常明显，大量贫困人口通过产业扶贫、就业扶贫等一系列帮扶措施摆脱了绝对贫困。一部分具有劳动能力或自立发展潜力的建档立卡低保贫困人员通过国家的政策帮扶和自身努力，退出低保实现脱贫。同时，随着城乡低保瞄准机制的不断发展，特别是家庭经济状况核对系统等信息化平台建设以及依托大数据建立的监督机制的发展，有力地促进了城乡低保的公平、公正、透明，不符合制度政策条件的领取对象被及时地予以退出。在这两个方面的共同作用下，中国近年来城乡低保保障人数均呈卜降之势，具体见表1-3。然而，城乡最低生活保障制度是一项基础性、兜底性的民生制度安排，它是防范各种风险，兜底保障困难群众最低生活所需的最后一道"民生安全网"，也是完善社会主义市场经济体制，弥补市场失灵，缩小贫富差距，维护社会公平正义的需要，更是转变政府职能，创造良好社会环境，提高社会文明程度的需要。所以，尽管城乡最低生活保障制度有其阶段性的定位和功能，需要进行相应的调整和完善，但在促进实现共同富裕以及共享理念的发展落实，社会保护机制不断完善以及居民权利意识不断增强的发展背景下，这项基础性的制度安排需要进一步的巩固和加强，以充分发挥其兜底保障的功能。不过随着经济社会等客观情况的不断发展变化，贫困的内涵和外延也在发生着深刻的变化，例如绝对收入贫困减少，支出型贫困以及工作贫困增加、发展机会和发展权利不均等，如果仍然以绝对收入贫困作为制度衡量贫困的唯一尺度，那么制度的覆盖面就会下降，制度的兜底保障功能

也会受到影响。而社会救助是一项长远具有战略意义的制度安排，其功能和作用需要得到巩固和发展。

表 1-3　　　　　　　　　　社会救助瞄准偏差归因分析

偏差归因	主要结论
执行不当	①基层自由裁量权过大，容易产生权力寻租和精英俘获现象；②家庭收入难以准确计算，存在道德风险和逆向选择问题；③基层经办人员数量少、能力素质偏低；④执行工具和技术手段需要加强；⑤信息互联互通水平有待提高
制度诱因	①制度瞄准对象单一，支出型等贫困类型未被纳入；②存在福利叠加效应，制度体系的具体功能、对象和目标缺乏区分，容易产生利益诱导；③制度层阶较低，法律保障不足
情境条件欠缺	①贫困现象和致贫原因复杂交织在一起，难以分离或准确识别收入贫困；②中国特别是农村地区尚不具备家计调查的条件和基础；③贫困家庭和环境特点难以保证执行完全到位
系统和整体论	①政策执行的精准性、简约性要求与执行情境的复杂性存在矛盾；②当前瞄准对象与反贫困和兜底定位和功能不符；③产生瞄准偏差未能有效针对主要社会问题和社会现象；④瞄准机制存在应急管理和权利救济缺失；⑤瞄准机制各系统缺乏有效呼应衔接；⑥瞄准失灵兼有主客观原因，需要系统设计和整体再造

因此，社会救助以绝对收入贫困为主要对象的瞄准机制需要与时俱进地进行调整和完善，从而动态精准适应社会救助面临的新形势和新要求，在社会救助标准完善、多种贫困面向的全面应对等瞄准机制的各个方面予以调整，在绝对收入贫困救助对象不断减少的历史背景下，通过政策瞄准机制调整来实现基本的兜底范围和覆盖面，确保社会救助的功能充分发挥和有效落地，进而提升社会文明程度和治理现代化水平。

在这一理念导向下，社会救助的瞄准机制是一个各部分紧密相连的有机整体，而不是执行中的一个具体环节，是事关制度目标实现的核心"部件"。决定瞄准成效和制度效果的不仅是重视执行质量，工具化的技术治理只是其中一个方面，真正实现社会救助兜底和制度的可持续发展需要从发展型视角对社会救助进行系统化的优化设计。例如对于射击来讲，提高命中率是其核心目标，需要依靠相应的瞄准机制来实现，而不只是依靠"瞄准镜"就可以准确、有力地击中目标，这只是整个瞄准机制中一个组成部分。相反，它首先需要标准体系来衡量瞄准的效果，需要稳定而强劲的动力输出确保足够的力量，需要相应的保障措施预防和纠偏，也要有消减系统减少后坐力，同时也离不开安全保障和预警措施。各个部分围绕瞄准目标环环相扣，有机联系形成整体，同时执行者的外在能力和内在素质也直接相关，在外在天气、气候、周遭环境等共同作用下决定瞄准效果。

在中国精准脱贫的战略实践中，社会救助在以往给予收入扶持，以维持贫困人员最低生活的政策目标下，又被赋予了政策兜底保障的任务。实现兜底保障的前提是准确识别哪些人员需要兜底保障，因此重点在于构建一种系统有效的瞄准机制。社会政策要兜底就首先需要寻找和确定"底"的具体标准和具体指向，在此过程中，单一的收入扶持和割裂的事后补救也不利于兜底功能的实现，在共享的发展理念下，通过兜底也需要在维持生存的同时，积极有效地参与到经济社会发展当中。兜底保障不是封闭式的闭环管理，而是开放互动式的共享和融入，这样才能实现真正的兜底和制度可持续发展，而不容易产生福利依赖、阶层固化、责任和家庭观念下降等消极现象。因此，在实现共享和兜底的政策目标下，建立社会救助的瞄准机制需要嵌入发展型社会政策视角，从产生贫困和脆弱性的源头出发，提早预防和提前及时干预，从贫困的本质和根源入手，提升贫困人员基本可行能力，消除各种歧视为贫困人员创造公平可及的发展机会。在关注贫困的经济学特征的同时，适当关注贫困发生的家庭和人口学特征，兼顾不同家庭类型和不同弱势群体的差异化、个性化需要。发展型社会政策视角下的社会救助瞄准机制，其目标是多层次、多面向的，收入扶持维持生存是基本目标，提升能力促进流动，积极参与劳动力市场是其更高层次的追求。其功能也是复合的、全方位的，除了维持家庭和个人生存延续，实现家庭内部再生产和构建积极福利的观念，理顺不同福利供给主体的角色和关系，提高人口素质和发扬优秀传统家庭文化等，都需要瞄准机制兼顾。因为，从根本上讲，社会救助的瞄准机制不仅是决定谁可以获得公共资源救助，作为选择型福利模式的一种重要制度安排和治理工具，其对整个福利文化和社会价值导向都有鲜明的"指示牌"和"导向标"的作用，而且瞄准的规模与结构，给付的水平与方式，资格条件的确定与约束，也与公共资源的有效配置和经济发展密切相关。

1.2 国内外研究综述

1.2.1 国内文献综述

1. 瞄准机制研究

高效准确地识别出应该救助的穷人是农村社会救助制度有效实施的关键。由于存在农村家庭收入核算难的问题,实践中农村社会救助采取的是混合型瞄准机制。除制度规定的家计调查外,还采取了社区排序方法,通过集体投票的方式,按照配额从贫困人群中按照得票数选出大家认为最困难的家庭给予救助,也就是在国际上被称为"社区瞄准"。社区瞄准的作用机制是政府主管部门授权社区识别制度的目标人群、救助额度,或部分参与到服务递送过程中。它适合于信息系统匮乏或不健全,家庭信息获取困难的特殊情形,机制作用成效取决于代理方在多大程度上了解贫困人群的真实生活状态。有学者认为,当前中国农村并不具备家计调查的经济和社会条件,如何核查收入一直是困扰低保制度实施的一个问题,致使大量的工作用以对贫困农民进行分类。

《社会救助暂行办法》规定农村社会救助归乡镇、街道一级政府负责,具体操作中入户调查、邻里走访等程序仍主要由村、社区完成。因为社区更清楚本地居民的实际生活水平,而且成本也更为低廉。有学者通过田野调查得到某县低保对象的认定过程如下:在收到村民向村委会递交的救助申请后,村委会组织人员通过邻里走访、入户查看等方式准备基础资料,根据该村低保配额,依照村民低保评议小组对所有申请家庭从贫困到富裕进行排序,最终确定可以获得救助的家庭名单。世界上很多国家的社会救助制度采用社区瞄准机制,一种研究结论认为社区瞄准具有较低的泄漏率,外部评估认为该机制具有较好的瞄准效果,比起其他方法,社区瞄准具有更高的群众满意度。但也有学者认为随着当地社区代理对救助项目的熟悉,进而从中渔利,产生所谓的"精英控制"。是否存在"精英控制"取决于当地社区的实际情况和具体的制度设计。

社会救助暂行办法规定，乡镇、街道一级政府应当通过入户调查、邻里访问、信函索证、群众评议、信息核查等方式，对申请人的家庭收入状况、财产状况进行调查核实，提出初审意见，在申请人所在村、社区公示后报县级人民政府民政部门审批。家庭人均纯收入具有制度正当性，也是作为瞄准机制的"标靶"，民主评议只是了解掌握家庭经济状况的一步程序，而非影响社会救助资源分配的决定因素。由于家庭纯收入难以准确掌握计算，村民民主评议充分利用社区瞄准的信息获取便利、成本低廉的优势。但实践中基层村委会经常面临三重压力，即同时受到地方资源、官员绩效评价及政策工具制约，在财政以及人力、信息等资源约束条件下，为避免漏保、错保提升绩效评价，克服制度瞄准的配套机制尚不完善等难题，将民主评议作为主要瞄准手段，把评议结果作为判断申请家庭经济状况的替代性指标。

自识别瞄准机制。居民根据当地社会救助的申请资格和条件门槛，结合自身实际情况进行对照，对符合条件的主动进行申请。社会救助经办机构按照其申请要求先进行救助，然后再通过定期审核等方式对其资格条件、申领待遇进行审核，对不符合条件的家庭和居民停止救助并对失信行为进行惩戒。自识别优点在于成本较小，经办人员从前期的一般性程序事务中脱身开来，可以集中于后期的审核，而且也有助于更加详细了解申请者的家庭信息。同时这种自识别机制需要公众具有良好的诚信意识，社会形成比较健全的诚信机制体系，而且事后的核查监督系统和工作机制非常完善等条件，这种瞄准机制在中国未来社会救助实践中具有较大潜力。另外一种是在实践中不断强化的主动识别机制。按照"应救尽救、及时救助"原则，实现全覆盖、兜底线的制度目标，积极宣传相关政策，主动发现、上门了解和及时跟踪困难居民的实际生活状况，建立完善困难家庭居民预警机制。对符合政策资格条件的家庭居民第一时间核实相关信息，有效提供申请办理帮扶及时给予救助。主动识别机制能够有效解决社会救助输送"最后一公里"问题，有利于提高瞄准效果增强瞄准机制反应能力，提升制度的人文关怀和风险治理水平。这种瞄准机制既要有完善的家庭有关信息数据支撑，也要求定期入户了解以及邻里走访，掌握大量准确动态的家庭状况信息。除了经办力量外，也需要社会力量有效参与。

2. 瞄准偏差研究

有限的救助资源如何准确瞄准贫困户是充分实现社会救助兜底和反贫困功能的焦点问题，同时这也是一个世界性难题①。在大多数研究中，学者通过利用实地调研资料进行实证研究或基于一手材料的案例剖析，综合运用经济学、社会学和政治学方法理论证实瞄准偏差在实践中不同程度地存在，并从多种视角分析产生瞄准偏差的缘由，归纳梳理后主要有以下三种观点。

执行偏差论：认为政策规定没有得到很好执行。社会救助资源未能完全分配到真正需要的人手中，一部分收入低于贫困线的人口没有得到救助，有相当部分的社会救助对象的收入水平不低于贫困线，有学者研究得出"68.3% 的农村低保资源分配给非穷人"等诸如此类的结论。其次是实践执行的贫困标准与政策规定不尽一致。低保政策规定低保对象为"家庭人均纯收入低于当地低保标准"，主要是一种"收入贫困"，而制度实际运行过程中，农村家庭收入构成复杂，收入形态多样，收入来源较广等问题，导致难以准确核算。农村社会救助在实际执行标准上通过综合申请家庭的劳动力状况、生活负担、抗风险能力、社会支持等多种因素，同时依靠村民投票、集中评议、公示等程序界定受助对象，政策规定以"收入贫困"为依据的瞄准机制和实践操作口径发生了错位，"收入贫困"人口仅获得 31.86% 的低保救助资源②。基于多个数据集测算，中国农村扶贫制度的"政策规定贫困人口"和"实际识别的贫困人口"存在 37% ～50% 的不一致，并从消费核算和收入的技术视角对不一致的原因做了解释③。通过对宁夏 690 户农户的调查发现，低保的泄漏率和漏保率分别为 68.3% 和 60.7%④。有研究显示在可持续框架内，采用赤贫指数得出仅有 25.5% 的贫困农户得到了低保救助⑤。需要指出的是，在一个比较低的低保线和比较低的人均给付标准下，"应保未保"造

---

① 胡联，汪三贵. 中国建档立卡面临精英俘获的挑战吗？［J］. 管理世界，2017（1）.

② 刘凤芹，徐月宾. 谁在享有公共救助资源？——中国农村低保制度的瞄准效果研究［J］. 公共管理学报，2016（1）：141–150.

③ 杨龙，李萌，汪三贵. 我国贫困瞄准政策的表达与实践［J］. 农村经济，2015（1）.

④ 李艳军. 农村最低生活保障目标瞄准机制研究——来自宁夏 690 户家庭的调查数据［J］. 现代经济探讨，2011（1）.

⑤ 易红梅，张林秀. 农村最低生活保障政策在实施过程中的瞄准分析［J］. 中国人口资源与环境，2011（6）.

成的负面影响要大于过度覆盖的影响，因此降低遗漏率是政策干预的重点。针对农村低保对湖南省的调查研究发现，长期患病、家中有人残疾和因自然灾害暂时贫困的家庭最可能获得救助，这其中一些家庭的收入并不低于当地贫困线。利用 2013 年住户调查数据对现行农村低保瞄准问题的分析表明，按照收入贫困标准，农村低保的瞄准率很低，虽然按照多维贫困标准其瞄准率有所提高，但覆盖率依然较低。也有研究通过调查发现，采用国际比较指标考察中国农村低保瞄准效果，平均而言，中国农村低保的瞄准效果可以和国际上绝大多数社会救助项目相媲美。

情境复杂论：认为执行情境复杂难以操作，各方对贫困的定义和认知也不尽相同，根本在于目前农村家庭纯收入难以准确计算。因此在具体执行中，除家庭人均纯收入指标外，综合运用多种贫困识别方法，利用民主评议、公示程序等配套措施提高瞄准效度。对政策制定者而言，如何破解农村家庭纯收入计算难、执行难，是政策公平公正实施的基础。社会救助需要以严格的家计调查为前提，但是这项前提在发展中国家的语境中难以满足。在发展中国家的农村，绝大多数居民的收入来源是农业生产的不确定性产出和非正规就业的不稳定收入，这两方面收入往往很难被社会救助执行部门准确检测。农村家庭纯收入核算难主要体现在以下方面：首先，工资性收入主要依靠家庭申报，外出务工收入受跨地域限制难以核实，各地区家庭经济状况核对系统与银行系统对接尚不完善，财产性收入核查比较困难。其次，家庭经营纯收入由于种植养殖品种多样性、农业季节周期性、生产技能异质性以及市场不确定性等因素难以核定，而且计算扣除的直接生产经营成本也是种类多，差异性和不确定性大。转移性收入对于赡养费、抚养费、扶养费等，如无法律执行文书以及强制执行的标准外，一方面是相关责任人收入难核实，不能准确核算应承担的费用；另一方面赡养、抚养方式可以是现金支付、实物给付、服务供给等多种方式，只考虑支付能力计算现金赡养等费用与实际情况不太相符，此外，由于法律本身并无明确规定赡养具体费用和支付方式，民政部门的计算标准由于缺乏强制力，对责任人是否支付到位也无执行监管权限，将其纳入申请社会救助的家庭收入里面，一定程度上只会增加其名义收入而难以准确衡量其实际获得收入。对政策制定者来说，如何高效准确核定家庭人均纯收入是发挥政策兜底作用的基础。实现制度公平正义需要解决

"谁是真正需要救助的穷人"的问题。因为家庭人均纯收入核算不能及时准确，就会把真正需要救助的穷人挡在制度保护之外，出现漏保导致政策微效甚至失灵，而一些不应获得救助的人则"浑水摸鱼"，造成公共救助资源浪费，容易滋生福利依赖思想。

精英俘获论：国外研究表明，精英俘获是社会救助资源难以识别贫困人口和难以到达贫困家庭的重要原因。相对而言，国内精英俘获研究起步比较晚，然而也有不少研究发现，在新农村建设资源分配中精英农户得益多，多数小农被边缘化和"客体化"①。各种乡村精英形成利益联盟共同垄断资源下乡以及农村经济发展产生的村庄公共利益空间②。有学者分析了低保评选过程中的精英俘获，并在乡村社会内的权力结构、社会结构与制度规定三个方面研究了扶贫资源分配中的精英俘获③。社会救助首先满足执行者（居委会或村干部）的利益，即便在全国大力实施精准扶贫的背景下，仍然发现2015年广西马山县扶贫对象中有2454人购买了汽车，439人为个人工商户或经营公司④。有学者基于贫困地区调研数据，运用量化研究方法深入分析精英俘获现象，研究结果认为精英农户仍可以成为建档立卡贫困户，云贵川60个贫困村建档立卡存在明显的精英俘获现象，建档立卡瞄准失误率为33%，而精英俘获对瞄准失误的贡献率为74%。同时发现村干部任期过长是影响建档立卡精英俘获的重要因素⑤。农村村庄空心化导致村委和留在村庄的精英群体力量过强，为扶贫资源的乡村精英俘获提供了空间⑥。精准扶贫建档立卡首先满足具体执行者（村干部）的利益，村里贫困农户却不能认定为贫困户。精准扶贫面临"越精准越不准"的悖论，自上而下的贫困指标分解遭遇乡村熟人社会的挑战，精准扶贫仍然难以精准确定贫困户。研究发现中国农村低保落实过程中存在着两种逻辑：一种是社会管理逻辑，另一种是社会保护逻

---

① 温铁军．部门和资本"下乡"与农民专业合作经济组织的发展［J］．经济理论与经济管理，2009（7）.

② 李祖佩．精英俘获与基层治理：基于我国中部某村的实证考察［J］．探索，2012（5）.

③ 邢成举．乡村扶贫资源分配中的精英俘获［D］．北京：中国农业大学，2014.

④ 审计署：《广西马山县2454名扶贫对象买2645辆车》，http://news.ifeng.com/a/20151008/44796959_0.shtml，2015.

⑤ 胡联，汪三贵．我国建档立卡面临精英俘获的挑战吗？［J］．管理世界，2017（1）.

⑥ 唐丽霞，罗江月，李小云．精准扶贫机制实施的政策和实践困境［J］．贵州社会科学，2015（5）.

辑。社会保护逻辑把低保作为公共财政的再分配手段，用于保障村庄中最贫困的居民，所以具有制度正当性。社会管理逻辑只是把低保作为社会控制手段，针对性地分配给有助于维持村庄管理的对象。例如，通过平衡策略有意扩大低保的"受益面"，采取安抚策略安抚村庄中的"麻烦制造者"情绪、利用奖惩策略将村庄精英或支持村委会工作的积极分子纳入到低保覆盖范围等①。

　　综上所述，当前对社会救助瞄准偏差的研究相对比较丰富，推动相关理论认识发展，更体现出实践导向的问题意识，对降低瞄准偏差提高社会救助效果提出了针对性的政策建议。不过，当前研究主要是从微观实务角度分析产生瞄准偏差的直接影响因素，包括技术运用、基层治理能力等直接执行或微观环境因素，缺乏宏观背景和中观机制结构因素嵌入，而基于瞄准机制的选择型社会政策，自上而下的政策意图和基于经济社会发展能力相适应的再分配能力对政策的实施效果至关重要。目前主要研究分析比较缺乏历史动态变迁视角和系统机制化的整体视角，即在微观层面从执行环节末梢单一单向地分析产生瞄准偏差的原因，未能从国家战略和政策意图的强化调整以及经济社会发展的情境变化入手，尚不能从根本上回应社会救助瞄准偏差的治理诉求，也不能适应于社会救助瞄准政策的体系化机制化设计。被赋予兜底保障功能的社会救助成为贫困治理的重要政策工具，贫困治理是国家治理的重要组成部分，国家治理能力和治理体系的现代化制约和影响着贫困治理现代化的水平。同时，提高贫困治理的现代化水平可以促进和改善国家治理②。因此，对社会救助瞄准偏差的研究亟须宏观高度和理论视野，兼具实践导向和工具性思维，将瞄准偏差研究的角度和深度置身于国家对贫困治理的战略诉求和时代特征中，以整体推动贫困治理能力从根本上全面提升和可持续地提升瞄准偏差治理。

1.2.2　国外文献综述

1. 国外瞄准机制研究

西方福利制度体系下，无论是普惠型福利国家模式，抑或是补缺型福利

---

　　① 李迎生，李泉然. 农村低保申请家庭经济状况核查制度运行现状与完善之策——以 H 省 Y 县为例 [J]. 社会科学研究，2015 (3).
　　② 洪大用. 国家治理与贫困治理要协同推进 [N]. 光明日报，2017 年 10 月 9 日.

供给模式，在社会救助领域针对特定项目基于特定群体的瞄准机制一直存在。传统意义上福利国家保障项目齐全、保障标准和给付水平高，但是获取社会救助通常是需要进行家计调查，通过建立一套与其福利理念、政策抉择和经济社会文化需要相适应的瞄准机制，并不是"大水漫灌"式不加选择和区别地实施救助。特别是 20 世纪七八十年代以来，西方国家掀起的福利改革延续至今，为应对经济增长乏力、失业率居高不下、社会矛盾突出等问题，纷纷不约而同地加强瞄准机制建设提高社会救助门槛。其中首先是对社会救助瞄准机制的理念价值进行显著调整，在福利增长与经济发展关系以及对福利依赖问题的辨识和理解上大多趋于保守，具体表现为瞄准机制进一步突出补缺理念和激励导向，救助目标群体进一步缩减，具有劳动能力的群体被推向市场，约束性甚至惩戒性思维上升明显，造成了新的工作贫困现象，一些得不到及时救助的社会群体时常引发一些悲剧。尽管西方国家这种社会救助瞄准机制理念转变很大程度上是基于政党更替和执政理念不同，但随着西方公民福利权利意识增强，在福利收缩和权利扩张之间时常引发社会冲突，但对于这种改革之后的综合经济社会效益还有待评估。社会救助历史源远流长。现代社会救助则是在机器化大生产和市场经济发展中不断塑造演变，特别是随着救助门槛提升和选择性救助理念的强化，瞄准机制的建立和完善成为各国社会救助领域改革的热点和重点。根据世界银行 2004 年的研究报告显示，如果缺乏必要支持和合理的制度设计，贫困群体往往难以在政府的公共服务中获益。国外很多学者对社会救助特别是瞄准问题开展了大量系统研究，对实践中的具体瞄准机制进行诸多的归纳分析，概括起来瞄准机制大致包括以下五种。

个体瞄准机制。个体瞄准机制是指救助资源的传递过程中，直接以贫困者个人或家庭为瞄准单位，将救助资源传递"精准到人"或"精确到户"①，为实现个体瞄准的目标，社会政策的执行必须掌握贫困者个人或家庭层面的经济财产状况。个体瞄准机制具有合理性和可操作性的背后存在两条假设：其一是所有公民的收入结构是类似的，或至少同一类型社会成员的收入结构是相似的；其二是社会成员的收入可以被精确地测量出来。不过，有研究认

---

① Coady，D.，M. Grosh.，J. Hoddinott. *Targeting of Transfers in Developing Countries*：*Review of Lessons and Experience.* World Bank，2004.

为这种"将复杂问题简单化"的做法恰恰降低了个体瞄准机制的可操作性①。社会救助以严格的家计调查为前提，可以很好地识别贫困者和非贫困者，但是在发展中国家语境中这项前提往往难以满足②。在发展中国家的农村地区，绝大多数居民的收入来源是农业生产的不确定性产出和非正规就业的不稳定收入，往往很难被社会救助执行部门准确检测③。收入测量的模糊化问题不仅在农村表现突出，在城市也一样存在。城市贫困者维持生计的重要途径包括灵活就业或非正规就业，对这一部分收入也难以准确检测。

类型瞄准机制。类型瞄准机制是将一个国家或社会中的成员划分类型，然后把扶贫或救助的资源重点分配甚至只分配给特定类型的社会成员，以此实现对重点救助对象的倾斜性覆盖。纵观各国家和地区的社会政策实践，三种方式的类型瞄准机制比较常见。

身份类型瞄准。通常指的是将老人、残疾人等更容易陷入贫困的对象纳入救助范围。但"年龄""性别""身体状况"等类型指标可能与贫困相关，但毕竟与贫困测量分属不同层次，会引发一些瞄准偏差现象④。一项中国台湾地区的研究证实，由于儿童贫困救助政策只保障孤儿收养（或寄养）家庭和结构不完整的家庭，收入转移政策没有覆盖到很多分布在其他家庭类型中的贫困儿童，造成儿童贫困发生率不但没有下降，反而还有所上升。

消费类型瞄准。是将家庭消费品划分为"必需消费品"与"奢侈消费品"，或划分为"日常消费品"与"耐用消费品"。根据可观察到耐用消费品（比如住房、家用电器或交通工具等）的数量和质量来判断居民收入水平，拥有一定数量或质量的耐用消费品的家庭或居民将不能获取社会救助。但是这种简单化操作也会造成瞄准偏差。首先，"日常必需消费品"和"耐用贵重消费品"之间的边界难以界定。其次，可观测到的耐用消费品数量只能反

① Vadapalli, D. K. (2013), Barriers and Challenges in Accessing Social Transfers and Role of Social Welfare Services in Improving Targeting Efficiency: A Study of Conditional Cash Transfers. Vulnerable Children & Youth Studies, 2009.

② Surender, Rebecca. Social Policy in a Developing World. Edward Elgar.

③ Tabor, S. R. (2002), Social Safety Net Primer Series Assisting the Poor with Cash: Design and Implementation of Social Transfer Programs. World Bank Other Operational Studies.

④ Chen, K. M., C. H. Leu, T. M. Wang. (2015), Reducing Child Poverty and Assessing Targeting Performance: Governmental Cash Transfers in Taiwan. *International Journal of Social Welfare*.

映居民和家庭过去的收入水平，与"现行救助"原则存在差距。

社会行为类型瞄准。对社会成员的行为进行分类，具有某些特定类型行为表现的社会成员将无法获取社会救助。在一项中国农村低保案例中，基层执行者将社会成员如果存在"赌博""酗酒""超生"甚至"过去农业税费缴纳不及时"等"不良行为"，直接先排除在低保获取的门槛之外，这反映了"贫困者自身不良行为导致其贫困"的假设对实践产生了深刻影响。但具体执行者对"不良行为"的操作和界定空间非常大，这会导致社会救助目标有可能被其他行为目的所取代，而导致瞄准偏差的产生[①]。

区域瞄准机制。不同地区的自然资源、人文环境和历史积淀存在诸多差异，导致经济社会发展呈现空间分异。在一个经济体中，总有一些特定地区和其他地区相比而言，更容易陷入贫困[②]。因此，缓解贫困的常用手段之一就是向特定区域倾斜性投放公共资源。区域瞄准在降低行政成本方面具有良好效果，不过其瞄准精度比个体瞄准机制更差。区域瞄准依据地区性经济社会指标明确公共资源重点投放地区，然而地区层面的人口统计学资料可能和家庭的实际贫困状况之间不完全对等。一方面重点倾斜可能导致某些地区在政策上受到歧视，但事实上这些地区还存在着很多贫困者。另一方面如何实现在目标区域内部精准分配也是一个难题，尽管目标地区的贫困发生率要明显高于其他地区，但区域内还是存在大量非贫困者，甚至主要人群还是非贫困者[③]。在一些贫困县可能扶贫资源并没有精确分配给贫困者，同时一些非贫困者却优先得到扶贫资源，导致缓解贫困者状况的效率有限。从"瞄准到县"到"瞄准到村"，区域内的瞄准偏差仍然存在[④]。

---

① Li M. G. , R. Walker. （2016）, Targeting Social Assistance: Dibao and Institutional Alienation in Rural China. *Social Policy & Administration*.

② Ravallion, M. , J. Jalan. （1996）, Growth Divergence due to Spatial Externalities. Economics Letters.

③ Tunstall, R. , R. Lupton. Is Targeting Deprived Areas and Effective Means to Reach Poor People? An Assessment of One Rationale for Area-based Funding. Working Paper of The ESRC Research Center for Analysis of Social Exclusion.

④ Conning, J. , M. Kevane. （2002）, Community – Based Targeting Mechanisms for Social Safety Nets: A Critical Review. World Development.

2. 国外瞄准偏差研究

关于社会救助瞄准偏差的原因分析，国外很多学者聚焦于政策执行中的精英俘获现象。关于精英俘获的定义，最早是在经济学家中提出，之后扩展到社会学、政治学和发展学等领域。精英俘获本来是为多数人而转移的资源却被少数一些人占有，通常这些少数人是经济或政治方面的强势群体①。一些研究表明，非贫困群体通过利用他们所拥有的经济优势来获取有利于自身的福利服务政策②，村级行政负责人更有可能获得发放给穷人的定量福利卡③。在低收入国家的公共福利项目中普遍存在受益人识别的精英俘获现象，项目的受益人识别过程受到基层地方政府严重的精英俘获影响④。国外学者研究认为孟加拉国的食品教育计划中存在精英俘获现象⑤。同样坦桑尼亚的农业投入补贴项目中的优惠券发放也存在明显的精英俘获现象，农业投入补贴项目优惠券的60%被村干部家庭获得⑥。完全依靠精英管理的社区项目容易发生精英俘获现象，基层地方政府精英能够严重影响到公共福利项目的受益人识别过程⑦。

国外学者对社会救助微观瞄准机制做了比较丰富的研究。研究焦点主要是对实践中不同的瞄准办法进行概括归纳并进行比较分析，主要是从技术角度分析影响瞄准效果的制约因素，这对中国社会救助瞄准机制的完善有着积极的借鉴作用，有利于更加深刻地认识社会救助的发展规律和改革路径，使得中国社会救助瞄准机制研究更具全球视野和战略眼光，社会救助等社会政策的国际交流借鉴可以有效地推动全球协同治理，促进中国对外开放合作水

---

① Dutta，D.（2009），Elite Capture and Corruption：Concepts and Definitions. Retrieved March.

② Jha，Bhattacharyya，Gaiha，Shankar.（2008），"Capture" of Anti-poverty Programs：An Analysis of the National Rural Employment Guarantee Program in India. *Journal of Asian Economics.*

③ Besley，T.，R. Pande，V. Rao.（2007），Just Rewards? Local Politics and Public Resource Allocation in South India. Social Science Electronic Publishing.

④ Panda，S.（2015），Political Connections and Elite Capture in a Poverty Alleviation Programme in India. *Journal of Development Studies.*

⑤ Galasso，E.，M. Ravallion.（2005），Decentralized Targeting of an Antipoverty Program. *Journal of Public Economics.*

⑥ L. Pan L. Christiaensen.（2012），Who is Vouching for the Input Voucher? Decentralized Targeting and Elite Capture in Tanzania. *World Development.*

⑦ Panda，S.（2015），Political Connections and Elite Capture in a Poverty Alleviation Programme in India. *Journal of Development Studies.*

平。不过归根到底，贫困是具有社会性的，是历史的也是具体的，贫困问题的治理离不开与之相融共生的治理体系和社会环境。社会救助政策需要与一国的经济社会文化背景相互依存同频共振，社会救助瞄准机制离不开与之呼应衔接的具体情境和实施条件。因此，需要充分挖掘国外瞄准机制改革演变的结构因素，全面辩证看待国外瞄准机制的综合瞄准效果，从技术特征深入分析上升为规律性和具有普遍意义的认识。

社会救助瞄准偏差是客观存在的，一方面是执行的简约性与效率要求和社会现实复杂性之间的矛盾，另一方面则是福利的补缺型供给与现实贫困人员需求存在总量和结构性矛盾。前一个因素对执行质量有着很高要求，需要通过各种政策工具和技术手段提高既有政策目标框架下的瞄准精度。后一个因素则是需要对社会救助的理念和目标进行重新审视，充分考虑和适应社会困难群体的不同生活需求，并根据经济社会发展变化而适时调整救助项目和救助力度，从而能够充分有效地覆盖到不同类型、不同需要的社会困难群体，以维持他们最低的生活发展需要。狭义瞄准是指直接针对反贫困政策而言的，指的是某一项具体的反贫困政策是否能将所有贫困者纳入其中并将非贫困者排除在外。狭义标准包含两种类型瞄准偏差：一种是部分贫困者没有得到救助资源支持，称作为"应保未保"；另一种是在以反贫困为目标的社会政策之中纳入了非贫困者，国际社会政策学者对此广泛使用"漏出偏差"。绝大多数学者坚持在狭义偏差的基础上分析社会政策的效率。虽然任何社会政策的制定与执行都会考虑成本效率关系，然而往往很难实现把社会政策毫无偏差地分配给全部真正有需要的人，所以在社会政策中瞄准偏差是普遍存在的现象①。社会政策的研究与评估需要在社会政策实施的具体情境和现实结果中展开，而不是寻求各种纯净模型。任何一种"纯净模型"的技术路线图遇到复杂的现实环境，其瞄准效率都会大打折扣。瞄准机制通用性与简约化的内在要求，与复杂多样的社会环境和现实状况间的矛盾导致了瞄准偏差的出现。早在社会政策学科产生之处，其中一个重要议题就是瞄准偏差。因此研究社会救助的瞄准机制，首先需要全面地认识与分析瞄准偏差的表现与深层机理。有关社会救助瞄准偏差的研究目前主要存在三种视角：技术视角、政

① Walker R. *Social Security and Welfare*：*Concepts and Comparisons*. Maindenhead：Open University Press，2005.

治视角和文化视角①。

（1）技术视角下的瞄准偏差。

任何救助资源的配置都必须通过特定的瞄准机制及其落实过程来实现，这些构成了对受益对象进行筛选的技术路线图。在实施过程中每一种瞄准机制都会遇到技术难题，使得瞄准偏差成为普遍现象，根源在于社会政策的简约性要求与社会环境复杂性现实之间的矛盾。上述很多技术困境都能得到缓解，如果能够准确掌握个人或家庭层面的经济数据，完善基础设施建设以及构建有效监督体制。然而，提高瞄准精度将增加行政成本，因为需要更多的执行者收集、核对基础信息，不仅占据大量人力、物力，而且需要更加专业的机构和人员参与政策监督和贫困评估。这些成本有时会大到让瞄准机制失去意义，太多的救助资源用于瞄准机制的建立维护，而真正投入到贫困者的救助资源更为有限。对尼加拉瓜社会救助系统的历史比较研究表明，为了提高瞄准精度，该国服务于社会救助的行政成本增加了30%②。而且限制了政府的财政转移支付能力，这更是一种更长远的社会成本。因为提高瞄准效率所带来的高昂技术成本和外部成本，社会政策制定者对瞄准机制往往进行边际改革而非根本性的，由此产生了路径依赖③。

（2）政治过程视角下的瞄准偏差。

一直以来公共资源配置都是一个充满政治的过程④。政府层级分化博弈、政党政治与利益群体、基层治理结构等在内的各种政治因素，会同时影响甚至主导政策的制定与实施。政治视角研究瞄准偏差的基本假设是国家治理的政治性诉求和社会救助政策的社会发展诉求之间可能有时会出现不一致，从而产生瞄准偏差。瞄准偏差的政治视角不仅需要回应政策目标群体和实际受益群体间的差异问题，还要解释仅有特定对象才被纳入政策目标群体的原因。国家政治氛围会影响社会福利的支出结构，福利支出与政治支持的关系问题

① 李棉管. 技术难题、政治过程与文化结果——"瞄准偏差"的三种研究视角及其对中国"精准扶贫"的启示［J］. 社会学研究，2017（1）.

② Caldés N. , J. A. Maluccio. The Cost of Conditional Cash Transfers. *Journal of International Development*, 2005, 17（2）.

③ Notten, G. , Gassmann F. Size Matters: Poverty Reduction Effects of Means-Tested and Universal Child Benefits in Russia. Social Science Electronic Publishing, 2008.

④ Pierson, P. "The New Politcs of the Welfare State. " World Politics, 2011.

是社会政策研究中的重点命题之一。科尔皮和帕姆所提出的再分配悖论，指的是在财政资源再分配领域，越是通过定向分配和瞄准穷人来缓解贫困和降低社会不平等，就越难以实现这两个目标[①]。后续研究者从理性人假设出发将其具体化为"贫困救助悖论"，即社会救助越强调瞄准精度，贫困者的行为和操守就受到越多关注，导致整个社会对贫困者形成污名化想象，社会救助项目的公共支持程度就会下降，进而产生救助项目的可持续性问题[②]。为解决这一问题，一种办法是通过建立多层次制度体系，将有限的公共财政用于覆盖面窄的社会救助项目，同时将更多公共支出用于普惠型的社会保险或公共服务。另一种操作是变通执行社会救助政策，在操作中扩大救助范围把一定的非制度瞄准对象的弱势群体和其他类型贫困者纳入受助范围。在全球范围内，在瞄准精度和覆盖范围之间找寻平衡或妥协是一种普遍现象。区别仅在于是执行变通还是政策意图。有的国家在政策设计之初就为扩大覆盖面预留了空间，而有些国家可能更多的是通过基层执行变通达成平衡或妥协[③]。

地方政府间的利益博弈和地方政府与中央政府间的利益博弈，这一组织分析视角也被引入到社会救助瞄准偏差研究中来。从设定差别化的贫困标准能够看出，其不仅是一个经济核定过程，还是一个政治过程。地方政府巧妙地在"经济增长绩效"和"现实贫困状况"间取得平衡从而达到信息控制。中央政府或上级政府无法核实每一条数据，造成了信息不对称，这在全球范围内都是一个普遍现象。上级政府即使花费较高成本试图建立一个针对每户家庭的经济状况数据库，但由于基层政府对原始数据和基础信息的控制，数据的准确性和可信度无法得到充分保证。基层科层制理论在西方语境中也是社会政策微观执行的重要理论之一。基层执行者面临两难困境，居民希望基层执行者可以根据申请者的情况实现个别化的福利满足，而事实上基层执行者只能依据政策制定的普遍原则执行。但普遍型原则却无法考虑到每个居民面临的实际困难或具体情况，所以福利无法覆盖到部分特殊困难或政策边缘

---

① Korpi，W.，J. Palme. The Paradox of Redistribution and Strategies of Equality：Welfare State Institutions，Inequality and Poverty in the Western Countries. *American Sociological Review*，1998.

② Janky，B.，D. Varga. The Poverty - Assitance Paradox. Economics Letters 120.

③ Vadapalli，D. K. (2009)，Barriers and Challenges in Accessing Social Transfers and Role of Social Welfare Services in Improving Targeting Efficiency：A Study of Conditional Cash Transfers. *Vulnerable Children & Youth Studies*.

群体居民①。一项印度粮食援助政策研究显示，在理论上每个居民都有均等的"福利权利"，然而在实际分配中资源赋予与村庄或社区内部的权力结构存在紧密联系，与权力中心更接近的居民获得食物援助的可能性比边缘居民大得多②。

（3）作为"文化结果"的瞄准偏差。

对"文化"的狭义概念界定，是指整体社会或地方性社会中被行动者内化的价值观，一般包括居民对贫困的看法，对获取福利的体验和对社会政策的观点。需要关注社会救助政策的"文化相容性"，即社会救助在何种程度上可以被特定情境中的地方性文化价值所接受，这背后的假设是羞耻感同时兼有普遍性与文化特殊性。倘若贫困与羞耻感紧密相连，则有可能导致福利污名化。假如社会政策的制定实施不能很好地干预福利污名化问题，甚至利用其来推行社会政策，则有可能出现瞄准偏差。在社会救助政策中应用羞耻文化主要是打算将羞耻与贫困、救助相联系，使部分民众出于对"贫困标签"的担心和厌恶而主动放弃申请社会救助。因此需要结合羞耻感的文化差异以及中国的整体性和地区、区域的不同风俗文化情境，进一步分析福利污名化和社会救助政策实施之间的关系。

很多研究业已证明了福利获取与羞耻感间的关系。产生福利污名化的原因很复杂。第一，社会救助一般与贫困状况有关，而贫困状况又进一步和社会对特定群体的道德和行为评价联系在一起③。申请社会救助被视为贫困的表征，而贫困会带来污名化或羞耻感，因此构成贫困者申请社会救助的心理障碍。第二，在申请救助资源的过程中，贫困者遭受污名化对待使其产生了退缩心理。研究发现，大约有 1/3 到 2/3 符合领取资格的美国公民放弃了基于家计调查的政府社会救助项目，福利污名化是其中一个关键因素④。家计

---

① Lipsky, M. (1980), Street – Level Bureaucracy: Dilemmas of the Individual in Public Services. New York: Russell Sage Foundation.

② Pellissery, S. (2006), The Politics of Social Protection in Rural India: A Case Study of Two Villages. University of Oxford.

③ Stuber, J., M. Schlesinger. Sources of Stigma for Means-tested Government Programs. *Social Science & Medicine*, 2006.

④ Blank, R., P. Ruggles. When Do Women Use Aid to Families with Dependent Children and Food Stamps? The Dynamics of Eligibility Versus Participation. *Journal of Human Resources*, 2010.

调查、资格评议以及基层工作者的冷漠态度、等待期的设定等环节，都可能会给申请者带来消极感受，使贫困者放弃申请社会救助。第三，接受社会救助的标签使得贫困者与其他社会成员的互动失去了平等性，会使其日常生活陷入污名化。贫困者经常采用两种策略克服福利污名化来申请社会救助，即"需求支配策略"和"社会权利策略"。生活极端贫困的家庭和人员一般用"别无选择"来说服自己申请政府支持的救助项目，对物资资源的需求"战胜"了政策所带来的污名化①。在另外一些情境中，社会权利成为贫困者克服羞耻感和污名化的主要策略，不管外在评价如何消极，只要贫困者家庭和本人接受了社会权利的观念，就会在自身层面上实现去污名化②。社会权利意识在克服福利污名化方面发挥了积极作用，然而不同社会中的社会权利意识普及程度存在的显著差别，也会导致福利污名化的强度和作用空间差别显著。与西方福利国家相比，东亚地区和国家的社会权利意识还处在初步发展阶段③。采用"需求支配策略"来克服福利污名化，除实在别无选择的贫困者不得不接受政府的社会救助外，其他贫困者则"主动"放弃了公共救助的机会，由此产生瞄准偏差。尽管各种策略使贫困者可以部分降低羞耻感，但是其给贫困者带来的阻碍效应在很多经验研究中已得到证实。阿马蒂亚·森提出"贫困诱致的羞耻感"既具有全球普遍性也具有文化特殊性。通过比较研究发现，东方集体主义文化尤其重视人们之间的互相依赖，而西方文化的个体主义更重视自我负责，不同的两种价值观塑造了人们截然不同的集体福利看法。个体主义文化中容易形成一种对社会救助申请者的整体排斥，是一种超越情境的污名化，而集体主义在人际交往中更容易形成对社会救助申请者的排斥，离不开申请者具体的生活情境。除了横向文化比较外，社会结构与文化的纵向变迁对福利获取和福利污名化也有重要影响。

一项中国某村庄的相关经验研究发现，一方面因贫困结构变化和社会分层机制导致贫困的羞耻感上升。另一方面由于实施过程中低保与贫困的分离，

① Dorsett, R., C. Heady. The Take - Up of Means - Tested Benefits by Working Families with Children. *Fiscal Studies*, 1991.

② Lister, R. Poverty, Cambridge：Polity Press, 2004.

③ 施世骏. 东亚福利体制中的社会公民权 [M]//王卓祺. 东亚国家和地区福利制度. 北京：中国社会出版社，2011.

以及乡土社会文化传统的影响，使不公正的羞耻感明显下降。这一双向运动的结果使得部分真正的贫困者放弃了低保申请，许多非贫困者则因为感受不到深刻的羞耻感而积极申请低保，从而出现瞄准偏差。虽然污名化和羞耻感容易给人们带来消极感受，但是部分学者也认为他们在社会政策实施过程中仍然有一些积极功能。在一些国家和地区，羞耻文化被作为一种政策工具，用来阻止非贫困者申请社会救助项目①。然而，把羞耻文化作为一种政策工具，却会产生两种偏离政策目标的意外后果。一是羞耻文化在阻碍非贫困者的同时也阻碍了贫困者申请福利。为了提高政策瞄准精度，在很多国家家计调查、评审公示、定期回访等制度设计被广泛采用，然而这些制度本身在客观上增加了接受救助者的污名化和羞耻感。研究发现，美国"食物券"援助项目因为只能在指定商店使用，贫困者就这样集中被曝光于普通居民面前，增加了他们的羞耻感。许多受访者表示，他们申请"食物券"的一大障碍就是这种消极体验②。二是羞耻文化有可能只阻止了贫困申请救助，却无法阻止非贫困者申请救助。将羞耻文化应用于社会救助政策有可能进一步强化真正贫困者申请社会救助的"贫困标签"。不是真正的贫困者因为自身并不穷，附加在社会救助上的贫困标签不会像贫困者那样产生羞耻感。在政策制订和政策过程中，通过羞耻文化阻止那些非贫困者申请社会救助，以此来提高瞄准精度以及减轻财政支出负担，尽管这是很多地区和国家比较常见的选择，然而这可能会背离政策设计目标的初衷，造成更加突出的瞄准偏差。如何削弱或者消除污名化，让贫困者更有尊严地获取公共资源成为西方社会政策研究中具有很强生命力的重要话题之一。不管是在社会政策正在推进的发展中国家，抑或是福利体系已经相对完善的发达国家，社会救助资源分配中的瞄准偏差是一个全球性"顽疾"。我们既需要把握和梳理国外关于瞄准偏差的研究成果，同时也要与中国基本国情、发展情境和社会风俗文化相结合，清醒地认识相关研究在国内应用的限度。

治理瞄准偏差需要重视文化价值的影响。社会救助政策是一项再分配的社会政策，社会救助瞄准机制最终决定对哪些人进行救助，不是简单意义上

---

① Van de Walle, D. (1998), Assessing the Welfare Impacts of Public Spending. *World Development*.
② Blank R. , P. Ruggles. (2010), When Do Women Use Aid to Families with Dependent Children and Food Stamps? The Dynamics of Eligibility Versus Participation. *Journal of Human Resources*.

的经济学视角的供需均衡匹配的问题,而是涉及与价值理念、政治抉择和社会文化心理等因素复杂交织在一起,所以说从根本上讲社会救助不是一项简单的制度安排,不仅是维持困难群众生活这么简单。例如诺贝尔经济学奖获得者迪顿关于国际社会对非洲的援助研究,他认为如果仅仅按照贫困线进行人均补差,那么非洲一些国家可能距离摆脱贫困的可能性更大,但现实是尽管有大量援助涌入,但受援助国家的经济和居民生活水平并没有明显改善,甚至出现进一步恶化的现象①。而且近年来中国关于社会救助是否存在福利依赖的问题成为一项研究热点,很多学者都在关注和评估社会救助的其他产出和影响。英国著名的社会政策学家蒂特马斯强调意识形态和价值理念在社会福利体系构建和福利输送过程中的作用,认为以价值中立立场讨论社会政策没有意义,不能回避道德与政治价值问题②。

　　社会救助瞄准机制的救助范围和覆盖面仅从经济学视角来评估显然是不贴切的,经济发展水平与救助范围、救助水平并不是直接相关的线性关系,甚至在很大程度上受到政治抉择和社会文化价值的影响。例如,社会救助当前需要从收入维持到反贫困和兜底保障的功能转变,除了经济能力和政府财力等支撑因素外,党和政府的执行理念和战略选择对社会救助的发展具有直接重要影响。如前文所述,贫困本身是一个相对的、具有主客观两个方面的特征。这是因为对贫困概念的界定和测量不仅包括经济发展带来的客观影响,例如生活必需品的增量扩展与物价水平提升,而且会演变和产生新的贫困形态,例如支出型贫困。同时社会和文化发展导致不同阶段社会对贫困的认知和理解也存在明显差异,以往认为不能自主解决温饱问题即是贫困,现在随着经济社会发展、居民权利意识增强以及共享发展的政治理念牵引,除了温饱问题,还包括基本生活条件环境和基本公共服务的可及性。从另一个角度看,阿马蒂亚森将贫困原因归结到基本可行能力不足,缺乏对社会困难群体提供公平完善的制度保护和权利保障。概括起来,社会救助瞄准机制的文化因素包括政治理念和社会文化因素,政治理念决定制度价值,是社会救助可持续发展的重要保障。社会文化是制度模式的重要参考,也是机制运行的重

---

① 安格斯·迪顿. 逃离不平等 [M]. 崔传刚译. 北京:中信出版社,2014.
② 理查德·蒂特马斯. 社会政策十讲 [M]. 江绍康译. 吉林:吉林出版集团有限责任公司,2011.

要环境因素。分析和治理社会救助瞄准偏差，不能忽视文化力量的多维度多面性影响。

社会救助瞄准机制是在特定的情境中运行的，文化因素是其中重要方面，掌握和适应文化情境，可以促进瞄准精度提高，反之会放大瞄准偏差。当前把收入贫困作为瞄准对象，尽管属于对贫困的间接测度，但对执行来说不失为一种有效做法，世界上大多数国家也采用此种方法。但正是这种间接反映导致社会公众对这种贫困的认知缺乏直观感受，在他们眼中的贫困和收入贫困存在诸多差异，可能更多地与社会文化和习惯常识结合起来认识贫困，由此形成一些约定俗成的理解，例如家庭劳动力数量、家庭看病、教育等负担轻重、家庭规模和家庭结构的完整性、对人的道德品质和生活以及人际交往的定义等，都会作为社会公众对于贫困的判定因素。因为基层经办人员也具有与社会公众类似的价值和文化理念，同时由于收入贫困难以准确测量，同时存在着隐性就业和隐性收入，在缺乏非常精确有效的技术治理工具下，导致文化情境下的自由裁量权有着较多发挥空间，基层经办人员一定程度上利用文化因素来识别瞄准贫困，从而造成制度意义上的瞄准偏差。因此，需要充分认识和利用文化情境因素在识别和治理瞄准偏差中的作用。文化因素除了影响对贫困的测量以及对贫困产生原因外，还有重要的一点就是人们对于贫困的态度观念和接受程度，当前社会救助中存在两种看似相反互不兼容的情况，一种是争当贫困户、把取得救助资格作为"有能力、有门路"的标志，这和西方国家中认为存在的福利污名化效应和羞耻感完全相反，有学者把其归因为公民权利意识增强。另一种情况是不愿当贫困户，调研中发现有些具体情境比如儿子准备要结婚，担心当了贫困户找不到媳妇，这两种情况都不利于瞄准机制的精准瞄准效果，导致瞄准偏差出现，前者可能产生错保现象，后者引发漏保情况。笔者认为，产生这两个截然相反的情况，需要结合具体的文化情境和社会风俗习惯来理解，仅仅片面地归因于权利意识增强或存在污名化效应，都不足以全面深入地解释和回应这一现象。

1.3 研究方法与研究思路

1.3.1 研究方法

文献分析法。通过对国内外相关研究文献进行梳理，分析关于社会救助瞄准机制的研究现状和最新进展。特别是围绕发展型社会政策这一理论范畴，掌握有关专家学者对中国社会救助的分析和研究建议。

比较分析法。从横向和纵向两个角度，分别选取不同福利类型、不同文化背景以及不同发展阶段的国家，从制度发展变迁历程作为切入点，其一着重分析其制度演变的逻辑和相关背景因素，比如经济、政治、人口、文化等因素是如何影响制度的目标和对象；其二是分析制度内容以及具体运行以及改革情况；其三是分析制度运行效果和出现的问题，为中国社会救助瞄准机制的完善提供思考和启发。

定量分析法。通过利用统计年鉴、专门调查数据库以及实地调查所得的第一手数据等，利用多个统计模型通过专门的数据软件进行模型化分析，从而与定性研究相互补充，更能够直观、具象地对研究问题进行分析。

实地调研法。根据东、中、西以及区域内经济社会发展水平差异，选取六省市开展社会救助专项调查，采用问卷调查、集体座谈、入户访谈、"一对一"访谈等方式进行。主要通过问卷调查评估社会救助瞄准效果，入户访谈了解救助对象的真实情况和看法，还通过与基层经办人员访谈了解具体瞄准执行过程中遇到的困难，向业务主管部门总体上把握社会救助运行和发展情况。力图从宏观到微观，从整体到局部，从间接到直接等途径对社会救助瞄准机制的制度规定、运行实践到效果进行全面呈现。

案例分析法。利用实地调研第一手记录的资料，根据对象和主题进行分类编码，从中选取与社会救助瞄准机制相关案例作为基本案例数据库，并根据访谈对象不同，分别划分为主管部门、具体经办人员、社会救助对象等三个分类子数据库，最大限度原汁原味地反映案例背景和具体情境，并与问卷调查回答相互印证，力求真实客观。为了保证资料收集的完整性与真实性，在访谈开始前课题组成员对访谈对象进行详细的介绍与说明，消除受访者可能产生的访谈压力以及对个人隐私泄露的担忧。在访谈进行中，采取一对一或二对一的方式，将访谈时间控制在每次 30 分钟，以便充分了解被访者的真实状况。

1.3.2　研究特点

社会救助本质上是一个综合性范畴，研究社会救助也是多视角、多面向、多层次的，涉及经济、政治、社会、文化、全球化等多种因素的相互交叉影响。其内涵的复杂性和丰富性决定了对社会救助瞄准机制的研究，需要进行多种维度、不同层面的综合考量。社会救助的瞄准机制问题既是一个实践课题，也是具有一定不可或缺的理论建构和价值导向。根本上决定了社会救助的瞄准效果，首先是理论层面的价值和目标导向，秉承何种社会福利理念，选择何种社会救助制度，设计何种瞄准机制，都会与瞄准效果直接相关。同时直接影响社会救助瞄准效果的因素包括对社会情境的良好适应以及提高执行质量。建立规范科学的社会救助瞄准机制，提高瞄准效果降低瞄准偏差，需要集中反映国家意图、政策能力以及社会公众期待，用系统化、发展的眼光梳理社会救助所承担的历史责任和所面临的机遇和挑战，以价值理念和目标导向牵引瞄准机制，同时从执行的全流程分析造成瞄准偏差的综合因素。在此基础上，不是从执行或者其他微观角度看待和分析瞄准偏差，而是从理念和价值建构出发，利用系统论和机制论全面构建社会救助瞄准机制，既明确机制内部各模块，也充分与外界情境呼应，建立紧密相连、协调运转、功能完善、包容开放、纠偏预警的运行机制。

社会救助根本上不只是瞄准社会上某一部分或某一类群体，而是应该针对是比较典型的，影响和制约经济社会发展的社会问题。而在不同的历史发展阶段，社会问题也呈现阶段性、差异化的特征。例如，中国最低生活保障制度最早是为了解决国企改革而出现的大量卞岗工人的收入中断、生活困难的问题。而随着经济社会发展以及社会保障体系的建立完善，社会救助对象也发生了显著变化，因病、因残等导致可能能力不足的救助群体较多，同时出现人口老龄化、家庭核心化等特征，也出现了一些主动失业的年青失业群体，以往通过收入扶持可以帮助他们解决最低生活，但对提高他们自身的发展能力，帮助他们积极参与劳动力市场的效果有限，社会救助福利供给与贫困人员的多元需要并不精准匹配，而且只是维持现状不利于提高他们自身的反贫困的意愿和能力。

社会救助从最初适应国企改革需要，为下岗等失业群体提供救济性收入，到后来突出了一定的反贫困导向，现在更是社会兜底保障的一项重要措施。同时，社会救助从当初一项保障民生的制度安排，现在成为社会保障体系的重要组成部分，成为实现精准脱贫的国家治理工具，社会救助的地位和功能相比以往有了很大提升，一种维持型的收入扶持也许已不太能够适应其定位和所扮演的角色。需要跳出固有的逻辑，从国家福利理念的发展，对社会救助与贫困治理，以及社会救助与经济社会文化发展的关系等更广更深的层面去思考和把握社会救助的定位和目标。所以，社会救助实现精准"兜底"，绝不仅是对收入匮乏的家庭和人员给予补足差额，社会救助瞄准的根本问题——贫困，也不仅仅只是收入匮乏，相反，其只不过是贫困的一种表征，支出贫困、基本可行能力不足、人力资本和社会资本匮乏、认知和理念落后、制度歧视等都是贫困的表征和原因。同时，诸如老龄化、失独家庭等社会现象也会产生一些新的贫困。所以，社会救助的理念、对象以及救助的原则方法，都需要结合当前的中国背景以及未来的发展态势进行深入的思考，其中发展型社会政策的理念对可持续地帮助和解决贫困，是一项有益的借鉴和尝试。

1.3.3 研究思路

本书主要是从宏观系统与整体结构角度探讨广义视角下制约与影响中国社会救助瞄准机制实现兜底目标的结构化因素，然后通过系统整合与机制优化从整体上构建适应于兜底需要的社会救助瞄准机制。制约和影响社会救助瞄准质量既有宏观力量、中观结构以及微观因素，但作为一项有着特定理念价值的公共再分配政策，在分析具体结构和问题之前，第三部分首先需要对一直以来影响社会救助理念与机制设计的焦点问题进行分析，深刻理解社会救助与经济社会发展的良性互动关系，全面掌握瞄准偏差的类型与产生机理，充分认识社会救助兜底瞄准在国家治理体系和治理能力现代化过程中的积极作用。在深入分析影响社会救助兜底瞄准的宏观理念和关键问题后，从而确立本书研究和分析的理论依据和问题出发点。然后第四部分再从中观结构上，对影响社会救助瞄准效果的主要结构因素进行梳理，分析存在的问题以及原因。文章第五部分通过构建计量实证模型，利用一手调研数据量化呈现与规范分析当前瞄准机制在不同瞄准标准下的瞄准效果，进一步验证影响瞄准质量的制度规制以及其他微观因素。在第六部分选取国外典型国家对其社会救助瞄准机制的建设运行从历史结构角度进行全景呈现和比较分析，力求从中探索和总结社会救助瞄准机制发展变迁的一般性规律。在前文综合分析的基础上，文章最后从系统框架出发，对主要联系和影响社会救助瞄准的各模块进行有机整合，形成整体性、联动式的治理结构，同时在兜底目标统一张力下勾勒出各子系统的具体定位与实践改革路径。

1.4　研究可能的创新点

1. 全面认知瞄准偏差

社会救助产生瞄准偏差的根本原因在于社会政策执行要求的简约性与社会现实与问题的复杂性之间的矛盾。而且社会救助从根本上瞄准的不是贫困弱势群体，而是比较典型突出的社会问题，也就是社会救助要突出社会问题导向，但社会问题具有隐蔽性和一定的潜伏期，同时随着经济社会发展而不断出现新情况、新变化。例如，贫困问题既涉及宏观的政治经济社会因素，也与家庭结构等情况密不可分，呈现出复杂性、区域性和微观化的特征。对贫困以及产生贫困的原因也因不同的价值理念导向也具有明显甚至相反的认知。在此情况下，如果对贫困原因理解为自身努力不够，将贫困的主要原因归根在贫困人员身上，产生贫困的责任主要由贫困人员自身承担，政府只是补救者或有限的责任者，那么救助瞄准的一个出发点就是尽可能地控制覆盖面，减少错保以此减少福利依赖；如果对贫困的认知是社会转型以及制度歧视、保护不足等原因造成，那么政府则是以更加积极的姿态介入，在瞄准机制上更加重视的是应保尽保，有效地将贫困者都纳入社会救助体系之中。

因此，对贫困的不同理解会直接影响社会救助瞄准机制，这不仅是个实践问题，更是一个理念抉择问题。同时，福利模式的选择、价值理念导向以及救助标准的制定、社会力量的参与等因素也会影响瞄准效果。另外，由于针对贫困人员的社会保护不足，获取社会救助成为其唯一的或者主要的"救命稻草"，在政策执行方面存在模糊地带，相关监督约束机制不健全的情况下，一部分不符合当前救助条件的人也想"浑水摸鱼"。此外，执行情境也影响瞄准效果，缺乏有效的执行工具和有效的评价考核以及反馈机制，制度规定与实际操作水平不相匹配，都在客观上造成瞄准偏差不可避免。因此，从维护社会公平正义的角度，保障贫困人员的最低生活，需要正视和有效改善和处理瞄准偏差。一方面可以从系统和机制的角度，全面改善影响瞄准效果的理念、制度和技术因素，以提高瞄准效果为核心，全面审视社会救助各个环节，形成合力减少阻力和摩擦力，消除和避免各个链条对瞄准精度的影响。另一方面，重在建立瞄准偏差的监管控制和事后补救机制，加强对瞄准过程管理监督，充分利用大数据、信息化平台提高瞄准操作的规范透明程度，通过提高政策的可及性拓展居民参与监督渠道。同时对错保、漏保等瞄准偏差建立应急管理机制。

2. 瞄准失灵

政府失灵和市场失灵，是因为存在充分竞争领域和公共产品供给，两个主要的资源配置方式都有其一定的特点和作用范围。社会救助领域瞄准失灵根本上是一种系统失灵，在于社会救助瞄准机制与复杂性的社会现实之间缺乏精准对接和有效呼应。一方面，是内生因素，即瞄准机制未能建立起精准的目标识别机制以及具有较强操作性的瞄准措施，机制内部各个环节之间存在目标不统一、注意力分散，以及与实际存在差距等，导致执行过程中的自由裁量权过大，出现瞄准手段和瞄准结果与政策标准存在差异，出现执行微效甚至失效现象。因此，社会救助瞄准失灵不能简单地归结是一个执行不当的问题，而是需要进行理念重塑、目标重构、体系重建以及执行强化的问题。把现实中的复杂贫困现象，能够适当地反映到整个社会救助体系链条中去，使得从整体和系统层面对贫困以及救助的对象和目标有全面的考虑和统筹安排，将具有较强实践特征的瞄准机制与建立专业高效的执行系统精准对接，由经验丰富和素质过硬的专业人员具体执行，并鼓励社会力量参与。另一方面，是外生因素，转型期经济社会文化的发展会对制度的瞄准效果产生重要影响，需要根据国情变化而进行调整，例如，如今党和政府对民生的高度关注和持续投入，居民的福利意识和权利意识也有所加强，贫困理论的内涵和外延也在根据实践而不断地丰富，因为贫困本质上是一个处于动态并不断变化调整的发展型指标。实践特征是贫困的本质内涵，居民的意识和政府的理念也对贫困的测量和范围产生重要影响。因此，收入型贫困如今可能只是贫困的一方面表现，居民对解决支出型贫困、提高发展自立的可及性以及促进正常的社会流动也充满了期待，在国家反贫困治理的战略格局中，从收入维持型扶贫到开发式扶贫，再到精准扶贫、精准脱贫，对贫困类型的把握也在不断地调整和丰富，而对应的反贫困措施也在从收入补助向社会保护转变，从单一"输血"以维持其基本生活的同时也为其提供自立发展能力转变。

　　社会救助如今成为精准扶贫精准脱贫战略的重要治理工具之一，发挥着兜底保障的功能和作用。实现精准兜底、应保尽保关键在于建立科学规范有效的瞄准机制。从精准脱贫要达到的各项脱贫指标来看，提升贫困人员的基本收入只是其中一方面，在保障贫困人员基本公共服务可及性以及基本生活条件方面也有明确要求，实际上能够体现出反贫困的可持续发展型导向。因此，社会救助被赋予了精准扶贫的兜底功能，也需要将理念价值和制度目标标准与国家扶贫战略保持一致，制度规定也需要与各项扶贫措施精准有效衔接。所以以收入贫困作为瞄准目标的瞄准机制与现阶段下社会救助的功能定位不能完全适应，需要把发展型反贫困理念导入到社会救助当中，把更加丰富的贫困类型和表现纳入制度瞄准范围。把当前重点由收入扶持转变为收入补助与促进贫困人员发展提升并重，比如除收入贫困外，也可将健康贫困、能力贫困、教育贫困、文化贫困（观念落后）、技能贫困等与发展自立密切关联的各种贫困类型纳入社会救助的瞄准范畴中来，可以有效避免因其他类型贫困未纳入救助体系，导致实践执行中或是因为制度客观上难以执行，或是主观上因具体情境有所倾向，都导致了制度框架意义下的瞄准偏差，见表1-3。提高社会救助瞄准效果，关键在于对实际存在的贫困现象和类型有较为全面的考量和覆盖，如果瞄准的贫困类型比较狭窄，同时制度规定又难以在具体情境中有效落地，那么通过提高技术治理手段和加强监督惩戒措施，恐也难以达到预期效果。因此，提高瞄准效果重在对各种突出的贫困类型纳入制度目标，完善瞄准机制重在对各种类型贫困进行精准有效识别，并分类施策及时有效援助。在这之后，才是执行能力强化、监督机制建立、技术手段更新发展等。此外，在突出反贫困的目标和导向下，除了对贫困本身要有更为深刻全面的理解，随之产生的经济社会文化现象和问题也需要进行全面深刻的把握，因为各种贫困随之会带来不同但有深远影响的负面作用，例如家庭责任和观念的淡化、贫困代际传递、单亲家庭等问题，通过社会救助瞄准机制的系统规划和个性化设计，能够瞄准更为丰富的贫困类型和其背后的社会问题，从而从国家治理层面有效规避瞄准失灵，提高制度的经济社会运行效率和瞄准效度。

3. 系统论视角

"系统观念是具有基础性的思想和工作方法"[①]。社会救助瞄准机制是一个完备的系统，它是包括一系列价值理念、目标、制度、保障与执行的动态有机结合体，同时与外部环境保持着密切联系和动态适应。从一般意义上讲的家计调查只是瞄准机制的执行着力点和重要手段之一，瞄准效果如何并不主要取决于家计调查的执行情况，其中社会救助蕴含的价值理念和问题导向以及救助标准的设定，都会对瞄准效果产生影响。评估瞄准效果的主要指标在于对贫困人员的覆盖面，根本是要通过瞄准精准投放救助资源以帮助贫困人员维持最低生活，实现反贫困的最终效果。作为一项福利型社会政策，供需双方总量和结构都会对瞄准效果产生影响。例如，家计调查是基于选择型或者是补缺型福利供给视角，市场或家庭（个人）是福利的主要供应者，瞄准的关键在于确定市场或家庭（个人）的供给水平，进而确定补缺额度。基于适度分类的普惠型福利救助理念，则更加重视的是政策覆盖面。所以，关键是厘清现阶段中国社会救助需要关注和解决的主要社会问题，例如人口老龄化、家庭风险和反贫困问题，从系统角度以完善瞄准机制为核心，从理念、制度、技术等方面加以调整优化，避免片面地割裂系统之间各要素的联系，只从某一个环节或一味地强调执行和技术水平，而忽略了对社会问题本身的

---

① 习近平：关于《中共中央关于制定国民经济和社会发展第十四个五年规划和二〇三五年远景目标的建议》的说明［N］．人民日报，2020 年 11 月 4 日。

关注。

　　具体讲，把社会救助视作一个完整、开放、动态化的系统，包括理念价值系统、目标以及动力系统、执行系统、监督以及保障系统、预警和应急系统等子系统，所有的子系统通过建立瞄准机制进行有机整合与联系，瞄准机制成为社会救助运行的核心系统，所有子系统都需要把落实福利理念，提高瞄准效果，实现社会救助目标体系作为指引，不跑偏更不能相向而行，减小"摩擦力"更不能产生阻力，通过有机整合、协同并进产生"$1+1>2$"的效果。制度、法规等动力驱动与执行系统需要步调一致相互需要，充分考虑执行情境的复杂性、执行的成本效益以及执行力量的建设；救助标准既体现价值理念，又考虑执行的操作性；执行与自由裁量权之间要有完善的监督机制，对客观存在的瞄准偏差需要建立评估机制和救济机制，确保真正有效兜底，对实际生活困难的群体，的确符合制度规定的主动纳入救助，不符合救助规定的困难群体积极为其提供其他形式的帮助，社会力量以及其他援助性制度也可以积极参与进来。

　　例如，社会救助中存在的自由裁量问题，其实严格意义讲其也具有一定的积极意义，因为它不仅是基层经办人员责任心不强、素质不高，或者是由相关的信息不健全和技术治理工具缺乏等问题所造成，需要从社会救助的整个系统去认识和把握，例如制度和标准制定与具体执行情境和执行资源配备不协调，存在制度规定模糊、标准难以执行或者成本太高等问题，具体来说在反贫困导向下，制度瞄准的收入型贫困只不过是多面向贫困中的一小部分，在实际中存在其他类型的支出型贫困、发展型贫困等等，而这些贫困也会导致生活难以为继，所以规定本身难以执行，而贫困又具有复杂性，因此使得经办人员处于两难境地，根据地方风俗习惯对最需要帮助的人提供收入扶持，而最需要帮助的对象和制度规定的贫困对象可能并不完全一致，但是这种自由裁量一定程度上也无法对制度全部覆盖，但为实际非常困难的社会成员提供了及时的帮助，有其一定的积极意义。然而，另外，则是一些人员利用制度漏洞或本身的执行工作之便，通过"精英控制"让身边人或亲属朋友得利，对制度的公信力产生很大影响。因此，执行系统固然重要，但提高瞄准效果仅依靠提高执行质量是远远不够的，需要从社会救助系统整体出发，以瞄准机制为核心统筹各个系统的衔接和优化。

　　社会救助在国家贫困治理中扮演着十分重要的角色，被赋予了兜底保障的使命和职责。力争通过建立精确指向的社会救助瞄准机制，为所有陷入贫困的社会成员提供基本的生活援助，帮助和支持他们摆脱贫困，共享经济社会发展成果。不同于以往社会救助维持家庭最低生活需要的单水平单层次功能，兜底保障目标下的社会救助需要承担多面向、多元化的治理目标。在国家强化民生政策理念导向牵引下，社会救助在贫困治理的增量扩容和动态延展下，处于政策完善和机制加强的重要转型期和关键机遇期，亟须建立新时代背景下，与国家贫困治理需要相适应的社会救助瞄准机制。这在理论建构和机制探索方面对社会救助瞄准理论和实践机制提出了明确任务和更高要求。本书主要从社会救助的兜底目标任务出发，对社会救助任务的新变化新要求对瞄准政策的影响进行理论分析，旨在突破过往对社会救助瞄准实施的局部单一认识，从系统角度和机制层面尝试构建能够适应兜底保障需要的瞄准机制框架，明确在整体性瞄准机制框架下各模块如何转变理念和进行协同运转。对于瞄准机制各模块具体适用性技术研究和操作性手段探索需要在后续研究中进一步细化完善。

| 第 2 章 |
概念界定与理论基础

2.1　概念界定：转型中国视角

　　社会救助作为一项重要的社会政策，它的产生和发展离不开各自的经济社会文化背景，作为一项再分配政策，它首先由上层建筑和经济物质基础所决定，政治观念和分配价值导向都会直接影响社会救助的理念、目标以及制度机制设计。同时，作为一项社会政策，它也不能超越特定的历史发展阶段和忽视具体的社会、文化情境。中国的社会救助历史源远流长，不过现代社会救助的产生和发展是以西方国家的工业化革命和社会化大生产为背景的，主要是适应工业社会的经济发展特点，防御和处理工业社会的各种社会风险和社会问题，同时工人运动、工会组织的力量也起到了推动作用。因此，关于现代社会救助有关的理论和概念大多起源于国外，这些理论和概念是基于西方国家政治经济文化特点和社会救助发展实践的总结和概括。

　　尽管经济社会发展具有一定的普遍性规律，国外的社会救助发展与嬗变对中国有一定的启示意义，但就具体一项社会政策来讲，更加需要充分考虑到其所依赖和生存的一切主客观条件的特殊性。因为社会救助的兜底功能，不同国家在不同的历史时期和发展阶段，其对兜底的"底"的内涵认知存在差异，对兜底的功能要求也不尽相同。从更深次讲，社会救助是国家、家庭、社会以及个人四方主体在维护社会文明底线、体现人性和人文关怀方面，建立起的角色划分与责任分工的体系机制，每一主体的责任和角色背后都有着特定的历史背景和文化因素。例如，在社会救助中，受传统儒家文化影响深远的国家，都十分重视家庭内部互相支持帮助在扶危济困、防御外来风险中的作用，也形成了在社会福利体系中具有基础地位的家庭福利供给传统和文化，所以在考察分析中国等东亚国家的福利制度时经常把家庭作为基本研究单元，而在大多数西方国家这种家庭内部的福利供给观念则比较缺乏。

从国际比较来看，社会救助发展演变存在着明显的差序格局特征。一方面是空间差序格局，不同地域受不同文化历史背景影响而呈现出社会救助理念和价值观的差异，例如东亚福利观念下的社会救助模式与西欧、北欧以及北美地区的制度模式存在显著差异。另一方面是时间差序格局，不同的时间段和不同的历史发展阶段，都有着与其背景和要求相适应的社会救助体系。具体看，社会救助的对象规模与结构、社会救助的制度安排和机制运行、社会救助的主要目标和功能都不是一成不变的，需要保持制度相对稳定和机制弹性，而且还要具有一定的前瞻性和风险防御意识。因此，对于基于国外等西方国家社会救助发展实践形成的概念和认识，需要结合其背后的各种客观条件和主观因素进行考察，力求形成一个整体饱满的认识。同时，结合中国转型期的主要特点和社会政策要求，加入中国的时代背景和文化等情境因素予以分析界定。

2.1.1　社会救助

社会救助是一个具有综合范畴、多种面向的概念。它既是历史的、理论性的，同时也是现实的、实践性的。结合新时代背景和国家治理体系和治理能力现代化的需要，契合精准脱贫和兜底功能以及可持续发展要求，在借鉴和吸收的基础上，本书定义新时代社会救助是按照兜底线、织密网、建机制，全面建成覆盖全民、城乡统筹、权责清晰、保障适度、可持续的多层次社会保障体系的要求，着眼于促进实现共同富裕的战略任务，以托住底线和促进共享发展，补齐筑牢贫困人口民生发展短板为目标，以政府主导、多元参与的协同治理理念，综合现金、实物和服务救助兼顾生活与发展需要，通过理念驱动、机制设计和技术工具运用，为生活难以为继和发展陷入困境的社会成员提供具有良好可及性、充分适应性和较强针对性的一揽子救助福利方案。当前，我国已经建立了以最低生活保障、农村特困供养为核心，以医疗救助、住房救助、教育救助等专项救助为辅助，以临时救助为补充的覆盖城乡的新型社会救助体系[1]。

根据 2014 年国务院颁布实施的《社会救助暂行办法》，中国已经基本建立起项目齐全的社会救助政策体系，具体包括城乡最低生活保障、特困人员供养、受灾人员救助、医疗、教育、住房、就业等专项救助以及临时救助体系。此外，民政部出台了相关的低收入家庭认定办法，指导各地将家庭人均收入高于最低生活保障线一定标准，不具备保障资格但同时家庭生活以及大宗大额支出非常困难的家庭实施专项社会救助。同时，一些地方专门出台政策将支出型贫困家庭也纳入救助体系之中。根据《社会救助暂行办法》规定，社会救助对象主要包括以下四种群体：①最低生活保障人员。即家庭人均收入低于当地最低生活保障标准即可获取相应的社会救助。②特困人员。对无生活来源、无劳动能力且无法定赡养、扶养、抚养义务人或者其法定赡养、扶养、抚养义务人无赡养、抚养、扶养能力的残疾人、老年人及未满 16 周岁的未成年人，给予特困人员供养。③因突发灾害或意外事件，或家庭成员突发重大疾病等原因，或因生活必需支出突然增加超出家庭承受能力，造成基本生活暂时出现严重困难的家庭。④低收入家庭。即家庭人均收入超出当地最低生活保障标准一定幅度，但实际上家庭基本生活状况和生活条件仍然比较困难或面临疾病等大额支出，陷入贫困的风险概率较大的脆弱性家庭。

在以上四种主要的社会救助对象中，最低生活保障人员和低收入家庭需要通过严格的瞄准机制进行识别；特困人员救助主要是通过身份和家庭信息识别，即运用身份瞄准机制识别；因突发灾害而实施的灾害救助则主要是根据受灾范围、灾情大小以及受灾统计等情况进行救助，针对家庭经济情况或其他方面的瞄准考量相对较少。同时，从社会救助政策体系看，除灾害救助和针对遭遇其他特殊困难的家庭而实施的临时救助外，专项救助的基本资格是最低生活保障家庭和特困人员。而随着福利政策的延伸和扩张，一些地方实践也逐步将低收入家庭纳入专项救助中来。在国家民政部门的相关政策意

---

① 刘喜堂. 建国 60 年来我国社会救助的发展历程与制度变迁 [J]. 华中师范大学学报（人文社会科学版），2010（4）.

见中，明确低收入家庭认定仅限用于专项社会救助申请。所以，从救助项目和救助对象两个维度看，除灾害救助和其他临时救助的情况外，申请社会救助需要通过严格的瞄准机制和实施全面的瞄准程序，才能确定是否具有社会救助资格，以及确定差别化、个性化的救助给付。本书主要是把社会救助的瞄准机制作为研究主题，因此需要将主要依靠瞄准机制进行识别和保障制度运转的社会救助作为基本研究对象。

2.1.2　瞄准机制

世界银行认为社会政策瞄准机制的主要目的是将更多的资源分配给人口中最贫困的群体[1]。依据世界银行的描述，研究瞄准机制需要将人口分为贫困人口和非贫困人口，进而评估社会公共资源在多大程度上被分配给了实际贫困人口。由于受到贫困度量本身的复杂性与反贫困政策的综合影响，这种看似简单的操作往往在实践中遇到很多挑战。在全球范围内，提高扶贫政策尤其是社会救助的瞄准精度，是一个极富挑战性的问题[2]。社会政策的瞄准机制可以区分为"狭义瞄准"和"广义瞄准"两种类型。广义瞄准是指尽管某些社会政策不是专门为贫困者设立的，然而这些社会政策却能够倾向性地保护贫困者，或者至少能为其获取公共资源提供均等机会。"狭义瞄准"则是专门针对贫困者的社会保护政策而言，是指具体某项反贫困政策能否纳入所有贫困者同时有效排除非贫困者[3]。

机制一词最早源于希腊文，原指机器的动作原理与构造。这一词在中国最早出自清代丘逢甲《汕头海关歌寄伯瑶》中的诗句。辞海释义是指有机体的构造、功能及其相互关系，机器的构造和工作原理等。其在社会学中的内涵可以表述为在正视事物各个部分的存在的前提下，协调各个部分之间关系以更好地发挥作用的具体运行方式。任何一个系统中，机制都发挥着基础性、根本性的作用。在理想状态下，良好的机制可以使一个社会系统接近于一个

---

① World Bank. Social Safety Nets. http：//www. worldbank. org/sp/safetynets/Targeting. asp. 2004.

② Walker, R. *Social Security and Welfare*：*Concepts and Comparisons*. Maindenhead：Open University Press，2005.

③ Van de Walle，D. *Targeting Revisited*. The World Bank Research Observer 13.

自适应系统，即在外部条件发生不确定变化时，可以依靠完善的机制迅速自动地作出反应，优化调整先前的措施与策略，充分有效地适应当前条件结构约束以实现系统整体最优目标。构建机制是一项复杂的系统工程，系统内部各部分、子系统不能简单地以"1＋1＝2"的理念和方法进行简单叠加，不同层次、不同结构需要互相呼应、相互补充，进行有机整合和协同作用。所以说，兜底目标下中国社会救助瞄准机制不是一个孤立的存在，而是一个开放包容、不断丰富和延伸的有机系统，也不是仅依靠家计调查等技术治理或只重视执行质量提升就可以降低瞄准偏差实现兜底目标。

从根本上构建中国社会救助瞄准机制，需要在兜底目标的集中约束下，结合宏观背景、中观结构与微观因素以及它们之间的关联互动，首先从系统和结构视角全面审视与系统梳理影响和制约兜底效果与瞄准质量的所有因素集合。其次是适应复杂性治理需要，将关联的系统与因素进行协同与结构耦合，根据社会救助瞄准的有机过程与全部阶段进行整体性治理。具体讲，影响瞄准质量的因素包括制度层面与执行层面，制度规制与执行是一个硬币的两面，二者紧密联系不可割裂。而作为一种更高的治理要求，兜底目标下瞄准机制还需要调整与丰富社会救助的价值理念，同时需要完善监督体系建设强化监督力度，为瞄准机制运行创造公平公正的外部条件。而且实现稳定、可持续地兜底，从成本效率角度考量也需要及时预判和干预有关风险，强化风险治理。因此，本书将社会救助理念、相关制度建设和技术工具、治理体系与执行质量、监督体系与风险管理水平等与社会救助瞄准系统关联的重要因素，与宏观的政治经济社会文化背景相结合，力图构建出整体性、系统化的社会救助瞄准机制。

2.1.3 可及性

《中共中央关于制定国民经济和社会发展第十三个五年规划的建议》明确要求政府"提供公平可及的公共服务"。把公共服务"可及"与"公平"相并列一起确定为关于基本公共服务的两大战略之一。可及是公平实现的前提，也是公平理念的逻辑延伸。一直以来社会事业是现代化建设中的一块短板。对中国现阶段基本公共服务的可及状况，李克强总理曾做出过准确研判，

"在就业、教育、医疗卫生、社会保障等关系群众切身利益的领域还存在不少难点和焦点问题,基本公共服务可及性、公平性仍然不够①。"

社会救助领域存在的瞄准偏差,也即意味着社会中有一部分最贫困的群体无法获得转移支付和公共资源的再分配,同时可以证明社会救助的可及性需要不断提高。因此从理论内涵和实践意义上讲,社会救助可及性与瞄准机制紧密相关,完善瞄准机制需要着眼于提高可及性,在可及性的框架和维度内不断丰富和完善瞄准机制。芝加哥大学学者罗纳德·安德森(Ronald Anderson)首次提出可及性概念,将"可及性"概念较为模糊地表述为"使用服务"。密歇根州立大学学者罗伊·彭尚斯基(Roy. Penchansky)与威廉·托马斯(William Thomas)认为可及性是指顾客与系统的适配程度,并在此基础上构建了可及性"五维度测量法"。它们依次为,可获得性:供给方提供的资源、服务数量和类型与患者需求的关系;可达性:医疗卫生机构与患者在地理空间上的关系;可适合性:患者能否适应与认可医疗卫生机构服务的提供方式;可承受性:供方提供的保险机制和医疗保险、服务价格与患者支付能力和收入的关系;可接受性:患者个人特征与服务提供方的行医特征的关系②。大卫·H. 彼得斯(David H. Peters)等也将测量可及性的维度细分为财政的可及性(服务成本、服务价格、使用者的资源与支付意愿)、可获得性(医疗服务、药品等与服务需求的关系)、可接受性(使用者的态度与接受度、医疗服务的特征)、地理上可及③。罗纳德·安德森认为可及性是个体对服务的实际享有量以及获得服务的便捷或受阻程度。桑格利亚(Shengelia B.)等将可及性概念拆分为服务的覆盖面和服务的"使用"。悉尼大学学者艾米丽·萨尔曼(Emily Saurman)指出可及性概念也应该包括意识维度,具体包括服务供给者的协同意识和使用者的能力意识,包括获取信息、沟通表达、健康重视等④。

---

① 李克强:深刻理解《建议》主题主线 促进经济社会全面协调可持续发展(学习贯彻十七届五中全会精神),http://politics. people. com. cn/GB/1024/13208626. html.

② Penchansky. R&Thomas. W. The Concept of Access Definition and Relationship to Consumer Sat-isfaction. *Medical Care*. 1981,2:128.

③ David,H. Peters et al. *Poverty and Access to Health Care in Developing Countries*. Annals of the New York Academy of Sciences. 2008:161–171.

④ Emily. Saurman. Improving Acccces:Modifying Pen–Chansky and Thomas's Thoery of Access. *Journal of Health Service Research Policy*. 2015(9).

2.1.4　福利依赖

关于福利依赖，尚未有一个明确且共同认可的定义①。一种理论是侧重于客观的事实描述，即家庭依靠救助金生活时间比较长，但对于较长时间如何界定，不同研究者在不同背景下会有不同定义。美国学者认为除考虑贫困家庭连续领取救助的总时长外，还要考虑反复多次领取的问题，即退出后又重返救助，可以根据固定期限内的总领取时间来界定"长期"②。根据这一原则，瑞典学者在研究其国家的福利依赖时，把一年中有 10 ~ 12 个月领取救助金生活定义为"长期"，这些家庭就是福利依赖的家庭③。另外一种客观界定与测量福利依赖的途径是评估一定时间内救助金占家庭总收入的比例，超过一定比例则表示存在福利依赖，比例越高说明依赖程度越深。美国健康和人类服务部据此界定福利依赖，如果一个家庭在一年中的总收入超过 50% 来自收入补偿、食品券等与工作无关的各种救助项目，可以认定这个家庭存在福利依赖。还有一种理解是侧重于主观的概念界定，认为福利依赖是一种消极的态度，是一种流行于底层阶级的"依赖文化"，此类家庭宁愿依赖救助生活也不愿寻找工作，是他们自己排斥了自己而不是社会排斥了他们④⑤。从这个角度看，福利依赖是受助者一种消极的主观态度，是社会问题和罪恶的根源⑥。更多时候，需要以一种动态角度看待福利依赖，接受救助和福利依赖只是人们在利用救助的不同阶段的不同表现。

---

① 徐丽敏. 国外福利依赖研究综述 ［J］. 国外社会科学，2008（6）.

② Gottschalk，Peter and Robert Moffitt（1994）. Welfare Dependence：Concepts，Measures and Trends. *The American Economic Review*，84（2），78 – 82.

③ Mood，Carina（2011）. Lagging behind in Good Times：Immigrants and the Increased Dependence on Social Assistance in Sweden. *International Journal of Social Welfare*，20（2），55 – 65.

④ Moore，John（1987）. Welfare and Dependency. Speech to Conservative Constituency Parties Association，September.

⑤ Mead，Lawrence（1986）. *Beyond Entitlement*. New York：Free Press.

⑥ Murray，Charles（1984）. *Losing Ground*. New York：Basic Books.

2.2　理　论　述　评

理论来源于实践，成熟的理论可以指导实践。根据实践形成并不断创新发展是理论具备科学指导意义的根本前提。理论是发展的，它不断成长丰富于社会发展实践，紧跟经济社会发展脚步。同时，理论也是具有前瞻性的，通过严谨全面的历史演绎和逻辑推导，能够准确评估和预判未来实践发展走向，从而指导和推动实践向前发展。社会救助理论发展不是孤立地存在，而是根植于与之紧密相连的社会发展实践，同时也属于社会政策理论的重要范畴，社会政策已经成为研究经济社会发展的重要视角，从以往关注"物"的发展日益转向强调人的发展，更加重视不同社会群体在生产力水平不断提高的背景下是否同时有效地增进了家庭和个人福利。秉持何种发展观念和价值理念，处于何种发展阶段，都会直接影响和选择何种社会政策。中国社会政策理念源远流长并一脉相承，公平正义扶弱扬善的理念一直以来都是中国官方和民办救助事业的基本理念。在此基础上以实现共同富裕作为目标，通过精准扶贫、精准脱贫等政策改善贫困家庭和人员的经济生活状况。因此，社会救助等社会政策是具有悠久历史并不断发展的，它与经济政策、文化政策等密切相关，同样不可缺失。特别是当经济发展到某一阶段，引起社会、文化等产生变化并引起一些社会问题时，这为社会政策的功能作用发挥提供了充足空间。

同时，也需要社会政策随着环境条件变化而有所调整。当代西方国家发展其实可以说是一部社会政策的发展演变史，透过社会政策的发展调整变化可以了解整个政治经济社会全貌。长期以来以经济增长和生产力水平提高为核心的发展政策产生诸多负面影响和社会问题，社会救助等社会政策也在根据情境需要不断地发展演变，从保障贫困人员基本生活等维持型政策再到福利型社会政策，最后演变为具有福利供给和生产激励双重导向。因此，需要对社会政策发展演变进程中的政策观点、实践模式和代表性的概念理论进行历史回顾，从而为中国社会救助瞄准机制的调整思路和完善方向提供丰富全面的理论依据。

2.2.1 多维贫困理论

伴随人类社会发展不断演进，对贫困的定义也在不断地丰富与深入。起初人们主要把避免饥饿和营养不良作为贫困内核[①]。英国学者朗特里在1901年开始用收入来定义英国贫困。美国经济学家欧桑斯基在1963年开始用收入来定义美国贫困。收入贫困开始成为全球使用最广泛的贫困标准，并以收入标准来定义贫困线，主要包含满足家庭基本需要的食物和非食物货币支出。世界银行在1981年开始对各发展国家进行消费和收入贫困测算，用世界上最不发达国家的收入贫困线定义了世界贫困标准。1998年联合国将贫困定义为是对人的选择和机会的否定，是对人格的侵害。贫困意味着缺乏有效地参与社会的基本能力、没有足够的食物和衣物维持温饱、无法享受基本的教育和医疗服务、没有权利、被排斥在群体生活之外。世界银行在2000年发布的《世界发展报告》认为贫困是指福利的被剥夺状态。报告指出贫困除了指物质的匮乏，还包括低水平的教育和健康。此外贫困还包括风险和面临风险时的脆弱性，以及缺乏参与机会和不能表达自身需求。

贫困是一种复杂的、综合的社会经济现象，贫困的多维性已经得到学者的普遍关注。贫困之所以并不只是因为收入水平低，还包括他的福利水平低于可接受的水平[②]。综合已有研究来看，经济学视角认为贫困是个人或家庭没有足够的收入满足其基本需要。阿马蒂亚·森认为贫困是个人或家庭的基本可行能力不足。社会学认为贫困是家庭或个人被排斥在经济社会政治活动之外。心理学则认为贫困是依赖福利、懒于工作的状态，有着一种强烈的宿命感、自卑感和无助感。阿马蒂亚·森在1973年首次提出"多维贫困"概念，其核心观点是，贫困不单指收入贫困，还应包括能力上的缺失，如公民获得健康权、养老权、教育权、居住权等能力的缺失[③]。伴随贫困概念向多

[①] 中国社会科学网. http：//www. scfpym. gov. cn/show. aspx？id =17495。

[②] 湖北省人民政府扶贫开发办公室网站. http：//www. hbfp. gov. cn/jpyfzxj/2014nsdsj/17881. htm.

[③] ［印］阿马蒂亚·森著，王宇、王文玉译. 贫困与饥荒：论权利与剥夺［M］. 北京：商务印书馆，2001.

维扩展，多维贫困的测度方法也随之发展。唐森（Townsend）认为现代社会除了家庭和个人的基本营养需求，还要考虑其对教育、住房和安全的需要。亚洲开发银行在 1999 年把贫困划分为三个需求层次，即生存层次：营养、健康、饮用水/卫生设施；安全层次：工作/收入、住所、和平；能力层次：教育、参与权、社会心理。2010 年，以阿玛蒂亚·森的能力方法理论为基础，从人类发展的视角测量与定义贫困。联合国开发计划署《人类发展报告》第一次公布了基于 Sabina Alkire 等测量的多维贫困指数（MPI）[1]，拓展了人类发展理论对贫困的测量。多维贫困指数将取代从 1997 年开始使用以日均花费 1 美元作为标准的人类贫困指数。多维贫困指数涵盖家庭与个人的健康、财产、教育、享有公共服务、营养和卫生系统等指标，相比只简单进行收入测量，其更能全面反映贫困现实和贫困家庭所面临的困难与挑战。在中国精准扶贫、精准脱贫战略实施中，以及从中国扶贫开发的历程中不难发现，尽管中国并没有明确公布多维扶贫标准，但在实践中开展的正是多维扶贫，并且积累了丰富的、可供各国借鉴的成功经验，中国的多维扶贫已经走在世界前列[2]。

2.2.2　发展型社会政策

一般而言，社会政策被看作一种主要是政府及社会组织如何处理社会问题的社会行政（公共治理）、一种同社会福利直接相关的利益配置和不同社会结构之间的互动关系，以及一种同经济手段或经济政策相呼应的国家政策，其目的是协调不同阶层或不同利益团体之间的关系，以减少社会冲突，增强社会团结。通常来说，欧洲福利国家社会政策的比较主要涉及社会保障（即社会救助）、就业政策、卫生服务、教育政策、社会照顾和住房政策等。在一些发展中国家，社会政策的比较可能不仅局限于上述领域。在中国，社会政策可以是与解决社会问题、促进社会发展，同时又和改善民生相关联的所有政策的总和。究其本质，社会政策的内涵和范畴是一个国家或地区政治经

---

①　Alkire, S. and Foster, J. Counting and Multidimensional Poverty Measurement. *Journal of Public Economics*, 2011（95）：476 – 487.

②　陈宗胜. 中国多维扶贫走在世界前列［N］. 人民日报. 2017 – 8 – 16.

济制度和文化共生的产物，具有鲜明的国家特色与政治性①。

在经历了 40 多年的改革开放和经济的高速增长之后，中国当前正处于黄金发展期和矛盾凸显并存的时期。"矛盾凸显期"表明对于社会政策有巨大的需求，"黄金发展期"又意味着社会政策对发展具有支持作用。我们正处于经济与社会发展并重的时期——这是我们考虑中国社会政策的基本出发点。对一个国家或地区而言，社会政策是实现经济与社会协调发展、促进社会和谐的关键的制度建构。然而，相较于经济领域而言，中国的社会政策尚处于快速发展和逐步走向成熟的阶段。因此，一方面，中国社会政策的构建必须根植于中国发展的历史、现实和未来的战略。中国社会政策的框架不能离开"发展"这个基本维度，社会政策应该能促进发展，并能解决发展中的问题。另一方面，透过社会政策比较研究，认识和借鉴不同国家和地区社会政策形成发展过程中的规律经验，增强自身在经济包容性发展和保障改善基本民生方面的制度建设与政策供给能力。

发展型社会政策亦称为积极的社会政策，或被称为社会投资。它的理论与实践形成于 20 世纪 90 年代中期。这一政策的核心理论是将社会政策看成是生产力的一个要素，是一种社会投资行为。其基本依据是社会政策对提高劳动力的素质有直接作用，关系到国家的可持续发展和竞争力的提高，特别注重对人力资本的投资和社会的发展。发展型社会政策为社会政策加入了促进发展的维度，它对新时代中国经济社会发展理念和路径选择具有积极理论价值和实践意义。发展型社会政策的基本理念具体表现在：在政策重点上，特别关注对人力资本的投资，以及劳动力人群能否顺利进入劳动力市场。社会福利具有帮助人们实现潜能的作用，因而是生产力要素之一。重视对潜在劳动力的投资，还特别注重支持劳动力人口进入劳动力市场。重视建立良好的社会机制，重视社区发展和社会资本的积累；在社会政策与经济的关系上，注重对于经济发展的贡献，强调经济社会协调发展从根本上改变了社会政策是支出的观点。它认为再分配性质的社会性开支不影响经济增长，而通过社会政策可以促进经济发展。同时强调福利与责任的统一，社会成员具有责任感和参与积极性可以促进塑造积极向上的文化，从而形成经济社会协调发展

---

① 熊跃根. 社会政策的比较研究：概念、方法及其应用 [J]. 经济社会体制比较，2011 (3).

的价值基础；在社会政策的根本功能上，发展型社会政策认为社会机制、劳动力素质、社会责任与社会凝聚力作为重要因素，共同构成国家竞争力，因此社会政策是增强国家竞争力的手段之一；在思维方式上，发展型社会政策强调对于社会问题的"上游干预"。通过人力资本、社会资本投资，清除参与经济社会活动的制度障碍，构建支持体系以增进个人、家庭参与经济社会活动的能力，在上游消除社会问题产生的条件和机制，切断社会问题发育的链条。

2.2.3 福利多元主义

1978 年英国的《沃尔芬德的志愿组织的未来报告》首次提出福利多元主义概念。该报告建议在福利供给的主体中纳入志愿组织，改变国家的福利供给垄断地位，从而确立市民社会在福利供给中的合法地位。福利多元主义倡导福利来源多元化，既不能完全依赖市场，也不能完全依赖国家，福利是全社会的产物[1]。诺曼·巴里认为福利不能等同于国家福利，其来源是多样化的。他们不仅来自个人、社会组织和教会，同时也来自市场本身，国家只提供市场和社会力量不能提供的福利。具体来讲，福利供给主体包括家庭、社区、非营利组织（志愿组织）、市场（企业）和国家，它们之间存在竞争与合作关系。一种公共物品或服务可以理解为集体消费单位，对应于多元供给主体，它们之间存在分工与协同关系。实证研究表明，社团（非营利组织）有助于收费物品和服务的有效供给[2]，而社区有助于共享物品和服务的有效供给[3]。共享物品和服务与收费物品和服务被称为准公共物品和服务，因此，可以说社团、非营利组织和社区有助于准公共物品的有效供给，社会福利可以理解为私人受益的准公共物品。

作为准公共物品的社会福利供给对应于三部门组织（分工）以及三部门

① 彭华民，黄叶青. 福利多元主义：福利提供从国家到多元部门的转型 [J]. 南开学报（哲学社会科学版），2006（6）.

② ［美］莱斯特·M. 萨拉蒙著，田凯译. 公共服务中伙伴：现代福利国家中政府与非营利组织的关系 [M]. 北京：商务印书馆，2008.

③ ［美］埃莉诺·奥斯特罗姆. 公共物品合作供给——自发治理，多中心与发展 [M]. 朱宪辰主编，自主治理与扩展秩序：对话奥斯特罗姆. 杭州：浙江大学出版社，2012.

之间的伙伴关系（协同），这是从福利多元主义到福利治理的路径选择①。一般来讲，社会福利不仅可以由公共部门来生产和提供，也可以由私人部门来提供和生产，更可以由第三部门来生产和提供。在福利供给上，公共、私人和第三部门的合作伙伴关系是对福利社会最好的诠释。公共部门纵向地进行分权和权力下放，横向地与私人和第三部门进行协同。首先，福利供给的市场途径意味着存在一双"看不见的手"使得个人在追逐个人福利的同时，也促进社会福利。其次，通过社会途径供给则意味着存在自愿性利他行为，不同于福利国家的强制性利他行为。最后，由国家进行福利供给，一种是政府出资但不直接生产，另一种则是不仅出资也直接生产。福利多元主义意味着福利提供的规则、福利支出的融资以及福利服务的生产可以在不同部门间完成。转型期我国可以通过相应的策略选择整合并提高福利供给水平，可以进一步提高财政福利支出，建立全覆盖和保底线的国家福利制度，创造和优化制度环境，鼓励私人部门和第三部门积极参与多种类型的福利供给。

---

① 韩启迪. 从福利多元主义到福利治理：福利改革的路径演化 [J]. 国外社会科学, 2012 (2).

第3章

中国社会救助瞄准机制的焦点问题：
考察与辨析

　　随着中国经济社会进入新的发展阶段，社会救助制度作为与政治、经济以及社会文化紧密相关的一项社会政策，需要及时地回应和适应这种新要求和新形势。社会救助功能不再是单一的收入扶持，而是需要体现反贫困和兜底保障，同时也从一项民生政策转变为国家治理工具。可以预见，未来社会救助与经济社会发展互动将进一步增强，国家对社会救助等福利事业的投入也将稳步提升，在应救尽救、兜底保障的政策目标下，在社会救助支出不断增加的背景下，需要社会救助瞄准机制更加精准更有效率，否则会带来公共资源浪费、产生救助扭曲和社会风险兜底防御失灵等负面影响。

　　从宏观角度看，在当前社会救助对象不断扩大、救助水平不断提高的背景下，需要评估制度发展的可持续性和经济社会综合效益，一个关键问题是公共支出增长与社会福利整体增进、经济发展三者之间的关系，是否会出现所谓西方国家因福利支出增加对经济社会发展带来负面影响，以及是否会因福利增加产生福利依赖问题。从中观角度看，当前社会救助瞄准机制能否适应社会救助制度新的定位和要求，瞄准机制本身存在哪些问题，出现瞄准偏差是否因为机制自身的问题所导致。从微观层面看，社会救助瞄准机制的执行存在哪些困难，执行带来的瞄准偏差如何有效减少，执行工具和措施是否能够适应制度目标理念的新需要。尽管西方国家多年的社会救助发展和改革历史，可以为中国提供一定的借鉴和启示，但任何一项社会政策的发展都需要根植于本国国情，成长于本国经济社会文化土壤中，不同的政治制度、社会文化和经济发展阶段和模式，以及面临不同的社会问题，都会衍生出差异明显、富有个性的社会政策，例如西方的政党政治因理念不同会对社会救助等制度带来重大影响。作为具有中国特色的社会主义国家，中国社会救助制度发展和瞄准机制的完善，需要扎根于中国国情并遵循基本的价值理念，同时需要具有国际视野，对国外社会救助发展历史和趋势以及存在的争议进行理性对待，这是建立兼顾公平效率、可持续发展的社会救助瞄准机制的前提和关键。

3.1 福利投入与经济发展：争议与共鸣

随着中国经济社会发展以及居民生活水平的不断提高，社会救助标准逐年提高，而且国家对社会救助的功能和作用进一步强化，应保尽保、应救尽救成为社会救助瞄准机制的基本要求。而且转变政府职能、改革和完善社会主义市场经济体制，需要积极重视社会政策配套体系建设，需要充分发挥社会政策兜底的"社会安全网"的作用，进而对各项改革和经济转型创造良好条件和社会环境。实际上，中国经济社会保持健康稳定发展既得益于经济政策带来的增量效应，也离不开社会政策的再分配效应，社会救助能够增加消费或服务购买，有助于维持经济增长，有利于经济社会健康循环发展。自21世纪初以来，中国社会政策发展迅速，学界认为中国由此进入"社会政策时代"①。近年来，中国社会救助等公共支出规模逐年增加，而经济发展进入"新常态"，同时受到新冠肺炎疫情的冲击和影响，面临经济增速下调、经济结构调整以及增长动能转换等新形势，财政收入增速放缓同时财政支出增加，见表3-1，而且自2008年以来福利国家危机也引发了对中国福利水平的讨论，有学者和社会人士将欧债危机和福利国家竞争力下降解读为高福利所致，主张中国的社会福利应该量入为出、警惕"高福利陷阱"，社会福利水平高低问题也进一步引发了广泛争论②，因此有必要对经济增长与社会支出的关

---

① 王思斌. 社会政策时代与政府社会政策能力建设 [J]. 中国社会科学, 2004 (6).
② 房莉杰. 平等与繁荣能否共存—从福利国家变迁看社会政策的工具性作用 [J]. 社会学研究, 2019 (3).

系进行充分认识。

表 3 – 1   2015 ～ 2020 年全国财政收支规模及增长情况

项目	2015 年	2016 年	2017 年	2018 年	2019 年	2020 年
财政收入（亿元）	152269. 23	159552	172567	183352	190382	182895
财政支出（亿元）	175877. 77	187841	203330	220906	238874	245588
财政收入增长速度（％）	5. 8	4. 8	7. 4	6. 2	3. 8	− 3. 9
财政支出增长速度（％）	13. 2	6. 8	7. 7	8. 7	8. 1	2. 8

资料来源：国家数据网站 http：//data. stats. gov. cn/。

在 20 世纪五六十年代，凯恩斯的有效需求不足理论通过增加社会保障等社会支出扩大内需，相关国家进入了经济高速增长的黄金期，而经济发展水平的提升也为其增加社会支出提供了物质保障。同时，当时劳动力市场比较稳定，人口结构相对年轻，大多属于正规就业，经济社会发展背景和条件较好，通过经济发展和扩大社会支出得以进入福利国家。此时来看，社会支出与经济发展、福利增进是一种相辅相成、相得益彰的良性互动关系。但随着 20 世纪 70 年代石油危机爆发，西方国家经济陷入滞涨阶段，新自由主义将社会政策视为非生产性的支出，将社会福利与经济增长看作是相互对立的存在。事实上，社会政策不仅不会单方面给经济带来负面影响，而且健全的社会政策是现代市场经济运作的前提条件。通过积极的社会政策来防范基于全生命周期的各种社会风险，提高人力资本、实现充分就业，进而提高经济增长动力和发展质量。林德特（Lindert）教授根据欧洲、北美等发达国家近 100 年来社会性支出的大量历史数据，经过严格计量分析，得出结论是社会性转移支付以及为提供这种支付而发生的税收，其净国民成本从根本上讲为零，也即社会性转移支付是免费午餐[①]。高世楫认为，设计良好的社会政策可以支持经济发展而不是牺牲经济增长。在追求社会公平的同时，效率并没

---

① Lindert，P. H. *Growing Public*：*Social Spending and Economic Growth since the Eighteenth Century*. New York：Cambridge：Cambridge Press，2004：20 – 221.

有受到损害，社会性支出可以实现经济和社会的双赢①。波兰尼认为，对社会的保护，本身也是对经济的保护，一个不受约束的自我调节的市场，除了会对社会造成破坏，也会最终自取灭亡②。从历史比较和理论分析来看，经济发展与社会支出是相互促进的关系，经济发展是福利增进的物质基础，但社会支出规模和水平除了考量经济因素外，还需要回应政府政策以及解决突出社会问题的需要，很难说西方国家的经济增长带来的不利影响是由扩大的社会支出所导致的，而且随着人口老龄化等社会问题加剧，如果不通过有效增加社会支出等手段予以解决，那么势必会产生更加不利的影响。事实上，福利国家危机的问题根源在于劳动力"去商品化"手段与新的经济社会环境的内在冲突，因此，社会政策的收入再分配既要符合社会正义原则，也需要对经济发展发挥更加积极的投资作用③。

对于经济增长与福利支出二者之间关系的探讨，凯恩斯主义和新自由主义持有方向截然相反的观点，尚未有较为一致的意见，相关争论仍在持续，这反映出二者关系非常复杂。不过，近年来，相关学术谈论逐渐从福利支出总额转向到福利支出结构上来，福利支出水平与经济增长并不是简单的线性关系，福利支出结构在很大程度上影响着福利支出效率。对15个经合组织国家（1990~2007年）社会福利支出结构的研究证明，尽管福利国家承担的角色越多，越会对就业产生负面影响，但是在福利支出结构中社会服务支出占比越高，对经济增长和就业的贡献也会越大④。将福利支出定义为非生产性支出，认为其会有损经济增长的学术观点，实际上隐含着一个十分片面的逻辑假设，即认为市场与社会是简单机械地二元对立，事实上，一方面，国家对福利的积极干预有助于增加社会消费和投资需求，进而实现宏观经济均衡发展⑤，另一方面，积极社会政策可以提高一个社会的平等与团结，符合社

---

① 高世楫. 社会性开支是免费午餐：重新认识社会政策的经济影响 [M]//张秀兰，徐月宾，等. 中国发展型社会政策论纲. 北京：中国劳动社会保障出版社，2007.

② 波兰尼，卡尔. 大转型：我们时代的政治与经济起源 [M]. 冯钢、刘阳，译，杭州：浙江人民出版社，2007.

③ 房莉杰. 平等与繁荣能否共存——从福利国家变迁看社会政策的工具性作用 [J]. 社会学研究，2019（3）.

④ Ahn, S., S. Kim. Social Investment, Social Service and the Economic Performance of Wellfare States. *International Journal of Social Welfare*，2015.

⑤ 凯恩斯，J. M. 就业利息和货币通论 [M]. 徐毓梅译. 北京：商务印书馆，1983.

会公平正义原则，从而进一步促进社会稳定，而良好的社会环境是经济增长必不可少的条件。因此，社会政策尽管具有工具主义色彩，但同时兼具价值理性和发展主义特征。社会救助等社会政策支出，既体现公平正义的价值理性，通过良好的政策安排和支出结构设计，也能够发挥积极的投资作用。

传统的、建立在福利支出总额基础上的凯恩斯主义与新自由主义的二元对立已经过时，经济增长与福利支出二者之间的关系比较复杂，片面降低福利水平反而可能造成更高的福利支出，无益于经济增长反而使得形势更加恶化，社会阶层关系和社会团结平等趋于紧张。基于过去 20 年的研究，问题的关键在于如何调适福利支出结构更加合理，而这需要对福利需求进行准确判断与有效应对，也离不开一定的经济条件和社会基础，不同社会制度、不同发展阶段和不同经济社会背景在福利价值逻辑和福利发展模式方面也存在主观认识和客观实践差异，因此，对中国社会救助等福利支出水平和支出结构的分析，需要立足于国情从历史脉络和发展逻辑出发。中国当前正处于新的发展阶段和历史背景，需要充分发挥社会救助等社会政策的兜底保障作用，促进社会公平正义，托住和改善困难群众的基本生活，同时以积极的社会政策更加明确和促进社会救助的生产效应，通过扩大内需、提升贫困人员能力建设等为经济增长提供动能。同时，也需要通过增加必要的社会支出来积极应对人口老龄化、劳动力市场两极化、家庭福利功能弱化等主要的经济社会问题。从社会政策角度来看，国家提供的现金福利和社会服务，最终都要提供给个人或家庭，从微观上升到宏观，个人需求实际上是特定经济社会因素在微观层面的体现，那么对个人或家庭需求的应对自然也影响着经济社会发展①。所以，作为兜底性的社会政策，保持适度可持续地社会救助公共支出水平，不仅能够体现国家道义责任与社会公正公平，保障困难居民基本生活和发展权利，也是国家经济、政治、社会发展的客观需要，有利于社会长治久安和经济可持续发展。

基于功能—结构分析框架，进一步阐释中国社会救助等福利投入与经济发展之间的关系，并以期回应关于中国福利水平的讨论。社会保障是现代社会平稳运行的重要基石，是用经济手段解决社会问题进而实现特定政治目标

---

① 房莉杰. 平等与繁荣能否共存——从福利国家变迁看社会政策的工具性作用［J］. 社会学研究，2019（3）.

的重大制度安排，是维护社会公平、促进人民福祉和实现国民共享发展成果的基本制度保障。中国目前的社会保障体系主要是由社会保险、社会救助、社会福利和慈善事业四个部分组成。其中，低保等社会救助是社会保障体系中的兜底性制度安排，是国家和社会对因各种原因导致生活陷入困境，失去最低生活保障的社会成员给予物质帮助，以满足其最低生存需要，维护其基本生存权利的"雪中送炭"，是满足城乡困难居民基本生活需求的兜底性制度安排。在农村精准扶贫场域，社会救助更是被赋予兜底保障之责，对一些受先天条件所限，完全或部分丧失劳动能力，依靠自身努力很难如期脱贫的贫困人口，通过低保等社会救助实现兜底保障。从历史发展来看，社会救助源远流长，在历史上不同时期都体现着扶危济困、匡扶正义的道义价值，发挥着救人于急难之中，助人以生存延续的重要作用。因此，社会救助作为民生安全网的最后一道"防线"，也作为维护社会正义和人类生存尊严的兜底制度安排，人类共同的道德价值和对底线公平正义的追求，应当是社会救助功能的核心要义，在很大程度上超越了基于工具主义和发展主义的价值效用判断。社会政策的有效实施，能够提高一个社会的平等与团结程度，从而进一步促进社会稳定，在经济维度方面可以形成有效需求，进一步促进宏观经济发展。尽管社会救助政策有效实施需要兼顾二者，达到有效平衡，然而不难理解，彰显与维护底线公平正义，是低保等社会救助政策的核心目标，这种核心目标在中国有着深厚的理论基础和政治社会条件，因为与党的根本宗旨和一贯的执政理念一脉相承，与保障和改善民生的政策导向高度契合，再分配政策的公平正义价值内核具有强大的生命力和稳定预期，这与西方国家福利政策发展存在本质上的区别。

西方福利国家福利政策得以发展延续的基本条件是获取合法性，而导致其福利政策变形、夭折、倒退等异化情形的一个根本原因在于陷入了合法性危机，即福利政策的经济利益取向与社会效益主张存在难以调和的张力，仅仅可以在一定时段、一定范围针对某些特定事项或特定人群给予矛盾缓和，但是西方国家的社会权与市场价值之间的冲突是根本性的、不可调和的[1]，因此，包括社会救助在内的福利政策只能是尽力维持一时的平衡，福利政策

---

① Marshall. T. H. *Citizenship and Social Class.* Cambridge：Cambridge University Press，1950.

理念难以有长远稳定预期，嵌入、维持与增进福利政策的公平正义意蕴，很大程度上取决于党派斗争、不同阶层力量与谈判能力、政治氛围等复杂因素集合，而这与西方国家资本主义经济的阶段性、周期性表现息息相关，一旦经济增长陷入低迷甚至停滞，福利政策往往被作为"替罪羊"，以产生效率损失、妨碍自由主义竞争为由，以福利过高"养懒汉"、制度激励不足为切入点，通过采取削减福利项目、降低福利标准、提高福利领取门槛，加强福利污名化效应等举措，在自由市场竞争之外，包容性、益贫性的社会保护机制被消极干预，政府弱化了其在基本社会福利供给中的地位和作用，导致一部分社会弱势群体暴露或排斥在社会保护体系之外，社会救助维护人类基本生存权利和生存尊严的作用遭受到不小的冲击和削弱。

综上所述，社会救助作为福利政策兜底性的制度安排，中国和西方福利国家在政策理念、制度目标、出发点和长远预期方面存在根本性差异，中国社会保障理念体现尽力而为、量力而行，其中社会救助更是体现了雪中送炭的兜底福利思维，将福利理念提升、福利水平增进、福利项目扩容与经济社会健康可持续发展有机融合相得益彰，福利发展与经济社会发展是和谐共生、同频共振的"交响乐"，在中国制度优势和党的先进性的价值引领和作用推动下，中国并不存在西方国家所谓的福利政策合法性危机，更不会因合法性危机而产生对福利政策根本理念与发展路径的动摇。福利政策既可以履行公平正义，保障与改善民生的职责，也能够促进人的全面发展和经济社会发展，而作为兜底性的社会救助政策，作为社会保障体系的兜底性制度安排，兜住城乡困难群众基本生活的最后一道防线，民生保障的现实思维和公平正义的价值取向显然更是超越了福利发展与经济增长关系的一般性辩论，兜住城乡困难群体基本生活之底，让社会弱势群体更多地共享发展成果和平等参与到经济社会发展进程，应是社会救助的政策焦点与价值主张。当前中国社会的主要矛盾已经转化为人民日益增长的美好生活需要与发展不平衡不充分之间的矛盾，在以人民为中心的发展理念下，毋庸置疑，中国社会救助的民生兜底角色功能将会进一步地彰显与巩固，社会救助的理念包容、项目扩容、质量提升将会实现可持续发展。

从中国社会救助的支出水平与支出结构进行分析，从实践逻辑和现实角度进一步澄清福利投入与经济发展的复杂关系。城乡低保作为社会救助的重要组成部分，其支出水平和结构能够反映目前中国社会救助的总体支出状况。总体来看，中国目前城乡低保水平还不太高，而且地区差异较大①，城乡低保平均标准分别占全国城乡居民人均可支配收入和全国城乡居民人均消费支出的比重都不太高。同时，低保平均标准在城乡之间、区域之间差距十分明显。因此，中国社会救助尚处于增量提质的发展完善阶段，相对于风险社会下的兜底之责，同时面对人民生活水平的提高，城乡困难群众和弱势群体基本生活保障的内涵、外延和标准都需要逐步提高，西方福利国家对福利政策的批评与质疑的一个重要出发点就是认为高福利会"养懒汉"，不利于人力资本投资和提高市场竞争力，而中国目前低保政策覆盖面和保障水平低，远远不可能"养懒汉"。2012 年欧盟 15 国社会救助支出约占 GDP 的 3.1%，而同期中国社会救助支出占 GDP 比重不到 1%，不仅与西方国家相距甚远，甚至还低于越南、蒙古等周边发展中国家，中国社会救助整体支出水平有待进一步提高。同时，以城乡低保为代表的社会救助政策是保障困难群众基本生活的一项长期性、基础性、兜底性制度安排，但是在实践中，低保政策覆盖率逐年缩小，由 2013 年的 5% 以上降到 3%，按照这一趋势，2020 年后低保政策覆盖面将不超过 2%，这显然偏离了低保政策设立的目标，也明显削弱了社会救助的兜底功能。

即使按照中国社会救助的覆盖面是 3% 左右，也明显低于国际平均水平，如新西兰受助人数占总人口比例为 25%，澳大利亚为 17%，英国为 15.9%，美国为 10%，加拿大为 9.9%。从保障水平看，2018 年全国城镇非私营单位和私营单位就业人员月平均工资分别为 6872 元和 4131 元，而同期城市低保平均标准仅为每人每月 579.7 元，仅占城镇就业人员平均工资的 10% 左右。而在欧洲，最低生活标准与最低工资挂钩，大约相当于最低工资的 43% ~ 60%，美国的最低生活保障相当于平均工资的 20%，日本和意大利则相当于平均工资的 60%，经合组织国家最低生活保障标准占平均工资 35% 左右，远高于中国的 10% 左右。② 在覆盖面和支出水平都比较低的情况下，中国社会救助支出结构还存在现金给付比例太高，而直接适应与满足人类基本生存与

---

① 宫蒲光. 农村低保为何能够为脱贫攻坚兜底？［N］. 中国经济网，［2016 - 08 - 27］。

② 宫蒲光. 我国低保政策覆盖和保障水平低，远远不可能"养懒汉"［N］. 南方都市报，2019 - 12 - 28.

发展需要的社会服务占比非常小，见表3-2，而旨在满足现代工业社会中人口基本需要的普遍性社会服务，可能构成了战后福利国家的核心内容①。综上所述，在中国进入"后扶贫时代"，以低保为代表的中国社会救助政策依然重要，在兜底保障城乡困难居民和弱势群体基本生活和发展所需方面依然发挥着不可或缺的作用，这种政策功能和制度内生于党的政治宗旨与发展理念，具有稳定预期和可持续发展的动力和条件。同时，中国目前社会救助支出水平和给付标准比较低，覆盖面比较小，救助手段和服务内容结构还需要进一步优化，整体上中国社会救助还处于改革发展、日渐完善的重要阶段，这需要依靠稳定可持续的支出保障和多渠道、来源广的资源筹集，在坚持尽力而为、量力而行的基础上通过恰当的政策设计，让城乡困难群体更加公平有效地共享经济社会发展成果。因此，从中国社会救助的理念与实践切入，在中国情境下审视福利投入与经济发展的关系，并不会陷入西方国家所谓的"福利陷阱"，福利增长与经济社会发展的关系不存在根本性的冲突和难以避免的张力，两者也不必然是一种渐进的零和博弈，在中国国情和制度优势下可以将二者有机结合达到相得益彰的政策效果。

表3-2　1999年和2011年欧洲14国社会服务和现金给付占GDP的比例　　单位：%

国家	社会服务占GDP比例			现金给付占GDP比例		
	1999年	2011年	增长率	1999年	2011年	增长率
瑞典	14.87	15.45	3.92	17.86	15.57	-12.79
丹麦	13.55	14.93	10.22	17.80	19.38	8.86
荷兰	9.19	14.09	53.41	17.99	18.58	3.29
法国	11.52	13.67	18.63	18.87	19.99	5.91
英国	9.13	13.61	49.01	16.14	15.88	-1.58
芬兰	10.67	12.96	21.56	17.12	17.92	4.66
比利时	8.98	12.05	34.28	18.26	20.04	9.78
挪威	13.02	12.03	-7.63	15.22	14.36	-5.66
德国	10.54	11.76	11.54	19.50	17.84	-8.50
奥地利	10.87	11.26	3.58	19.89	20.09	1.02

---

①　R. 米什拉. 资本主义社会的福利国家 [M]. 郑秉文译. 北京：法律出版社，2003.

续表

国家	社会服务占 GDP 比例			现金给付占 GDP 比例		
	1999 年	2011 年	增长率	1999 年	2011 年	增长率
西班牙	9.18	11.04	20.21	13.31	17.04	27.97
意大利	8.66	10.06	16.12	18.34	20.92	14.06
瑞士	5.68	9.08	59.89	16.36	16.76	2.44
卢森堡	5.83	8.90	52.49	13.92	15.49	11.26
平均值	10.12	12.21	24.80	17.18	17.85	4.34

资料来源：欧盟统计局"欧洲综合社会保护统计系统"子项数据库和"教育与培训"子项数据库。

3.2 福利捆绑与瞄准效果：提高效率抑或造成偏差

目前关于社会救助瞄准机制失灵的其中一个解释是福利捆绑效应，从而产生道德风险和逆向选择问题，一些原本并未纳入收入贫困的边缘群体或普通家庭，在利益诱导之下通过隐瞒、谎报家庭收入和财产信息来违规获取社会救助捆绑式的各项福利。中国的社会救助制度是以城乡最低生活保障制度为核心进行设计的，其他专项救助福利则都是以获取低保资格作为主要门槛，而在很多地区也将低收入家庭纳入专项救助体系。无论是低保家庭还是低收入家庭，都是把收入标准作为各项救助福利的门槛，如果家庭收入低于相应标准则可以拥有"福利通行证"，可以申请获取多种救助福利。之前，把低保身份作为唯一的"贫困证明书"，拥有低保身份在医疗、住房、教育等方面可以同时享受多种福利，而社会力量帮扶、慈善事业也经常将低保对象作为优先帮扶对象，造成低保对象就等同于弱势群体和贫穷。同时，一些低保边缘群体因家庭支出负担更重，但因家庭收入超过低保标准线而无法获取专项救助。因此，与低保标准线挂钩的低收入家庭也纳入社会救助体系中来，可以获得相应的一定水平的专项救助。

将低保家庭和低收入家庭作为救助门槛，实际上是将收入匮乏作为贫困的代名词，显然针对低保户的收入扶持最可能直接解决其收入不足问题，但其他专项救助是否为他们急需则需要进一步厘清，因为相对于低保的收入扶持功能，各种专项社会救助对应于支出型或发展型贫困相对比较贴切，尽管他们之间有重叠和交叉，但严格意义上讲，二者之间并不是并行不悖的关系，而是有所区别和具有优先顺序。因为各种专项福利的叠加效应，可能会超出制度保障的预期目标。但是客观上，这种捆绑式福利供给可以减少家计调查等执行评估环节，减少人力、物力资源的投入，有利于提高行政效率，但是本身收入核查机制执行不够精确，如果出现瞄准偏差再通过获取捆绑式的福利待遇，则会放大这种瞄准偏差的影响，造成社会救助资源的不当使用，造成制度分配不公。因此，从执行的行政效率看，这种"通行证"模式是有效率的，但从制度促进公平正义的目标来看，则可能会偏离目标加剧社会不公，从而是微效甚至是无效的。所以，这种捆绑式的福利供给对瞄准机制的瞄准效果有着很高的要求，只有在真正有效识别谁是最贫困的人时，通过这种"一揽子"的福利措施才能发挥出最佳的福利效应，换而言之，尽管这种捆绑式福利输送有利于降低执行成本，但同时风险性很大，对瞄准机制的建立和运行有着很高要求。一旦瞄准机制出现系统性偏差或者执行出现不规范，都会造成公共资源浪费和整体社会福利损失，见表 3-3。

表 3-3　　　　　　　　　福利捆绑式福利输送的利弊

优点	不足
减少重复性家计调查、减少行政资源重复投入	家庭收入难以核算，存在福利诱导的道德风险
有利于为贫困家庭提供相对完善的福利支持	瞄准偏差的事实存在，造成福利分配不公
门槛口径统一，有利于政策衔接	未能考虑不同福利项目间的差别和效用，缺乏对其他类型贫困的针对性
减少因多次家计调查带来的污名化效应增加	为降低风险成本，对瞄准机制要求很高，对风险的防御和分散能力不足

一方面，中国的专项社会救助由不同政府职能部门负责具体管理，民政部门负责城乡低保家庭和低收入家庭的申请和认定，其他部门以此作为进行专项救助的资格和条件，这有利于政策衔接和部门协调，而其他职能部门也缺乏相应的专业力量来建立自身的瞄准机制，而且如果大量投入资源来建设

自身的瞄准识别体系，会造成大量重复建设。因此，民政部门对贫困的测量和认定在整个福利供给体系中居于基础地位，"贫困证明书"成为"福利通行证"具有合理性和实践操作性。这种运行模式本身符合统一、高效、便利的运转要求，产生道德风险和瞄准偏差并不是因为运行模式的不合时宜，关键是在于对贫困如何进行界定和测量以及如何建立系统规范化的瞄准机制，即解决谁是最贫困的人这一根本问题。当前出现的两种瞄准偏差主要是错保和漏保现象，即是对贫困没有准确地识别到位，这包括执行偏差和标准误差，这两种会同时导致道德风险和逆向选择，标准误差则是没有涵盖多种贫困类型，执行误差则是与社会情境不相匹配。因此，"福利捆绑"自身不会影响瞄准效果，它不会直接产生瞄准偏差，产生瞄准偏差主要仍在于瞄准机制本身，但一旦瞄准失灵通过"福利捆绑"则会产生更大不公。

另一方面，专项社会救助和最低生活保障本身针对的贫困类型以及背后的价值理念有所差异，最低生活保障是维持最低生活所需，针对的是绝对的收入贫困，专项社会救助则是针对支出型贫困以及发展型贫困需要，是为了解决"最需要帮助的"人，体现出一定的发展型社会政策理念，而最低生活保障制度则是更多体现收入维持型的单一救助理念，因此同属于社会救助，但是二者的作用和理念是有所区别的，在社会救助体系中也属于不同的层次。从这个角度看，"福利捆绑"式的社会救助运行体系本身不仅不会产生瞄准偏差，相反由于对贫困的相对狭隘测量未将支出型等贫困纳入贫困标准体系，则会导致专项社会救助未能充分适应和覆盖到需要帮助的困难群体。从国际上看，"福利捆绑式"的通行证做法也比较常见，英国社会福利项目众多，为提高行政效率，一些补贴并不要求进行家计调查，其给付条件可以通过已经获取的补贴资格来确定，见表3-4。因此，"福利捆绑"具有积极意义，模式本身不会产生瞄准偏差，将其作为瞄准失灵的原因之一则显得比较片面，关键是在于厘清城乡低保与专项社会救助的目标定位和功能区分，收入贫困是确定救助资格的重要标准，但并不能作为唯一尺度，而且诸如医疗、住房、教育等专项社会救助更直接地是反映家庭支出型贫困和发展型贫困，这与以收入贫困作为救助对象的城乡低保存在明显差异，一些收入未低于救助标准的中低收入家庭一旦遭遇重大疾病风险或面临发展资源匮乏等问题，同样需要专项社会救助予以扶持。尽管各种贫困类型会存在一定的重合交叉，会同时存在于某一个家庭，但因对贫困的测量方式不同和致贫机理差异，收入贫困也不必然带来支出型贫困或其他贫困类型，而支出型贫困也不一定同时是收入贫困，实践中因病致贫、因病返贫等支出型贫困现象比较突出。根据国务院扶贫办建档立卡统计，因病致贫、因病返贫贫困户占建档立卡贫困户总数的42%[①]。

表 3 – 4 英国"通行证"式补贴

"通行证"补贴	可以自动获得的补贴
与收入挂钩的求职者津贴	免费校餐；住房装修津贴；免费处方和其他保健待遇；从社会基金中支出的取暖费；等等
收入扶助	免费校餐；住房装修津贴；免费处方和其他保健待遇；从社会基金中支出的取暖费；等等
工作家庭税收抵免和残疾人税收抵免	健康补贴；从社会基金中支出的丧葬费和生育费补贴
住房补贴和财产税补贴	从社会基金中支出的丧葬费补贴

资料来源：罗伯特·伊斯特. 社会保障法［M］.周长征，等译，中国劳动社会保障出版社，2003.

因此，对于城乡低保和专项社会救助的"福利捆绑"，需要在反贫困目标导向下扩大对各种贫困类型的覆盖面，适当考虑和尊重制度体系内部功能和目标差异，把城乡低保资格作为专项社会救助的基本条件之一而不是唯一标准，把支出因素纳入专项社会救助的资格体系中来，适当考虑中低收入家庭基本支出和发展需要，同时也对普通居民家庭因面临较大风险造成收入中断、生活难以为继提供针对性的救助。

3.3 瞄准依据：何以统筹公平效率

当前中国的低保标准既是低保对象的资格标准，也是低保待遇给付的标

---

① 卫计委：因病致贫、因病返贫户占建档贫困户的42%. http：//politics. people. com. cn/n1/2016/0621/c1001 – 28466949. html. 人民网，2016 – 06 – 21.

准，事实上是整个社会救助制度的入门标准，在整个社会救助体系的运行中发挥着基础性作用。但当前中国城乡低保标准偏低，还存在标准单一和不均衡的问题，以及在具体执行中存在的各种问题，这些问题在很大程度上影响着社会救助体系的反贫困功能①。社会救助制度作为民生兜底的兜底制度安排，维护着社会公平、正义、共享理念，保障社会困难群体的最低生存和基本尊严。城乡低保标准是这项制度的核心，也是体现和实现制度公平的基础。它首先决定着制度覆盖面以及政府财力投入规模，其次直接影响着困难家庭的最低生计。所以低保标准应该同时体现公平和效率，既需要优化政府资金使用效益提高救助精准性，更要对困难家庭提供维持最低生存发展的经济支持。但在制度的出台和实践中，低保标准多是采用一地一标，家庭规模、人口结构和支出水平等微观因素并未考虑，在家庭实际经济需求与低保标准之间缺乏调配。同时，制度执行是以家庭人均可支配收入或家庭人均纯收入与低保标准之间的差额按人头进行补助，但家庭人口结构不同会直接影响家庭需求规模、再生产以及抵御风险的能力。因此，当前城乡低保标准在制度设计上，未能适当考虑个体家庭救助需求差异，直接造成城乡低保资金"分配悖论"，即同时存在救助"过度"和救助"漏洞"，社会救助制度的公平效率统筹实现机制尚未完全建立起来。

3.3.1　低保标准相关研究

自低保制度实施以来，最低生活保障标准是最低生活保障制度实施的核心问题，一直是学术界和政策界关注的重要问题②。农村社会救助政策在很大程度上忽视农村贫困人口自身，救助瞄准的是农村贫困地区而不是贫困人口。按照一定的收入标准和消费支出标准测定只表示农村贫困现象的存在，难以确定应该扶持的贫困个体，致使扶持对象变得模糊③。低保线划定的结

---

① 关信平. 我国低保标准的意义及当前低保标准存在的问题分析 [J]. 江苏社会科学，2016 (3).

② 韩克庆，刘喜堂. 城市低保制度的研究现状、问题与对策 [J]. 社会科学，2008 (11).

③ 邓大松，王增文. "硬制度"与"软环境"下的农村低保对象的识别 [J]. 中国人口科学，2008 (5).

构和标准单一，没有考虑贫困家庭种类的差异性①。目前城市居民最低生活保障标准没有考虑到家庭规模与结构的影响，缺乏弹性，因此可以根据保障对象的家庭人口规模、家庭类型，测算各地城市居民最低生活保障标准②。有研究认为现行统一的救助标准显然忽视了家庭规模效应对家庭生活水准的影响，这也可能是导致多人户家庭比单人户家庭具有较强的福利依赖倾向的原因，因此调整现行救助标准，需要考虑家庭需求的规模效应③。对有劳动能力的城乡低保对象，按照国际惯例还可考虑适当减少其补贴标准④。

3.3.2 目前城乡低保标准制订依据

根据民政部 2011 年出台的《关于进一步规范城乡居民最低生活保障标准制定和调整工作的指导意见》，可以采用基本生活费用支出法、恩格尔系数法或消费支出比例法。具体计算方法为：（1）基本生活费用支出法。城乡低保标准 = 必需食品消费支出 + 非食品类生活必需品支出；（2）恩格尔系数法。用公式表示为：城乡低保标准 = 必需食品消费支出 ÷ 上年度最低收入家庭恩格尔系数；（3）消费支出比例法。用公式表示为：城乡低保标准 = 当地上年度城乡居民人均消费支出 × 低保标准占上年度城乡居民人均消费支出的比例。同时地方可以参考当地上年度城乡居民人均消费支出、城镇居民人均可支配收入、农民人均纯收入、城乡低收入居民基本生活费用，以及经济发展水平、财政状况等因素对低保标准予以适当调整。无论是采用何种计算办法，城乡低收入居民基本生活费用都是城乡低保标准制定的主要依据，除了受当地物价水平及浮动影响外，城乡居民家庭结构因素也直接影响居民基本生活费用，因此，本书从宏观因素和家庭结构微观因素构建城乡低保标准制度模型，具体见图 3－1。

---

① 童星，王增文. 农村低保标准及其配套政策研究 [J]. 天津社会科学，2010 (2).
② 洪大用. 如何规范城市居民最低生活保障标准的测算 [J]. 学海，2003 (2).
③ 黄晨熹，王大奔，邱世昌，蔡敏. 让就业有利可图——完善上海城市最低生活保障制度研究 [J]. 市场与人口分析，2005 (3).
④ 唐钧. 完善最低生活保障制度的政策建议 [J]. 中国经贸导刊，2002 (11).

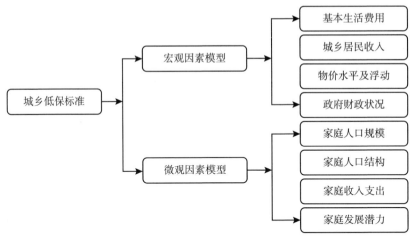

图 3 - 1　城乡低保标准制度模型

3.3.3　存在局限：公平效率兼容不足

1. 低保标准制定与救助理念相悖

目前中国社会救助的救助标准偏低，社会困难弱势群体中认为社会救助流于形式，救助需要救助的社会成员的作用十分有限。目前城乡低保标准依据不同的方法划分家庭人均收入线，除家庭财产符合要求外，若家庭人均收入低于标准线即可获得低保资格，没有适当考虑家庭支出因素，而经济学观点认为，相对比较稳定的家庭收入，流动性强的支出水平和结构更直观地反映家庭贫困原因和贫困层次，国内一些地方也通过"以支定收"采用恩格尔系数法、人均消费支出比例法确定低保标准。依据这一观点和思路，家庭经济状况核查应该从家庭支出的角度评估家庭实际贫困状况，但实际操作中基本是把家庭人均收入作为家庭人均支出的替代指标。暂且不论实践执行误差，制度设计就可能漏掉一些非常贫困需要帮助的家庭，影响实现制度公平价值以及精准救助的要求。另外，城乡低保由生存维持型向发展型过渡，依靠家庭人均收入指标不能发现影响家庭发展的制约因素，不易全面评估家庭未来的发展方向和发展潜力。例如家中有子女抚养或正在接受教育，以及家庭成员身体正在康复希望重新自立都会增加家庭支出，对此类家庭政策应该予以适当的鼓励照顾。

2. 低保标准缺乏激励和约束效应

当前制订低保标准，无论采用哪种方法都侧重于基本生活费用测算，得出当地救助对象总体规模，省级民政部门也以此作为考核市区县低保工作的重要指标，但是这种标准更多是具有统计和评估价值，对于低保政策执行特别是救助对象精准识别联系不够紧密，标准本身缺乏瞄准机制，与精准救助、精确识别救助对象的政策目标尚未挂钩，加大了政策执行的效度和准度。对于容易产生的制度依赖、家庭责任感以及个人进取心弱化等问题，城乡低保标准并未建立有效的事前激励和约束机制，执行环节特别是家庭经济状况核查承担着维护制度公平和效率的重任。目前城乡低保标准事实上只具有计算补差的功能，不能够体现政策的功能导向，如何去甄别真正困难亟须得到帮助的社会弱势群体需要一定的执行质量去保证，而保证执行质量需要有效的制度设计作为前提，如果制度未能适当设计，那么执行需要极大的成本，但效果可能仍达不到预期。目前低保标准并未考虑家庭微观因素，对家庭人员结构、致贫原因缺乏指向性，对家庭重新自立摆脱贫困未有制度层面的激励设计，对家庭劳动力人口不愿或者消极就业未从制度根源上进行约束，而后期执行即使有相关惩罚措施，例如对介绍工作消极对待或者数次以上不愿意工作的，可以取消低保身份，但在已经获得与其他低保对象相同的身份待遇后，理性计算驱使低保对象与基层经办人员展开博弈，而后者由于信息不对称很难全面掌握低保对象的基本情况，因此低保申请者与经办人员之间、低保对象与经办人员之间经常处于不对称博弈中，经办人员的经验技巧以及工作责任心相对制度更能发挥作用，但是基层经办人员参差不齐造成不同地区间，甚至不同城区之间制度执行出现偏差，不仅造成制度执行不公，而且制度执行效率也受到影响，付出人力财力等成本较高。

3. 公平与效率兼容性差

城乡低保制度作为一项以公平为价值取向的社会政策，制度出发点在于满足低保对象的最低生活需要，维持家庭延续。因此低保标准的制订不仅考虑政府财政支出，也要兼顾低保对象家庭最低需要，而陷入困境、生存难以为继的家庭情况千差万别，如果实施统一标准会存在救助过度和救助不足两种局面，救助过度容易使家庭成员丧失责任心，自立意愿降低，不愿重返劳动力市场，这造成新的不公平，对公共财政资源也是一种浪费。救助不足则使得困难群体无法及时获得帮助，加深剥夺感甚至绝望感，可能会成为社会不稳定因素，家庭陷入崩溃和代际贫困传递。效率也是城乡低保制度需要兼顾的，当前城乡低保标准在一定程度上可以简化经办流程，但同以往主要依靠手工核对、入户调查、邻里走访相比，信息系统集成技术发展以及自动化办公的普及，经办效率已经提高很多。制度效率关注的重点应该转移到资金投入使用效益，公共财政资源投入需要实现一定的经济社会效益，制度目的不仅应当体现兜底保障，还应当促进再生产，激励低保对象自立重返劳动力市场，效率理念如果在制度设计中体现不足，一旦形成制度依赖，家庭责任心和自立精神下降，将会被卷入"福利陷阱"，而造成更大的效率损失和社会不公。低保制度设计需要兼顾公平和效率目标，两者是相互关联，可以转化。制度设计公平，可以精准识别社会困难家庭及时给予救助，从而减少效率损失；效率提升将降低救助成本，把更多的资金用于帮扶最需要的困难群体，也有利于实现制度公平正义共享的目标。对于公平目标来讲，制度设计公平是基础，如果公平价值在制度中没有充分的体现，那么制度执行就变得十分困难，执行的成本将会增加，效果也会打折扣。在实践操作中，各地按照城乡低保标准，根据家庭人均可支配收入或人均纯收入计算出家庭补助总额后，另外对高龄老人、重病重残家庭、失独家庭等群体提供额外补助，虽然这也体现制度对于特殊困难群体的照顾，但这仅体现在执行层面，具有事后补助性质，并未在低保标准制度设计上予以体现。额外补助的标准也缺乏较为严谨的依据，笔者认为，对于特殊困难群体，帮扶不仅在计算补助金额时等执行环节体现，更需要通过制度设计予以前端介入，通过事前、事中、事后三个环节环环相扣，提升制度公平价值与效率导向，具体见图3-2。

4. 低保对象识别模糊

社会救助标准是由社会救助的目的决定的，既然社会救助的目的是保障公民享有最低生活水平，所以社会救助的标准就是确定最低生活水平，从广义上来讲，这包括两个方面的因素，一方面是确定社会救助的对象，另一方面是救助的水平[①]。目前城乡低保标准主要是用作计算低保金，根据家庭人均收入与标准的差额予以补助。政府依据低保标准确定财政支出规模，与当

---

① 何平．中国现阶段社会救助的标准问题研究［EB/OL］http：//zyzx．mca．gov．cn/article/mzlt2012/hjlw/201212/20121200396730．shtml．

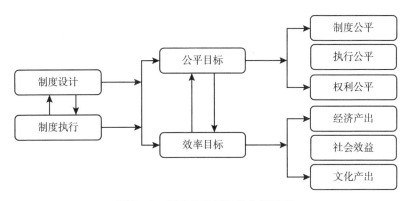

图 3－2 制度设计目标及分解因素

地人均可支配收入、人均纯收入或人均消费水平挂钩，衡量本地区救助力度和福利水平，这在宏观统计和政策总体评估上有着积极作用，但对于救助对象的精准识别并无多大帮助。家庭经济状况核查是主要的识别手段，但笔者在调研中了解，基层经办人员遇到比较大的问题就是低保对象家庭财产收入核算困难，而核算不准确也会导致救助目标不能精准识别，从而造成应助者不能得到及时救助，有损社会公平，花费大量的行政资源和经济成本而未能实现政策目标，造成效率损失。家庭经济状况核查系统建立之后，核查成本有所降低，准确性也相比之前有了很大提高，但是全面准确掌握家庭财产经济状况及变动情况，既需要信息化水平等"硬件"设备，规章制度、诚信体系建设以及公民素质等"软件"也必不可少，在现阶段条件下，制度硬约束相对更为重要，执行质量需要完善的制度设计作为保障。低保对象收入难以精确核算，因为双方信息不对称，经办一方信息收集渠道少，在二者博弈中处于弱势地位，因为收入不容易准确核定，为确保制度公平公正，也便于实践操作，将政府财政资源用到社会最需要社会帮扶的困难群体，可以避免制度依赖。

目前无论采取哪种方法所制定的低保标准，各地大多都是和家庭人均收入挂钩，而从某种意义上讲，家庭支出规模和结构更能体现一个家庭的贫困原因、贫困程度以及脱贫潜力。家庭支出因涉及当地经济水平、物价变动等因素较多，受各种风险侵扰容易波动，实际执行起来比较困难，行政成本也比较高，"奥肯漏洞"造成福利损失。但是家庭人均收入会因为家庭人口规模大因为平摊而降低，家庭支出存在规模递减效应，即家庭人口增多并不伴随家庭支出等比例增长，相反会出现人均家庭支出下降。调研中发现，家庭人口多的低保户可以领到数额相对可观的低保金，甚至超过当地最低工资标准，对于有劳动能力的家庭成员生活紧迫感和自立意识淡薄，或者通过隐性就业获得隐性收入。因此，以家庭人均收入与统一的低保标准差额作为实际救助金额，家庭人口较多则可以领取金额可观的低保金，而相应地，家庭支出边际成本降低，这样会产生新的不公平，同时容易形成制度依赖。对于规模小，收入低的家庭所获取的低保金也会偏少，但是却没有家庭支出规模递减效应，实际上获取的救助福利小于家庭规模较大的家庭，从而导致救助瞄偏，形成新的不公平。

5. 对制度依赖、收入核查的约束力不强

城乡低保制度除制度设计公平外，执行公平则直接决定制度实施效果。当前执行过程中的难点和重点都集中在家庭经济状况核查方面，也是制度执行最核心的程序环节，家庭财产及收入核查的准确与否直接影响救助效果。由于城乡低保标准缺乏精准执行导向，未能有效约束潜在申请对象的道德风险和逆向选择行为，低保标准在制度层面未能起到自动筛选和防范制度依赖的作用，一方面缺乏严格具体的申请门槛，许多不符合条件的家庭也会抱着侥幸心理递交申请，加之经办人员与申请者双方信息不对称，会给经办人员精准识别造成干扰，额外增加不必要的工作量。另一方面家庭结构与家庭收入之间缺乏关联衔接，目前城乡低保标准在于重视家庭收入核查的准确性，首先这一绝对数字只是反映家庭总体收入水平，而不能确定家庭是否贫困以及贫困的真实程度，而且缺乏收入核查的前置标准（系数），在对存在的隐性就业、隐性收入难以取证核实的情况下，也无法明确利用其他约束因素给予杠杆调节。在实地调研中，基层经办人员表示在家庭经济状况核查上花费的精力最多，但实际效果并未达到预期，这需要与低保申请者进行博弈，现有的隐性就业依靠比对系统和邻里访问、信函索证等方式，并不能够完全准确地核对计算申请家庭的全部收入和财产。

3.3.4　兼顾家庭收入与支出水平结构

社会救助瞄准机制的一个焦点问题就是救助标准确定，除临时救助外，因为"通行证"救助的存在，中国社会救助的救助标准基本上就等同于城乡最低生活保障救助标准，它主要以维持当地居民基本生活所需的消费品数据为基础，统筹考虑困难群众基本生活保障需要以及当地经济社会发展水平和财力状况，并建立与物价上涨挂钩的联动机制，随着当地生活必需品价格的变化和人民生活水平的提高而定期调整。主要包括基本生活费用支出法、恩格尔系数法、消费支出比例法这三种方法确定救助标准[①]。可以看出，无论是上述哪一种标准的制定方法，都是把必需的生活消费支出作为主要依据，当城乡家庭人均收入达到标准规定的必需生活消费支出，就不能被纳入救助对象中来。

简而言之，就是通过客观的经过精确计算的支出标准来考量家庭人均收入，这样容易产生三个方面的问题，一个是标准本身存在一定局限性。其一，贫困家庭的脆弱性除了收入不足，根本上是对各种风险的防御能力严重不足，不同的家庭规模和家庭结构防御风险的能力有所差别，而且维持生存所需的支出规模和支出结构也存在明显差异。其二，维持家庭正常运转和延续，仅有必需的食品消费和必需的非食品消费显然是不够的。另外一个问题是标准的瞄准运用问题，即把支出标准与家庭人均收入进行瞄准比较，但实际上家庭收入和支出的口径并不一致，标准的制定口径已经比较狭窄，即使受到资源约束机制的作用，为了维持家庭生存发展，家庭收入也需要同时兼顾其他支出，同时也受到家庭决策再分配的影响。其三，相比较收入，支出和消费更能反映贫困，著名的恩格尔系数则是用支出来衡量贫困的典型做法，至今仍广泛使用。当期的收入水平与当前的物质生活水平并没有十分紧密和必然的联系，收入对贫困的产生有一定滞后性，是一种间接的贫困测量手段，它所反映的是人们潜在的生活水平，而不是一个直接反映家庭实际物质生活水平的测量方法[②]。因为存在统计口径差异和收入测量贫困本身的局限性，消费水平开始用于测量贫困，其可以与当期的家庭物质生活水平直接关联，所以是一种能够直接反映贫困的瞄准方法，不同于家庭收入受到家庭异质性和内部分配的影响，消费支出水平不仅可以直接反映家庭能够用于基本生活的

---

① 民政部. 关于进一步规范城乡居民最低生活保障标准制定和调整工作的指导意见.

② 徐月宾，刘凤芹，张秀兰. 中国农村反贫困政策的反思——从社会救助向社会保护转变 [J]. 中国社会科学，2007（3）：40−53.

可支配资源的多寡，还可以反映出家庭应对各种负担和需要所体现出的经济能力。

通过城乡家庭人均收入水平确定救助资格，除了家庭收入本身的绝对金额外，另一个决定是否可以获取救助资格的重要因素是家庭人数。这里需要对家庭和家庭户的概念和范围进行清晰界定。家庭是以婚姻、血缘和收养关系为基础的社会单位，其成员包括父母、子女和其他共同生活的亲属，家庭人口不仅包括居住本户的家庭成员，还包括外出的家庭成员。家庭户则是相对于"集体户"，主要包括根据亲属关系而共同居住生活的人。家庭户以亲属关系为依托，成员之间关系亲密、联系密切。家庭户人口由调查时辖区内的常住人口构成，包括流入人口，但不包括流出人口①。二者比较发现，家庭范围要大于家庭户，家庭形式相对松散，而家庭户则是以户籍为证明，范围相对较小但日常联系比较紧密，属于家庭成员但不一定属于同一个家庭户，也可能不长期共同生活在一起。社会救助暂行办法规定按共同生活的家庭成员作为基数来计算家庭收入，实际上是同时把两个标准作为计算依据，一个是属于家庭成员，另一个则是需要共同生活，二者需要同时满足，也就是要求家庭具有空间、血缘和法律权利义务关系的三重性结构，它超过了对家庭和家庭户的定义和范畴，与二者同时具有联系和区别。通过血缘和相互间的法律义务关系可以确定家庭范围，但对于共同生活尚未统一规范的定义，此外共同居住与共同生活也并不能画等号，共同居住只是共同生活的一项条件。确定共同生活的家庭成员对救助资格获取影响很大，一方面是家庭人数的影响，一方面是对家庭收入计算的影响，例如，如果纳入共同生活的家庭成员，那么所有家庭成员的收入都将纳入家庭总收入当中，倘若未被纳入，则只需按照相关协议或某些计算标准确定抚养/赡养费。因为共同生活难以准确把握，在地方有关办法和实践操作中，一种是基层经办人员通过入户调查、邻里走访等途径予以核实，但这种操作方法自由裁量权较大，也容易产生执行偏差。一种是在实施办法中对共同生活的家庭成员范围予以明确，这种办法执行相对统一简便，但可能实际上规定的家庭成员并不共同生活在一起，甚至分散居住多地，并未形成相互支持帮助的共同生活情境，通过计算而来的

---

① 国家卫生计生委家庭司. 中国家庭发展报告 2016 [M]. 北京：中国人口出版社，2017.

家庭收入也许并不能有效反映申请家庭的生活状况。

社会救助瞄准机制失灵，除了以家庭人均收入作为瞄准依据的办法本身存在理论上不够完备和实践执行情境复杂等因素外，从制度反贫困的目标看，未纳入其他类型贫困也是重要原因。如上文所讲，家庭支出更能直接反映家庭的生活需要，一旦家庭发生突发性、大宗或大额经济支出，即使家庭收入未低于救助标准，那么对于中低收入家庭来说也将面临生活难以为继的困境。如同根据家庭必需支出确定救助标准，社会救助除了瞄准收入贫困家庭外，还需要同时兼顾支出型贫困家庭。实现社会救助兜底保障的反贫困功能，需要预防和治理并重，从"新社会风险"治理角度来看，收入贫困需要通过收入扶持和能力建设进行综合跟踪治理，在保障其最低生活所需的基础上通过一系列社会服务和激励政策，提升对劳动力市场的适应和融入，具有维持生存和促进发展的双重功能。支出型贫困家庭则是说明家庭对于各种风险应对不足，易造成风险损失而影响家庭正常发展。在社会主义市场经济不断完善和发展的同时，风险治理可以成为社会政策的一项核心内容，兜底保障实际上是要求筑牢防御各种社会风险的"底"，将居民因风险造成的福利损失降低到最低。从严格意义上讲，家庭收入与支出是衡量家庭经济状况不可割裂的两个方面。如果仅从家庭收入衡量是否贫困，由于尚未建立家庭收入申报制度，因此面临着道德风险、逆向选择等谎报、隐瞒家庭收入等问题，而且随着非正规就业群体扩大，收入核查仍将面临不小挑战。同样，若是从家庭支出考量，因为储蓄和低风险偏好，同时存在边际消费倾向递减规律，家庭支出并不能及时准确地反映家庭收入和整体经济状况，而且一样面临信息和数据核查不准的难题。所以，建立社会救助瞄准机制，需要全面统筹与综合衡量家庭的收入和支出情况。

3.4 基层执行自由裁量：何以生成何以可为

近年来，中央和地方不断加大对农村居民特别是贫困居民的福利供给和收入扶持力度，大量公共资源被投入贫困地区和贫困农户的生活和发展援助当中。随着精准扶贫战略深入推进，为体现政策兜底作用，农村低保标准和给付水平也得到了显著提升。在这种背景下，无论是实务部门还是学界，把更多精力和研究焦点放到了政策执行的有效性上面，即如何在再分配执行中实现公共资源的精准分配。福利政策执行是在特定的社会、政治和经济文化情境下发生，这种复杂情境是政策制定和执行绕不开的考量因素。政策目标从中央到地方往往经历政策细化或再规划的过程，其间存在的层级距离容易导致政策目标在传递过程中出现偏差和信息扭曲。在精准扶贫和乡村振兴战略要求下，农村低保政策作为重要政策配套之一，相比过去有着更加多元的治理目标，这需要不同职能部门的协同配合，而这种以层级性和跨部门合作为研究福利政策自由裁量提供了生动视角。

对自由裁量的关注是政策执行绕不开的话题。对福利政策执行中自由裁量的讨论，常见观点是自由裁量导致政策执行失真。一些研究将自由裁量简单视作规则的对立面来看待，在自由裁量和违背规则之间直接画上等号。如对当前农村低保政策执行中存在的错保、漏保现象以及寻租腐败问题，片面地认为是自由裁量行为所造成的，而未深入讨论自由裁量与规则张力之间的互动关系。关于复杂环境场域对自由裁量行为的影响分析也较少。因自由裁量复杂的发生机制、表现形式和作用机理，学术界至今对其正当性和正反两方面作用仍未形成一致意见。既有研究受制于研究范式的差异，不同研究视角未能形成有效对话。

在公共福利政策公平正义导向强化和社会治理精细化的背景下，迫切需要进一步探究自由裁量的生成逻辑与实践效应，这不仅是迫切的学术命题，也是福利政策发展和治理实践有效的重要条件。本书将整合两种研究视角，从福利政策执行的层级性和跨部门合作两个维度，以农村低保政策执行为案例，分析中国情境下福利政策执行过程自由裁量的生成逻辑、表现形态，以及不同执行主体所采取的行动策略。从自上而下的科层角度、自下而上的顾客关系角度以及横向跨部门合作角度，揭示自由裁量对于福利政策执行的介入和影响机制。

关于自由裁量行为，跨领域的经典研究者是社会学家布劳。他在1955年的著作中，讨论了官僚组织体系层级之间控制和自主权间的关系。其主要观点是若想在层级之间的控制与自主性之间取得平衡，往往需要向自主性倾斜，即允许相对多的自由裁量行为存在。之后又有研究者宣称自由裁量权或许是不可避免的①。利普斯基的"街头官僚"理论将一线行政人员与自由裁量行为联系在一起，认为组织支持资源不匹配、公众需求多样性以及自身工作期望的冲突与不确定性往往迫使实行自由裁量②。一线行政人员不仅执行政策，而且通过执行过程中的自由裁量使自身也成为政策的制定者之一。于是，民众福祉很大程度上取决于街头官僚的自由裁量结果。后续大量研究实证分析了影响街头官僚自由裁量的各种变量及其作用机制，包括组织要素③、街头官僚的个人特征④以及行政受众的个人特征等，⑤ 这些研究在很大程度上丰富了对一线执行行政人员自由裁量行为的认识。

迄今为止，研究者们对自由裁量行为的合法性仍然存在分歧。一方认为街头官僚追求个人利益最大化，其自由裁量行为可能会扭曲政策原本目标；另一方认为自由裁量是规则结构的内生物⑥，对于社会政策的执行至关重要，并且可以促进民主。从经验角度而言，规则不能自我实施，所有执行机构和执行人员均不可避免地拥有不同程度的自由裁量空间⑦。若官僚体制的工作人员结构特征充分反映当地社区的人口结构特征，那么其自由裁量行为也能总体反映社区群众利益⑧。自由裁量是否从事实上背离了政策规则，除对规则执行的规范性进行考量外，还需在政策蕴含的精神上进行价值判断。

毋庸置疑，在公共政策领域，自由裁量是广泛存在的。深刻、全面地认识、运用和干预自由裁量行为，对体现公共福利政策的公平正义导向，建立

---

① Jeffrey Jowell, The Legal Control of Administrative Discretion, *Public Law*, 1973, pp. 178 – 220.

② Michael Lipsky, *Street-level Bureaucracy*：*Dilemmas of the Individual in Public Services*, New York：Russell Sage Foundation, 1983.

③ Marcia, K. Meyers and Susan Elizabeth Vorsanger, *Street Level Bureaucrats and the Implementation of Public Policy*, in Handbook of Public Administration, Edited by J. Pierre, B. G. Peters, 2003, London：Sage.

④ Sandfort Jessica R. , Moving Beyond Discretion and Outcomes：Examining Public Management from the Front Lines of the Welfare System, *Journal of Public Administration Research and Theory*, 2000, pp. 10.

⑤ David, L. Franklin, Differential Clinical Assessments：The Influence of Class and Race, *Social Service Review*, 1985 pp. 59.

⑥ David Bull, The Anti-discretion Movement in Britain：Fact or Phantom? *Journal of Social Welfare Law*, 1980, PP. 2.

⑦ Young, L. A, The Conditions of Discretion – Autonomy, Community, Bureaucracy – Handler, J. F. , *Contemporary Sociology*, 1990, pp. 70 – 71.

⑧ Sally, C. Selden, *The Promise of Representative Bureaucracy*：*Diversity and Responsiveness in a Government Agency*, New York：ME Sharpe, 1997, pp. 41 – 67.

公共福利政策治理体系具有重要理论和政策价值。已有研究集中在基层执行者这一视角进行分析，而事实上，在公共政策制订和执行过程中，自由裁量始终相伴。政策制定过程常常在执行环节得以延续，保留一定灵活性可以在行动中实现政策的定型化。在国家级治理场域，中央制订的具有宏观性的公共政策，因采取较多的指导性和宏观性表述，最终落实到地方中观层面、基层微观层面，地方和基层会运用自由裁量对指导性的上级政策进行具体化处理，以使其更好地适应地方情境，在中央政策精神与地方实际之间形成充分适应。对于基层执行者的自由裁量行为，也在一定意义上视作层级性政策的再细化和再规划之后在具体执行中的体现。因此，从自由裁量视角分析中央层面制订的福利政策的最终治理成效，需要从整个政策制订实施链条进行完整考察。

社会科学领域无法执行完全精确的试验，仅凭一个或多个案例也无法对理论假设做出准确判断。建构理论是案例研究的主要目的，其本质在于创建构念、理论和命题。政策分析中的案例分析比量化研究要更有效[①]。在实践中，农村低保成为村级公共事务和村民自治的重要事项，其执行质量优劣直接影响着政府的宏观目标和农村基层社会治理水平。因为农村场域的复杂性以及技术治理条件的有限性，层级性治理主导的农村低保政策执行更容易产生自由裁量。因此，以农村低保政策执行的过程来透视福利政策自由裁量的发生机制和影响作用，具有典型性。本章节把农村低保政策过程作为一个完备案例，利用代表性的政策文本，结合田野调查资料进行分析，对做出一般经验框架解释能够获取方法论上的支持。

3.4.1 层级性治理与自由裁量行为

1. 政策创新与政策的层级性

在中央加大保障和改善民生的政策目标下，农村低保政策在国家层面已经形成了明确的顶层设计。中央出台了《社会救助暂行办法》予以统一指导，民政部等部委也不断出台一般性的执行办法和程序规范文件，不断强化

---

① 吕力. 案例研究：目的、过程、呈现与评价 [J]. 科学学与科技技术管理，2012（6）.

信息化工具如家庭经济状况核对平台在执行过程中的应用。不过，尽管近年来中央加大政策指导和财政投入力度，但作为一项基于对象瞄准的再分配政策，地方政府和一线执行者在克服信息不对称、防范道德风险方面具有比较优势，实际执行仍以地方属地管理为主。《社会救助暂行办法》规定，县级以上地方人民政府的民政等部门，按照各自职责负责本行政区域内相应的社会救助管理工作。对于最低生活保障标准和家庭收入财产状况的核查办法，规定由省级政府或者设区的市级人民政府按照当地居民生活必需的费用确定。实际上，考虑到地区经济社会发展和生活费用差异，当前低保标准主要以地市级统筹为主，在一些地方仍实行县（区）级统筹。如，H 省社会救助实施办法规定最低生活保障标准，由市级政府按照国家规定的测算方法确定；最低生活保障家庭收入财产状况的具体认定办法，由市级政府制定。因此，从纵向行政层级管理模式来看，中央政府在大力支持和强化管理的同时，也充分赋予了地方具体管理权限。地方落实农村低保政策的过程，已经转变为政策再细化的过程，可根据具体实际对中央政策进行具体化处理。这种具体化处理是为基于宏观目标的中央政策在地方情境中执行，而进行的一次再规划过程，地方政府会在完成上级任务和具体执行之间生成"地方层级"政策。尽管仍为中央和地方共有事权，但农村低保政策拥有较为浓厚的地方性色彩。

具体而言，中央政策层面提出应保尽保、应助尽助的宏观目标，在精准扶贫战略推进中又明确农村低保标准不低于国家扶贫标准的要求，这为地方制定农村低保标准划定了下限约束条件，但对于满足最低约束条件后的标准制定和程序规范则由地方确定。尽管在"高位推动"下保障和改善民生成为社会共识，但由于区域经济发展差异和社会治理能力水平不同，对农村低保等再分配政策可能会采取不同的政策模式，根据地方性知识和地方利益采取强化或钝化处理。从实践方面看，农村低保标准总体上逐年提高，地方更多是采取强化应对策略，不断加大对民生事业的投入。在满足中央对于农村低保标准的约束性下限条件后，地方对具体标准制订拥有较大自由裁量空间。除去经济发展水平、基本生活费用等因素，在地方强化策略下地区福利资源供给差异进一步显现。福利政策领域的钝化处理策略主要表现在对居民福利期望的回应程度，对福利项目调整和可持续投入的自主性和敏感度。另外，在当前中国的行政体系中，行政机关的执政氛围极大地受到部门领导的影响。

某一社会问题能否上升为政策问题，更多取决于其是否符合政策制定者的价值取向，其中所体现的价值理念是特定政策范式中"镶嵌在政策制定者头脑中的知识框架"。同样，确认政策目标也是一个价值与技术相结合的过程。政策工具的选择除考虑政策效率外，同时体现出政策制定者的思维方式和治理风格①。地方主政者的影响和职位更替必然带来议程重要性次序和执政氛围等的变化②。在政策执行中，每一层级政府的政策领导力特别重要，如果在上一层级出现政策领导力的缺失，便可能影响到下一层级的真实执行和有效落实③。

在农村低保政策实施过程中，地方自由裁量范围除了财政和资源投入强度外，还体现在政策治理工具和治理结构形式的创新上。在地方实践中，家庭经济状况核对系统的建设和完善程度参差不齐，对信息化平台等治理工具的利用水平也存在差异。例如，H省以通过政府购买服务方式，全面建立乡（街道）社会工作服务站，组织社会工作专业人才到基层一线开展服务，构建社区、社会组织和社会工作者"三社联动"机制。同时，还建立了村级民生协理制度，从2018年起每村设置1名兼职民生协理员，负责村级有关民政服务工作落实，地方财政按照"费随事转"原则给予支持。明确要求乡镇每万人口配备1名民政干部，在足额配备后仍不能满足工作需要的可通过政府购买服务解决。不过，在其他地区也并存着执行人员职责不清、权限不明、身兼多职的情况④。在国家整体层面，官方将农村低保对象定义为家庭人均纯收入低于相应标准的收入贫困人口，应保尽保的政策目标是将绝对收入贫困人口全部纳入保障范畴，但贫困的多面向和复杂性再通过自下而上的瞄准机制容易造成精准识别困难。因此，一些地方在执行农村低保政策时通过自由裁量运用了多维贫困理念，在识别和救助多维贫困群体方面推动了政策创

---

① 曹琦，崔兆涵. 我国卫生政策范式演变和新趋势：基于政策文本的分析［J］. 中国行政管理，2018（9）.

② 陈那波，卢施羽. 场域转换中的默契互动——中国"城管"的自由裁量行为及其逻辑［J］. 管理世界，2013（10）.

③ 王玉琼. "政策领导力"及其解读：以社会保障性住房政策为例［J］. 中国行政管理，2010（6）.

④ 田野调查发现，很多地方农村低保执行主要由乡镇民政专干负责，基层民政事务"点多面广"，民政专干除低保事务外，还需要负责社会福利、救灾、地名、界线管理等事务。

新。如，H 省在帮扶农村收入贫困家庭的基础上，将政策目标扩张至支出型贫困家庭，对因重病、重残、教育等刚性支出过重的家庭进行适当收入核算豁免。

在"高层推动"下，地方按照科层理性完成约束性目标和任务，其自由裁量的行为空间和绩效评价在于对自下而上的政策回应，以及在此基础上的理念和政策创新，即在多大程度上吸纳并丰富政策蕴含的理念，如何自发地调整运用更加有效的治理形式。当前福利政策呈现"碎片化"现象，很大程度上来自科层理性和政治激励导向下，地方在达成"向上负责"的约束性目标后所拥有的自由裁量空间，在部门领导决策偏好、行政氛围和社会压力影响之下推进政策供给、治理创新的实践差异。此外，基层执行者的自由裁量形式和程度与组织控制密切相关，组织的正规化程度、完成任务所需组织资源的稀缺程度与组织激励手段都会影响其自由裁量行为[1]。因此，地方政府运用自由裁量在进行农村低保政策创新的同时，为更好地体现中央政策精神，提升对基层治理的指导能力，还需要对农村低保治理创造高效规范的治理结构，提供与事权和责任相匹配的资源投入。

2. 地方性知识、村民自治与执行变通

从中观治理场域到微观治理场域过程中，农村低保政策历经多次规划，最终面对村级场域还会进行最后一次规划。大量研究表明，一种选择性的政策执行模式已在中国农村形成[2]。农村村民自治制度的实施，在规则层面使得国家基层政权止于乡镇，塑造了以村民自治为基本的"乡政村治"格局。依照《村民委员会组织法》成立的村委会既是村民实现自我管理的群众性组织，也视为是国家对基层权力形式的制度性安排。尽管村委会不属于国家行政系统，但在实践中相当于扮演着基层政府在农村的管理者角色。作为一项针对农村贫困居民的再分配政策，得益于信息搜集和执行成本方面的天然优势，村委会在农村低保政策的末端执行中扮演着重要角色。在官方正式制度

---

① Sascha Winter, Information Asymmetry and Political Control of Street-level Bureaucrats: Danish Agro Environmental Regulation, Annual Research Meeting of the Association for Public Policy Analysis and Management, 2000, Seattle, WA.

② 张群梅. 村委会农地流转政策的执行逻辑及其规制——基于街头官僚的视角 [J]. 河南大学学报（社会科学版），2014（1）.

文件中，区县、乡镇两级政府负责农村低保的审批、审核工作，村委会只是被正式赋予协助者的角色，执行主体是乡镇民政部门人员。事实上，农村困难居民与村（居）民委员会的联系最为紧密，村（居）民委员会最了解辖区居民的家庭经济条件和生活状况。国家有关部门的文件中也确立和规范村委会在低保工作中的重要协助作用①，因此，村委会是基层政府的延伸，承担着官僚体制和科层理性约束下行政管理和政策执行事务，具备"向上负责"的行动偏好和理性约束。

不过，村委会同时因其是自我管理的群众性组织，其产生和运行过程离不开辖区居民的支持，也需要考量和接受自下而上的民意推动。此外，"经济人"理性也约束着执行者的选择，农村场域下的乡土人情观念、血缘关系、宗亲观念等，都对来自村落、"土生土长"的村委会干部产生影响。当前，在农村获得大量公共资源再分配的背景下，农村低保等福利政策执行已经成为村级行政组织日常工作的重要内容，因其与居民福利息息相关而成为了自下而上的关注焦点。需要指出的是，尽管规定明确村委会在低保政策执行中只是承担"协助者"的角色，但作为执行主体的乡镇一级民政部门，其资源配置、执行形式依靠上层政府决策者重视、政策创新和资源支持水平。同时，在个别居住分散、交通不便的地区，经常委托村级组织代为受理申请和进行家庭经济状况调查。因此，村委会在低保政策具体执行中承担的"协助者"角色，在实践中可能衍生出"参谋者""组织者"甚至代理"决策者"的多重身份，对政策执行拥有很大的影响和自由裁量空间。例如，在协助社会救助对象的发现报告、委托申请救助、动态管理等环节，村委会可以获取第一手资料，这在很大程度上决定着谁可以进入后续环节，即便在后续程序中逐步增加乡镇、区县政府的工作介入与行政控制，但关键的资料信息和一手数据仍主要依靠村委会的前期基础性工作。值得一提的是，村级民主评议作为低保政策执行的重要程序，体现出村民民主自治和公共事务集体决策的要求，一般会邀请熟悉情况的村民、村民代表参加评议，村委会作为权威的知情者和主要组织者，在其中拥有较大自由裁量空间。

---

① 民政部门明确村委会在农村低保中的五项协助内容，包括协助困难对象报告、申请审核审批、动态管理等事项，贯穿于整个政策执行过程。

3. 理性多元与策略变通

福利政策执行不是一场简单博弈，而是在复杂场域和多种条件下，在多种理性相互博弈交织影响下的复杂决策。"地方性知识"是区域决策分析的首要因素。对于农村这一政策最终的执行场域，地方性知识等基层文化价值不仅影响着居民对政策蕴含价值理念的认知[①]，更是对政策执行者产生影响。尤其是在直面居民福利需求，直接与这种场域发生联系的情况下，无疑使得执行面临种种影响和干扰因素。村委会在自上而下的科层理性、自下而上的关系理性以及自身价值观念的交织影响下，在具体政策执行中一般会在以下三种理性博弈的情况下采取行动策略。

第一种是科层理性主导型。即把制度明文规定作为行动目标和执行优先方向，采取行动把符合政策要求的所有收入贫困家庭纳入制度保护之中，杜绝错保、漏保和寻租腐败行为。然而，这种纯净的政策执行模型即便可以撇清其他因素影响，在实践中也会遭遇执行困难。因为农村居民收入难以核查，农业生产的不确定性产出和非正规就业的不稳定收入，往往很难被准确检测[②]，同时还受制于信息系统建设、人力物力投入成本较高等。

第二种行动策略是关系理性主导型。作为村民自治选举产生的代表，村委会可能会把积极回应辖区居民福利诉求作为优先行动方向，行动实施中把居民真实生活状况和集中的民意意见作为重要行动支配因素，这种策略支配下的行动便是搜寻和确定大多数居民关注的焦点，与居民谋求合作达成共识。

第三种行动策略是个人价值观念主导型。即主要在个人的价值观念、行为偏好主导下行动，这种策略个人色彩浓厚，往往根据自身的经验和理解作出主观判断，同时也容易倾向于根据与自己关系远近进行有目的地选择。因而，这种策略一方面极易产生判断错误导致政策失灵，另一方面则会因个人

---

① 社会学家吉尔兹将区域化特点显著的政府政策、经济、地理、人文之类背景等特殊信息环境称为"地方性知识"。"地方性知识"是区域决策分析的首要因素。比如，政策将收入匮乏定义为贫困对象进行救助，但居民结合地方性知识对谁需要获得救助有着不同理解。

② Steven R. Tabor, Social Safety Net Primer Series Assisting the Poor with Cash: Design and Implementation of Social Transfer Programs, World Bank Other Operational Studies, 2002.

经济理性产生寻租腐败。当前农村"人情保""关系保"等现象，即是政策执行者脱离了制度约束和对广泛民意的回避，无视公共资源的公平正义分配价值而将其视作个人资源进行随意处置的表现。

基层执行者往往倾向自我控制或自我监管，个人利益、专业精神与个人的工作方法对其行为会产生更大影响。相对于奉行规则至上，科层理性主导的村委会干部，富有同情心的工作人员倾向于为申请对象提供更丰厚的救助金①，专业精神与其不服从组织规章制度的倾向有较强正相关②。事实上，基层执行者并不是消极地执行政策，其思想价值观念和个人公共服务准则会影响其自由裁量行为。在广大的中国农村区域，在农村社会快速变迁的背景下，应当根据实际情况进行制度调整，而其关键则是要让乡村干部具有发挥主动性的空间③。实践中，村委会在执行低保政策时，可能是多种行动策略的拟合与交互存在，因为面对农村这一广泛存在着地方性知识的政策末端执行场域，以及村委会映射的多种角色身份，任何单一行动策略可能都难以达成均衡局面。规则与理性统一、行政过程与居民参与呼应，层级管理与协商自治结合，成为农村低保政策执行治理当中第四种策略。

形成农村低保政策执行末梢的自由裁量空间，主要指单一的技术治理存在困难与基层场域的复杂性。对贫困居民收入的准确测量，在世界范围内都是非常棘手的难题。收入本身的多样性、不固定性，信息不对称可能引发道德风险的隐蔽性，对收入核查的成本效益考量，都对政策精准执行带来了挑战。此外，对农村地区来说，整体居民收入水平相对不高，大多数居民对公共资源再分配持有积极偏好，加之对于低保政策对象、条件要求了解较少或者不全面，民众注意力聚焦使得低保执行成为可能影响地方稳定的重要事件，对村委会等一线执行者带来了困扰和压力。同时，由于贫困多面向特征，往往除收入贫困外，农村还广泛存在着支出型贫困、发展型贫困家庭，而这些贫困类型相对于农村收入贫困的间接性，更能直接被居民所感知认同，在居

---

① Nils Kroeger, Bureaucracy, Social Exchange and Benefits Received in a Public Assistance Agency, *Social Problem*, 1975, pp. 23.

② Gregory, A. Miller, Professionals in Bureaucracy: Alienation among Industrial Scientists and Engineers, *American Sociological Review*, 1967, pp. 32.

③ 贺雪峰. 论乡村治理视域下的农村基层中坚干部 [J]. 湖湘论坛, 2018 (5).

民认识上很容易将低保家庭和困难家庭等同在一起。作为大多来自当地社区的村委会成员，自然也很难脱离这种地方性知识和情境的影响。在地方性知识作用和技术治理支持不足的背景下，地方政治精英可以从地区发展的现实需要和辖区居民最大利益出发"变通"政策而实现有效治理，政策目标可能由识别"收入贫困者"调整为"最需要救助者"。即在具体执行过程中回应了自下而上的居民多元化福利需求，在救助理念上自然地嵌入了地方性知识，融合成极具地方特点的多维贫困救助理念。

4. 提升回应性与执行创新

农村低保对象的认定过程，在村级场域因自由裁量推动的政策执行创新中，形成了程序调适和执行工具创新两种路径。在实践中，程序调适主要体现在强化对村民民主评议的过程重视和结果应用，尽管在规则层面规定村级评议不作为批准程序，但在实践中因收入核查难以准确执行，在科层理性约束下村委会工作人员试图回避可能因错保造成的问责，而强化了对村民评议、公示等执行工具的利用。笔者通过田野调查，得到 W 市农村低保对象的认定过程如下：在收到村民向村委会递交的救助申请后，村委会对资料进行初审，对初审通过者张榜公示接受村民监督，然后村委会组织人员通过邻里走访、入户核查，再召集村民代表、村委会干部进行集体评议，最后报区低保中心集中评议，对拟救助对象再进行公示。执行工具创新表现在对家计调查代理指标的开发应用，一些地方根据经验总结出"五看""先看房，次看粮，再看学生郎，四看技能强不强，五看有没有重病残疾卧在床"。无论何种政策执行创新，都重视和回应来自居民的福利观念和福利需求，提升了政策治理和民主参与水平。作为一项事关居民福利的公共再分配政策，民主治理是有效的治理形态，而其核心在于人民群众或公众的诉求在治理中得到重视和体现①。因自由裁量推动形成的政策创新，并不意味着对政策精神的背离，运用地方性知识因地制宜的政策创新，也是对政策的真实执行。

值得一提的是，作为有着多种身份又在执行中扮演重要角色的村委会干部，其在推动政策创新的同时，需要进一步规范其自由裁量行为，防止因科

---

① 陆汉文，梁爱有. 第三方评估与贫困问题的民主治理［J］. 中国农业大学学报（社会科学版），2017（5）.

层避责而不作为或因个人私利主导而产生精英俘获、寻租腐败。例如，过分依赖村民民主评议，并将之作为核心依据；忽视家计调查对于信息采集的基础性作用而"走过场"；通过有选择地安排评议代表操控评议过程和结果，以满足"不出事"扭曲的科层理性逻辑需求；更有甚者，假公济私为自己亲属或有利益关系的不符合救助条件者谋取公共资源。民政部在 2018 年 9 月 30 日通报的民政兜底扶贫领域腐败和作风问题 6 起典型案例中，农村低保领域腐败和治理正当性问题突出，其中基层经办人员利用信息不对称和自身经办权力通过各种手段谋取私利的案例达到 5 起之多，其中违规为亲属办理低保 2 起，渎职腐败骗取、非法占有低保资金 1 起，不按制度规定截留低保金私自进行分配 1 起①。因此，在福利政策领域多层级的治理体系中，自由裁量一方面表现为自上而下的高层推动、领导决策注意力配置带来的政策扩张、资源投入增长以及政策理念包容多元、治理形式丰富创新等，另一方面表现为自下而上对复杂情境的执行"变通"，以及对现实民众个性化、多样化福利诉求的回应。在自由裁量过程中，恪守行政规范和行动准则的科层理性和公平正义、扶危济困的再分配价值理性应当成为各层级政策制定者和执行者的约束条件。"规则"既是由政策制定者和管理者所确定并公布实施，同时也是在正式组织的运作过程中逐渐"确立的"。尤其是在信息不对称条件下，面对现实群体的多样化福利需求，各层级的执行者进行政策预设、理念包容以及执行"变通"具有正当性，但由于经济人理性和个人关系理性的存在，对一线执行的程序正义和过程规范尤为必要（见表 3 - 5）。

表 3 - 5　　　农村低保政策层级治理主体自由裁量及其影响因素

层级	影响因素	主要表现
县（区）级及以上政府	政策制定者的价值取向；行政机关执政氛围；政策制定者的思维方式与治理风格；政策领导力强弱；达成自上而下"约束性"条件后的政策意愿	财政和资源投入强度；政策治理工具与治理结构形式创新；政策包容性与多维贫困

① 民政部公布民政兜底扶贫领域腐败和作风问题 6 起典型案例，新华网，http：//www. xinhua-net. com/politics/2018 - 09/30/c_1123511613. htm.

层级	影响因素	主要表现
乡（镇）级政府、村委会	"乡政村治"格局；信息不对称及执行成本；村委会"双重代理身份"；技术治理存在困难；基层场域的复杂性	执行程序调适；多种角色并存，政策执行干预加深；回应居民福利需求和制度精准执行间变通

3.4.2 跨部门合作与自由裁量行为

1. 信息共享与技术治理

跨部门合作与"孤岛现象"有着紧密关联。"孤岛现象"指政府机构因为在资源、信息、职能、利益等方面无法满足多元组织主体及时交流、有效整合、高效利用的一种状态。合作困境是对"孤岛现象"的一种理性定位①。政府有关部门在制订和执行再分配的公共福利政策以实现整体治理目标时，往往需要与其他职能部门保持沟通、充分合作，形成信息共享和行动协同。然而，经常面临由于不同部门的职能分离和绩效注意力差异，一个部门的目标与其他部门的目标不一致或者注意力不聚焦时，与其进行合作的意愿和行动力则会受到影响，容易出现公共福利政策执行中的"孤岛现象"与合作困境。跨部门合作的质量和信息数据共享水平，直接影响着政策执行的有效性。通过高水平的跨部门合作实现对政策规则的进一步细化，为政策执行相关职能部门明确合作路径和协同职责，才能使基层执行者获取充分的信息资源和全面的治理工具，从而在最终落实场域提升执行效果。同时可以弱化和减少因规则不明、信息不足、资源不够、配合不力等导致无序滥用、随意支配自由裁量。

以农村低保政策执行为例，作为针对特定群体进行瞄准的公共资源再分配政策，如何富有效率且精准地识别救助对象，进而公平精准地予以救助和规范治理，是政策制订和执行环节的核心。家计调查在整个农村低保政策中居于核心地位，事关政策兜底保障成效。家计调查本身则是跨部门合作治理的重点对象，其本质是将与居民家庭经济状况相关的内容要素进行有机整体

---

① 马伊里. 合作困境的组织社会学分析 [M]. 上海：上海人民出版社，2008，2.

梳理，以真实全面动态反映家庭长期真实生活状况。它需要将分散于各职能部门的数据、信息进行有效接受和归纳，例如同时需要依靠银行系统提供申请者一定时期的银行账户往来信息，以及房产、国土资源、税务部门、工商登记部门提供申请者相应的登记信息，需要多部门协同。通过跨部门协同治理和信息共享，才能有效预防和避免因信息不对称导致自由裁量陷入无序和混乱。美国的"消除贫困计划"就同时需要依赖社会项目、教育和经济项目以及税收制度，倘若相关部门的执行者不能积极配合，则很难达到政策的理想目标①。

2. 协同治理与执行效率

在高位推动下，民政部门和其他相关部门建立起了经常性的联席会议和日常沟通机制，依托政府信息化平台建设，以信息集成为首要功能的居民家庭经济状况核对平台，近年来在农村低保违规清退和规范性治理方面发挥着积极作用。不过，居民家庭经济状况核对平台需要多个不同部门的基础性核心数据，这些部门作为相对独立的主体，在协同治理和信息共享过程中有其自身的利益考量和部门规则约束，其协同合作的效应是否契合或者不影响自身利益，成为其在合作过程进行策略选择和行为博弈的考量因素之一。同时，来自自上而下科层制的纵向推动压力也是影响协同合作治理的重要因素。田野调查发现，居民家庭经济状况核对系统在纵向统筹水平上存在发展不平衡不充分的情况，有些地方仍以区县进行统筹，不利于信息资源充分整合进而影响协同治理效果；在信息平台横向接入和体系完善方面，囿于地方层级下自由裁量效应不同，信息查询和数据交换范围、内容和方式均存在差异，在部门协商博弈中衍生出了一些简单化、替代性的操作方法，使得利用信息整合和数据集成准确全面反映申请者经济状况的效果大打折扣。大数据和信息化快速发展，政府信息化平台建设和利用数据共享协同治理的理念有助于打破跨部门"信息孤岛"现象，低保治理的跨部门合作也从起步阶段过渡到更加充分、平衡发展的阶段。因此，消除地方因自由裁量不同产生的政策创新和条件支持差异，解决政策干预和系统建设"碎片化"情况，可以在高位推动下，提升治理统筹层次并采取信任、合作、整合策略。

---

① B. 盖依·彼得斯. 美国的公共政策——承诺与执行 [M]. 上海：复旦大学出版社，2008，147.

　　跨部门合作除了不同政府职能部门的合作外，还包括政策制订者、执行者与市场、社会第三方力量的合作与整合。农村低保家计调查中，家庭收入核查是重点之一，当前农村居民收入日益多元，市场化非农收入占比较高，成为农村居民收入的重要来源。由于低保申请者基本是非正规就业，以打零工等灵活就业方式为主，其收入核查主要以其雇主提供的收入证明作为要件，实践中存在虚假证明等隐瞒收入的情况，在信息不对称情况下，这影响着基层执行者对真正困难居民福利需求的有效回应，导致政策执行产生实质性偏差。随着国家推动和社会治理需要，政府购买第三方服务在农村低保政策执行中得到了积极应用，这对避免道德风险和逆向选择，解决因专业知识缺乏、配套资源不足、外部监督缺失而产生的随意自由裁量，规范农村低保治理具有积极意义（见表 3 - 6）。

表 3 - 6　　　　　　　农村低保政策跨部门合作自由裁量及其影响因素

跨部门合作	影响因素	主要表现
政府部门间合作	不同部门的职能分离；绩效注意力差异；部门自身规则约束；自上而下科层制的纵向推动压力	信息共享水平差异；行动协同效率不同；衍生简单化、替代性的操作方法
与市场、社会第三方合作	道德风险与逆向选择；相关制度配套不足；主体间信息模糊、责任不够明晰；缺乏相应激励监督机制	与申请者"合谋"；相关方合作意愿不强

3.4.3　基层自由裁量演进趋势

　　从实践过程看，农村低保执行不仅涉及救助标准、领取资格的确定，同时也受到地方性知识情境、专业知识的适用性和其他因素相互作用的"多中心"问题影响。正当的自由裁量既是一种政策制定、再创新的延续，也是对执行效率、居民多样性福利需求的回应。作为中央与地方共担的事权，由于地方把握着信息"入口"，在信息收集方面具有相对效率优势，因此中央通过赋权和资源投入等激励地方治理创新；地方在达到约束性目标后，在具体政策扩张、理念扩容和具体治理形式上具有较强的自由裁量空间，这种自由裁量在多种因素组合影响下推动地方民生保障事业发展。在压力型体制下，地方能够很好地反映和有效执行中央层面的目标，但同时需要结合实际在中央保障和改善民生的宏观政策背景下积极地进行政策创新和实践探索。作为自由裁量研究领域讨论较多的基层执行者，其既约束在基层"乡政村治"科层理性体系之内，需要充分地接受来自上级的考核与激励，也具有直接面对居民福利需求的行动张力。由于信息化平台等技术治理工具面对复杂社会情境可能产生的失灵现象，基层执行者的专业技术和伦理判断在执行过程中广泛发挥着作用，在此基础上衍生出相对操作简便、便于认同的执行工具和治理形式。而这种自下而上的治理工具和治理手段创新，将推动更高层次政策理念和政策工具创新，再通过自上而下的政策扩散进而推动社会福利观念深化和治理水平提升。

规则与自由裁量之间存在着复杂互动关系，真正需要的是在规则和自由裁量之间形成恰当的平衡。对于农村低保政策来说，宏观层面的应保尽保依靠自上而下的层级推动，执行过程也伴随对宏观目标进行再明确、对政策规定再细化、对治理形式再创新，最终落实到村级场域还需要面对复杂社会情境和地方性知识的调适。这种宏观政策目标很大程度上也需要自下而上的信息和数据支撑，在现有治理条件下依靠村干部进行主动发现和报告，同时村干部在审核评议申请者资格时发挥重要作用。因此，农村低保领域自由裁量根本上在于自上而下科层治理与自下而上情境适应之间相互作用、双向交叉和复杂运动的结果，同时也深刻广泛地受到福利政策扩张、福利文化以及居民权利意识增进的影响。在层级性治理体系中，自由裁量推动地方福利供给和政策创新的积极性，但可能会产生和加剧地方间福利发展不平衡。同时，正当的自由裁量客观上可以有效避免因跨部门合作、多中心治理的竞争关系而产生的效率损失，利用基层执行者的地方性知识和对实际情况的充分了解进行辅助决策。应保尽保目标体现出对所有真实陷入困境的贫困群体进行必要的收入补助和生活救济，契合制度精神和规则内嵌理念的执行"变通"推动着福利政策理念趋于包容多元。

实践中，因为监管缺失或者难以执行到位，随意或滥用自由裁量的行为经常与错保漏保、寻租腐败等行为联系在一起，甚至将自由裁量与腐败产生直接等同或简单钩挂。在高位推动下，随着政策供给加强和治理精细化，跨部门信息化共享集成平台完善，基层执行者在农村低保实施中的自由裁量呈现降低趋势。作为自下而上的信息采集者、行动执行者和政策沟通协调者，基层执行者仍然可以通过其他方式来影响政策的有效执行。尽管在多种理性价值共同作用下，执行者可能利用自由裁量违背规则或随意解释规则，但在遵循政策扶危济困的价值导向下，运用自由裁量有效回应一线居民福利需求，推动多维贫困理念实践落地具有价值正当性。因此，农村低保政策执行的自由裁量可以在严格杜绝寻租腐败和其滋生空间的强约束情况下，按照公共福利政策社会化治理的本质属性，积极推动地方实践探索和治理创新。

从整体上看，得益于国家和地方政策能力、治理水平提升和农村社会治理现代化，农村低保政策执行逐渐由"强"自由裁量过渡到"低"自由裁量，农村低保政策规则和执行资源配置、家庭经济状况核对平台等信息化治理工具显著得到加强。在社会发展急剧变迁，公共福利政策和治理水平还不充分、不平衡的情况下，面对公共福利诉求日益多元和制度价值理念尚不完善的情况，作为直面社会复杂情境和回应居民福利需求的再分配政策，在杜绝腐败的底线思维下允许适当自由裁量以应对复杂情境下可能随时产生的"例外"情况，以自下而上地执行推动政策扩张、规则科学和其价值理念包容性发展，某种意义上是农村低保政策充分体现其功能和价值的客观需要。与别国不同的是，中国以人民为中心的发展思想形成了公共福利政策执行高位推动的中国经验，这在很大程度上降低了地方自由裁量过大产生的问题与矛盾，提升了政策治理效果和公平正义价值。增进农村低保政策执行的公平价值和治理效果，需要在强化高位推动的前提下，进一步提升政策统筹水平，促进形成跨部门协同治理的激励与保障机制，利用大数据和合作治理强化执行监督，坚决遏制和杜绝寻租腐败。

3.5 福利依赖：国别研究与中国实际

对福利依赖的认知和判断可以直接影响社会救助瞄准偏差。一方面因执行偏差或技术条件限制导致一部分不符合救助条件的家庭和个人获取公共救助资源，造成错保偏差。另一方面因顾及考虑福利依赖带来的不公和效率损失，政府决策意图和制度设计方向可能会增加约束和激励因素予以回避或降低福利依赖情况发生，从而可能会对社会救助的覆盖面产生影响。因此，全面剖析中国社会救助运行中的瞄准偏差原因和具体情况，很重要的一个方面则是对福利依赖无论是在理论价值导向、技术工具层面还是实践操作层面予以明确和客观把握。福利依赖的概念来自国外，它的内涵和外延相对比较模糊和笼统，其伴随着西方国家的福利改革而出现，即认为福利供给导致人们的进取心下降，工作意愿降低，而认为高福利会导致出现"福利陷阱""养懒汉"等情况。实际上，国外关于福利依赖是否真正存在仍未形成共识，而其降低福利供给水平、引入竞争激励机制的改革做法也引起不少争议，仍需要进一步评估。另一方面，西方国家的福利制度对其经济社会发展发挥着十分重要的积极作用，在应对人口出生率下降、人口老龄化、贫富差距拉大等社会问题发挥出显著作用，而正是社会政策发挥着"安全阀"和"稳定器"的作用，创造了良好的稳定发展环境，才使得相关国家迎来了"二战"后的黄金发展时期，同时福利政策对于扩大内需、提升人力资本等方面对经济发展也形成了良性互动。因此，社会政策与经济发展是相融共生的关系，在社会主义市场经济体制不断发展和完善的同时，需要充分有效发挥社会政策的兜底作用，因为经济发展不会自动实现社会发展和公平分配，增加大多数社会成员的福利需要社会政策机制来实现。

事实上，中国社会救助制度的建立正处于西方国家福利改革的日益深入的时期，因此，在制度的建构上也借鉴了相关国家的一些改革做法，例如在社会救助建立之初就引入了激励约束因素，即有劳动能力的救助对象有义务接受劳动就业部门安排的工作，无理由连续三次拒绝和本人能力相符的工作，可以停发或减发其本人的低保金。同时，对有劳动能力的零就业家庭，至少安排落实1人就业。这都体现出制度在建立之初就充分照顾和鼓励通过劳动就业实现自立，这和西方福利国家福利制度发展脉络截然不同。而且不同于西方福利国家的高标准、普惠型福利模式，中国自20世纪90年代以来，社会救助制度都是强调保证困难群体的最低生活所需，而且首先强调需要个人和家庭提供生活资料，履行抚养赡养义务，国家则是承担最后的兜底责任，因此属于补缺型的福利供给模式，这和西方福利国家有着根本不同。另外，不可忽视的因素是西方国际福利改革的导火线是经济增长乏力，市场竞争力下降、失业率上升、国内治安不佳以及移民问题突出等问题，需要以福利改革在内的社会政策改革来面对和解决这些问题。而中国经济长期保持健康稳定增长，进入新常态但经济结构不断优化、经济动能升级换挡，经济发展质量和综合效益日益提升，同时仍保持着中高速增长，这为社会救助制度发展提供稳定可持续的物质基础。

同时，在促进实现共同富裕的历史背景下，落实共享发展理念需要加大对困难群体的帮扶力度，使得困难群体的生活改善和发展提升与经济社会发展同步，这也完全不同于西方政党交替因各自执政理念不同而导致社会政策发展中断或者方向迥异。特别是在全面深化改革的重大战略机遇期，在国家治理能力和治理体系现代化的背景下，对社会政策的重视和支持力度以及社会政策自身的发展空间相比以往都不可同日而语。所以，综合各方面因素对比和宏观背景来看，中国的社会救助正处于快速健康发展时期，既需要扩大社会救助覆盖面，也需要对社会救助的理念、结构和运行机制进行优化，以更好适应其兜底保障功能，以及解决突出社会问题和防范社会风险，促进社会、文化与经济政治协调发展。透过对西方的福利制度发展历史来看，对福利依赖的及早预防和积极干预也有其必要性，但需要结合在中国历史文化背景和具体发展情境下发现和考察容易引发福利依赖的潜在因素，在经济发展情况下扩大救助覆盖面与提高保障水平要坚持适度可持续原则，保障维持与激励约束并重，公平正义以及其他社会效益产出与经济效益产出统筹考虑，国家责任与个人努力、家庭责任合理归属，对青年主动失业、家庭规模小型化、非正规就业群体扩大、工作贫困等社会问题积极干预，从社会救助瞄准机制入手，通过系统再造和体系设计预防福利依赖发生。

3.5.1 福利依赖与社会救助的关系

为那些丧失劳动能力或在劳动年龄段外的人提供救助，不管是从公民权利还是人道主义的角度来说，都不存在争议。但是为那些处于劳动年龄段且具有全部或部分劳动能力的人提供救助，一直以来都广受争议[1]。然而，从英国 1601 年《济贫法》的"属地管理"和习艺所救助方式，到《新济贫法》

---

① Huang Chenxi（2003）. *Social Assistance in Urban China：A Case Study in Shanghai*，PH. D. diss.，University of Hong Kong，pp213－216.

的"劣等处置原则",再到大卫·李嘉图的"工资铁律",都反映了要受助者通过劳动或工作以摆脱救助并避免福利依赖的思想[①]。当前欧美福利国家的社会救助改革纷纷引入了工作福利模式,更是要求救助者积极寻求就业以防止福利依赖。对绝大多数有劳动能力的人来说,救助只是短期的、暂时的项目[②]。而对一少部分需要长期领取救助者而言,已有的经验研究并未发现所谓的"依赖文化"[③]。研究发现,接受救助者都非常重视有报酬的工作,也有比较强的就业动机,他们依然遵守着主流价值观,并未形成独特的"依赖文化"。而"新右"和新家长制等理论流派的观点认为传统的福利国家和各种救助会培育"依赖文化",并滋生福利依赖,但其实更多是一种意识形态认识,而不是实证研究发现[④]。

社会救助对象在社会中只占极少比例,且属于"沉默"(Silent)和"隐形"(Invisible)阶层[⑤],其声音往往被忽视[⑥]。因此,对社会救助制度的价值取向和实践定位,以及对社会救助对象的选择和认知,很大程度上不是取决于社会救助对象本身,由于在社会中处于弱势地位,经济社会地位不平等造成缺乏有效的社会融入,对自身福利诉求和意见表达的渠道相对有限,在西方国家社会救助对象经常被"贴标签",对救助对象污名化,认为接受救助的人是"懒汉",增加社会救助则是"养懒汉",而助长个人或家庭不劳而获而形成对国家的依赖,这实际上是体现西方社会的经济伦理和社会伦理,本质上是维护资本主义社会制度和发展资本主义生产,不赞成发展社会救助,或者缩减社会救助是为了资本可以攫取更大的经济利益,无论是在资本主义机器大生产时期还是如今的全球化时代,西方国家福利制度无论如何变迁,

---

① 徐丽敏. 国外福利依赖研究综述 [J]. 国外社会科学, 2008 (6).

② Bane, Mary and David Ellwood (1994). Welfare Realities. Cambridge, MA: Harvard University Press.

③ Surender, Rebecca, Michael Noble, Gemma Wright and Phakama Ntshongwana (2010). Social Assistance and Dependency in South Africa: An Analysis of Attitudes to Paid Work and Social Grants. *Journal of Social Policy*, 39 (2): 46 – 59.

④ Harris, Kathleen Mullen (1991). Teenage Mothers and Welfare Dependency: Working Offwelfare. *Journal of Family Issues*, 12 (4): 492 – 518.

⑤ Dorothy Kidd, Bernadette Barker – Plummer. 'Neither Silent Nor Invisible': Anti – Poverty Communication in the San Francisco Bay Area. *Development in Practice*, 2009: 19 (4 – 5).

⑥ Deepa Narayan, et al., Can Anyone Hear Us? Voices of the Poor, World Bank Publication, 2000.

根本上是要与对剩余价值和经济利益的追逐相适应，社会救助等福利制度更多是一种缓和社会矛盾的政策工具，阶段性、嬗变性和工具性是西方国家福利制度的典型特征，尽管受到国内政党轮替、施政纲领以及价值主张的影响，但福利制度服务和附属于资本主义经济利益的这一本质不会改变。从福利国家建立、发展到调整，社会救助这一制度安排的工具性色彩一直非常浓厚，从福利项目增加和福利水平提升，再到福利项目缩减，从"摇篮到坟墓"再到"养懒汉"，社会救助更多是充当经济停滞的借口或者掩盖资本主义根本矛盾的"替罪羔羊"，在社会救助政策变迁过程中，接受社会救助的对象无论是增加抑或缩减，他们大多时候都是被动接受而被贴上工具化的"标签"。西方国家社会救助演变与资本主义经济增长保持着惊人的一致，经济增长时社会救助水平则会提高，经济停滞甚至衰退时则以高福利为借口来缩减社会救助项目，而这种高度的一致性恰恰体现出西方国家福利制度的本质，即民众福利附庸于经济增长和资本利益，即福利增长主要依靠做大"蛋糕"和资本利益规模，而体现公平正义的再分配机制十分薄弱，这种福利生产机制的差异正是源于社会政治经济制度的根本性不同。

如前文所述，社会政策本身还是一个政治过程，是一种政治实践，而作为面向社会贫困群体等弱势群体的社会救助政策，其发展、进退以及演变的过程更是体现出浓厚的政治博弈色彩。福利国家将财政危机、经济停滞以及大量的失业人口"怪罪"于福利水平过高以及福利项目过多而导致福利依赖现象，而本质上这些问题的出现是资本主义政治和资本主义经济的固有"顽疾"，而且第二次世界大战后几乎所有欧美国家有望执政的大党都逐步转变为捐客型政党①，福利国家也存在政治劣质化的趋势，为缓和社会矛盾，缩小因贫富差距悬殊造成的社会对立割裂等问题，同时为迎合底层选民、工会等法团主义势力，代议制民主下的政党为赢得选举开始无原则地迎合公众福利要求，他们以福利的名义进行选举交易而通常只是为了自身政治利益的最大化，在此情况下进一步加剧了福利政策的政治色彩，同时为了谋求政权的合法性基础，公民的社会经济权利的法权形式逐步得到落实，福利供给成为国家不可推卸的义务②，社会经济权利不断增强的刚性过程更使得国家供给

---

① ［意］乔万尼·萨托利. 政党与政党体制［M］. 北京：商务印书馆，2006.

② ［英］T. H. 马歇尔. 公民身份与社会阶级［M］. 南京：江苏人民出版社，2007.

福利的义务刚性化，因此在掮客型政治选举政治的推波助澜下，引致福利国家危机是公众主观福利预期与客观权利刚性相互不断强化的结果，从这个角度讲，财政危机只是福利国家危机外在表现的"冰山一角"，具有明显的不可逆转性质的政治危机更具有根本性的破坏力。从西方民主社会主义、新保守主义，再到"第三条道路"的福利思想演变，尽管试图化解福利国家危机的政策取向有所区别，在克服眼前财政危机、减少失业人口等方面也取得了一定效果，但是政党政治掮客化、政治劣质化趋势反而将使其陷入更大危机。同时，福利国家在"去商品化"之后通过"行政性再商品化"，对福利依赖的建构以及采取强制性、惩罚性的工作福利措施，而由于市场经济的政治化与政治的市场经济化相互交织①，国家作为政治实体又是经济管理者的双重身份必然导致其进退失据，而且"去商品化"和"行政性再商品化"存在着重大差别，加之官僚机构本身存在自我膨胀且与社会经济发展脱节的自然趋势②，针对弱势群体而进行的社会救助政策改革措施难以使福利国家克服长远危机。

与西方国家社会救助等福利制度形成鲜明对比的是，中国社会救助形成、发展和完善根植于中国特色社会主义制度和中国特色社会主义市场经济，社会救助等福利政策的根本价值和发展理念不是一种阶段性、工具性的安排，而是内生于以实现共同富裕为目标的中国特色社会政治经济制度，社会救助的规模和水平除了需要与经济社会发展水平相适应，还需要满足人们日益增长的美好生活需要，不仅是在经济增长时注重提升社会救助等福利保障水平，在遇到新冠肺炎疫情等较强不利冲击影响下，仍然把坚持保障和改善民生放在首位，加大对社会困难群体的救助帮扶力度，对社会救助尤其是做好"雪中送炭"，坚持兜住兜牢民生底线，而以工具主义作为理念的西方国家在面对经济增长不利时，考量的不是去如何保障底层居民生存权利，却是"过河拆桥"对国民福利进行污名化，不但没有采取更加包容、救人于急难之中的社会福利政策，反而采取更苛刻更高门槛的福利政策将贫困群体排斥在社会保护体系之外。"路遥知马力，患难见真情"，面对新冠肺炎疫情冲击和世界

---

① [德] 克劳斯·奥菲. 福利国家的矛盾 [M]. 长春：吉林人民出版社，2006：160 – 161.
② [德] 马克思·韦伯. 经济与社会（第二卷·上册）[M]. 上海世纪出版集团，2010：1130 – 1134.

经济发展的下行压力增大，中国所采取的社会救助政策与西方国家相关政策相比较，可谓是泾渭分明。因此，以公平正义为导向的再分配机制是中国社会救助政策的核心机制，公平正义共享是中国社会救助政策的核心理念，理性、持续性、稳健性和具有长远预期是中国社会救助政策的典型特征。中国社会救助发展既尽力而为，又坚持量力而行，经济社会发展与居民福利需求是同频共振、相得益彰的和谐共生关系，中国社会救助水平既不会滞后或超前于经济社会发展，而是根据经济社会发展和居民基本生活保持在一定的合理区间，更不会将需要获取社会救助以维持基本生产发展的弱势群体排斥在社会保护体系之外，确保应助尽助，促进社会公平正义。

3.5.2　福利依赖与就业导向

对于导致福利依赖的原因，研究者有多种解释[1]。无工作或失业、青少年时期的不利因素等诸多危险因素，可能会使一个家庭不得不依赖福利生活。还有学者经验研究得出，就业市场、失业时间、人口密度、社区结构、移民和非法生育、酒精与药物上瘾等因素都与福利依赖有关。不过，形成福利依赖最重要的原因是与就业市场或失业相关联的[2]，英国半熟练和非熟练工人就业市场的缩小，是英国救助快速膨胀和福利依赖的催化剂。由此可见，失业与福利依赖关系密切，那么，就业能否防止或避免福利依赖呢？英美两国是最早改善传统社会救助制度并引入工作福利（Workfare）模式的国家，要求受助者为其接受的福利待遇而进行工作，以此遏制福利依赖。美国 1996 年通过《个人责任与工作机会法案》，将救助制度从"资格机制"转变为"工作优先"模式，对救助采取时间限制并强制提出工作要求以刺激就业[3]。英国于 1997 年出台了"新政"，大力倡导"从福利到工作"，重点帮助青年失业人口、长期失业人口、单亲母亲等就业困难且长期依赖救助的人重返劳动

---

① Kaplan, Jan (2001). Prevention of Welfare Dependency: An Overview. *Journal of State Government*, 74 (2): 12 – 24.

② Field, Frank (1999). Welfare Dependency and Economic Opportunity. Family Matters, 54 (1): 18 – 26.

③ 韩克庆，郭瑜. "福利依赖"是否存在？——中国城市低保制度的一个实证研究 [J]. 社会学研究，2012 (2).

力市场。失业者不可以再申请社会救助而是申领求职者津贴，并接受政府介绍的工作或参加培训等①。然而现实中并没有令人信服的证据表明，社会中有足够的岗位能够免除每一个个体的福利，许多现在的就业岗位付不出足够的薪水帮助他们的家庭摆脱贫困②。

工作福利政策在美、英等自由福利国家工作福利项目风靡之后，德、法等保守主义福利国家也开始相仿相效，2002 年德国的"哈茨改革"就是对原有救助制度的彻底变革，要求有劳动能力的受助者必须承担工作义务③。在福利国家不断改革的综合背景下，工作福利政策为福利领取者强制增加了义务，以促使其重返劳动力市场，体现出权利和义务的结合以及与市场的联结，有学者甚至断言欧美的"制度型福利国家"已经逐渐被"工作福利型国家"所取代④。通过就业避免福利依赖，首先是要创造出足够的工作岗位，同时这些岗位可以支付较高的薪水，也就是不但保证工作数量，还要确保工作质量。不可否认，现实生活中，这是很难实现的目标。有一些研究者甚至还批评了政府的救助改革，认为其制造了大量"工作中的穷人"，是对济贫法时代强制劳动等不文明做法的回归，其实是一种倒退⑤⑥。有学者认为美国的改革提供给受助者的不是"两年后就业"，却是两年后"没有救助，没有工作，没有支持"⑦，这将实质性地增加赤贫与贫困⑧。尽管改革后受助人数大幅下降，但很多贫困家庭的贫困程度加深，陷入了比以往更加贫困的境地，由于受助者的教育水平和必要技能严重匮乏，在劳动力市场中竞争力十分有限，就业岗位不稳定且工资偏低，不少研究认为实施工作福利政策的结果是将福

---

① Clasen, Jochen (2005). Reforming European Welfare States: Germany and United Kingdom Compared. Oxford: Oxford University Press.

② 迪肯. 福利视角 [M]. 上海：上海人民出版社，2011.

③ 张浩淼. 工作福利：形成逻辑、概念辨析与实践效果 [J]. 甘肃理论学刊，2020 (4).

④ 安东尼·哈尔，詹姆斯·梅志里. 发展型社会政策 [M]. 罗敏，范西庆，等译. 北京：社会科学文献出版社，2004.

⑤ Casey, Bernard (1986). Back to the Poor Law? The Emergence of "Workfare" in Britain, Germany and the USA. *Policy Studies*, 7 (1), 52–64.

⑥ Veit-Wilsoon, John (2012). Heading Back to the Poor Law? Accessed May 16, http://www.poverty.ac.uk/articles-attitudes-welfare-editors-pick/heading-back-poor-law.

⑦ Ellwood, David (1996). Welfare Reform as I Knew It: When Bad Things Happen to Good Policies. *American Prospect*, 26 (1), 22–29.

⑧ 杨立雄. 贫困理论范式的转向与美国福利制度改革 [J]. 美国研究，2006 (2).

利依赖转化为了低薪工作，制造了在职贫困①。从经验研究看，无论是受助者寻找工作还是自雇或创业，获得摆脱贫困的效果都是有限的，工作福利在较为有效地降低福利依赖的同时，并没有明显地降低贫困率。此外，"必须接受工作"的条件限制会对工作质量产生不利影响，最终导致"以劳动者工资水平降低为代价的廉价劳动力供给的扩张"，造成在职贫困群体②。

为降低失业率，缩减福利支出，摆脱福利国家日益严重的财政危机，西方国家劳动力市场"激活"政策除了带有强制性、惩罚性和消极性的工作福利政策外，基于社会投资理念的积极劳动力市场政策也逐渐得到重视和运用，主要包括公共就业服务的扩展、教育与培训政策以及公共部门的就业创造。积极劳动力市场政策一方面是改善国家劳动者的技能水平，把技能生成与劳动力市场动员和流动性联结起来，另一方面聚焦于劳动力市场中的特殊群体，如青年、中老年劳动者、长期失业者及其他弱势群体，为他们提供必要的教育、培训和创造公共就业岗位。尽管都是为了降低福利开支，提升经济效率和市场竞争力，但是工作福利政策和积极劳动力市场政策在理念预设、方案设置上显然存在本质区别：前者是基于新保守主义的经济理念，试图最大限度减少政府对福利的投入，弱化政府对社会福利的责任，强制将社会公众乃至弱势群体的基本生活需要交给自身和市场来承担，主张实行剩余式的社会福利模式，要求福利给付从"公共部门"向"民间的市场部门"转向③；后者则是秉持社会投资的理念，不以缩减甚至剥夺社会公众基本福利权利为手段，相反而是基于社会公众包括弱势群体的基本权利和发展需要，从国家、公众与社会相互促进共同发展的角度，嵌入包容性和可持续性的理念进行政策设计。实际上，更多时候受助家庭是把就业所得收入作为救助收入的补充用来维持最基本的生活④。对美国 1969 年到 1978 年的救助对象进行了考察，

---

① John Veit – Wilson, Heading Back to the Poor Law？[EB/OL]. Poverty and Social Exclusion (2012 – 05 – 16) [2019 – 07 – 26]. http：//www. poverty. ac. UK/articles – attitudes – benefits – welfare – editors – pick/heading – back – poor – law.

② 肖萌. 发达国家的工作福利制对中国低保政策的启示 [J]. 中国青年政治学院学报，2005 (1).

③ 米尔顿·弗里德曼. 资本主义与自由 [M]. 北京：商务印书馆，1986.

④ Pearce, Dlane (1979). *Women, Work and Welfare：the Feminization of Poverty*. In Karen Wolk Feinstein (ed.), Working Women and Families. Beverly Hills, CA：Sage, pp. 103 – 124.

救助收入一般作为就业收入不足的补充，或是其他收入渠道失效时的一种替代，很少有家庭把救助收入作为唯一的收入来源①。因此，对于福利依赖并非是之前福利扩张导致的现实结果与社会事实，被建构出来以实现福利的保守主义观点的工具②。而且如果缺乏有效的反贫困与就业支持政策，受助者的能力贫困问题与合适的就业岗位问题难以得到有效解决③，那么工作福利的实践效果必然增加在职贫困风险，扩大工作贫困群体。

3.5.3　中国情境福利依赖考察

低保因制度自身设计等原因或导致与西方有本质区别的"中国式"福利依赖④。目前受助对象不愿意通过就业去改善生活而宁愿长期依赖低保金，导致这一现象的主要原因是救助制度设计不合理，多项救助的捆绑造成了"叠加效应"，还有就是对有劳动能力的就业要求不高，但这不是福利过度的问题，反而突显出福利缺失的问题⑤。因为失去低保资格会使得家庭的教育、医疗等风险失去保护，这与西方语境下的"福利依赖"有着本质区别。同时中国低保制度也不存在"养懒汉"或福利依赖问题⑥。在低保实践中，救助对象的权利意识尚未完全建立，救助机构的责任意识也未完全确立，将贫困归结为个人自身原因的观点在社会上还很盛行，由此产生的社会救助"养懒汉"其实是传统贫困理念和落后救助理念影响的结果，而不是真实的情况。相反，中国的低保对象大多十分勤劳，在想方设法通过劳动挣钱增加收入。实际上由于中国低保金水平比较低，受助者中的一部分不得不偷偷工作，同

①　Duncan, Greg (1984). Years of Poverty, Years of Plenty. Ann Arbor: University of Michigan, Institute for Social Research.

②　张浩淼. 事实抑或建构：当代美国福利依赖问题探析 [J]. 社会科学战线, 2017 (7).

③　关信平. 论现阶段中国社会救助制度目标提升的基础与意义 [J]. 社会保障评论, 2017 (4).

④　关信平. 中国综合型社会救助制度发展战略研究，引自郑功成主编. 中国社会保障改革与发展战略（救助与福利卷），北京：人民出版社，2011：61-77.

⑤　徐月宾，张秀兰，王小波. 国际社会福利改革：对中国社会救助政策的启示 [J]. 江苏社会科学, 2011 (5).

⑥　郑功成. 中国社会保障30年 [M]. 北京：人民出版社，2008.

时领取低保才能维持生活①。低保户在领取低保金的同时，工作状态并没有长时间的断裂，低保造成福利依赖的说法目前仍缺乏足够证据而且暴露了中国救助观念和福利体制方面的问题②。通过实证研究发现现阶段中国低保制度还未形成福利依赖效应③④。中国社会救助保障水平在覆盖面和救助水平两个方面都偏低，如此低的覆盖面和保障标准不可能"养懒汉"⑤。

综合研判中国社会救助是否存在福利依赖、"养懒汉"现象，需要嵌入四维视角进行分析，即分别包括制度价值理念、政策完备程度和精细化水平、执行尤其是一线执行质量以及实际客观后果四个方面，四个维度环环相扣共同影响着社会救助政策效果。其一，从社会救助制度价值理念进行分析，作为目前社会救助领域最具权威性的行政法规，《社会救助暂行办法》第二条明确规定：社会救助制度坚持托底线、救急难、可持续，与其他社会保障制度相衔接，社会救助水平与经济社会发展水平相适应。党的十九大报告关于民生保障也提出"既尽力而为，又量力而行，一件事情接着一件事情办，一年接着一年干。坚持人人尽责、人人享有，坚守底线、突出重点、完善制度、引导预期。"《中共中央 国务院关于实现巩固拓展脱贫攻坚成果同乡村振兴有效衔接的意见》明确坚持扶志扶智相结合，防止政策"养懒汉"和泛福利化倾向，激励有劳动能力的低收入人口勤劳致富。从这些法规和政策文件中不难看出，我国社会救助政策顶层设计中一直秉承着兜底线、可持续、保障适度以及与经济发展相适应的理性原则，不同于一些西方国家受政党政治左右以及"去家庭化"、劳动力"去商品化"影响而导致福利政策缺乏长远预期、福利支出畸形庞大等"高福利病"，我国的政治经济体制优势和以人民为中心的发展思想在根本上决定了社会救助制度的本质属性、发展动力和政

① 彭宅文. 最低生活保障制度与救助对象的劳动激励："中国式福利依赖"及其调整 [J]. 社会保障研究，2009（2）.

② 陈泽群."低保养懒人！"：由指控低保户而显露出的福利体制问题 [J]. 社会保障研究（北京），2007（1）.

③ 慈勤英，王卓祺. 失业者的再就业选择——最低生活保障制度的微观分析 [J]. 社会学研究，2006（3）.

④ 韩克庆，郭瑜."福利依赖"是否存在？——中国城市低保制度的一个实证研究 [J]. 社会学研究，2012（2）.

⑤ 宫蒲光. 我国低保政策覆盖面和保障水平低，远远不可能"养懒汉" [N]. 南方都市报，2019－12－28.

策模式，这也是防范福利依赖现象最坚强的"堡垒"。

其二，从政策完备程度和精细化水平分析，近年来特别在党的十八大以来，随着中央政策注意力更多转向基本民生保障和改善领域，作为重要的兜底性民生政策设计，一系列社会救助政策更是密集性出台，在资源配置、执行规范化以及协同治理、执纪监督等方面均出台了更加科学、精细、严格的规定措施。具体表现在，社会救助标准更加科学合理，瞄准过程也从配额制走向严格的认证，以实现应助尽助的政策目标。

同时，通过家庭经济状况核对系统的日益完善，社会救助动态化管理水平明显提升，不符合救助条件的救助对象可以及时地被识别并予以退出，由于错助造成的瞄准偏差而导致的泛福利化和福利依赖现象得到有效规制。同时，进一步规范社会救助申请程序，明确各级政府、民政部门以及相关部门、街道（乡镇）、社区（村）等治理主体的职责权限，同时明确精准扶贫与社会救助有效衔接机制，通过逐渐加强对支出型贫困和低收入群体的政策关注和社会保护力度，城乡低保的"福利捆绑"效应和"悬崖效应"得到有效改善，弱化一部分边缘贫困群体或特殊困难群体因福利叠加而带来的道德风险。与此同时也加强了对违规行为的查处整治力度。《社会救助暂行办法》明确对采取虚报、隐瞒、伪造等手段，骗取社会救助资金、物资或者服务的，由有关部门决定停止社会救助，责令退回非法获取的救助资金、物资，可以处非法获取的救助款额或者物资价值 1 倍以上 3 倍以下的罚款；构成违反治安管理行为的，依法给予治安管理处罚；构成犯罪的，依法追究刑事责任。纪检监察部门也通过开展专项民生领域执纪监督，强化对社会救助等民生领域腐败、渎职、失职等不良行为和作风的查处力度。此外，充分保障社区居民和社会公众的监督权利，加大社会公众和媒体的监督参与力度，及时通报和曝光社会救助领域缺位、越位以及腐败等违法违规问题。通过织密织牢政策"防护网"，有利于堵住和防范因制度不健全而造成的福利依赖发生。

其三，从执行尤其是一线执行质量分析，首先，在协同治理方面，通过建立社会救助部级联席会议机制与县级困难群众基本生活保障工作协调机制，从政策制定的上下两个端口保证了社会救助治理顺畅高效运转。近年来，民政部门"一门受理、协同办理"以及社会救助对象主动发现机制不断建立健全。此外，当前社会救助存在一个悖论：经济越不发达的地区，贫困人口多而财政却不宽裕，面对社会救助对财政造成的巨大压力，地方政府采取量入为出的变通策略：贫困地区采取提高社会救助门槛、降低受助标准、减少受助人口等做法，减轻财政压力。相反，经济发达的地区，贫困人口少财政却相对宽裕，社会救助则会通过降低救助门槛、提高受助标准等做法，提升受助者的待遇水平①。由此，造成发达地区与不发达地区的兜底保障差距越拉越大，致使产生地区区域之间新的不公平，也不利于防范与治理泛福利化和"养懒汉"现象。

在此背景下，国务院办公厅发布的《基本公共服务领域中央与地方共同财政事权和支出责任划分改革方案》，明确基本生活救助、基本住房保障等社会救助领域作为中央和地方共担事权，中央与地方的支出责任主要按比例分担并保持基本稳定。在地方结合实际制定标准的前提下，采取因素法主要依据地方财政困难程度、保障对象数量等因素确定支出责任及分担方式②。通过合理划分事权和明确支出责任，尤其是提升中央政府在社会救助中的管理责任和支出责任，向贫困程度深、保障任务重、工作绩效好的地区倾斜，有利于避免和化解地方社会救助水平"鸿沟"，保障贫困地区全部符合条件的家庭和居民都能够获得及时、适当必要的救助，也可以有效提升公共财政资金使用效益和再分配质量，防止地方福利竞争加剧而产生泛福利化现象。

在社会救助政策执行方面，基层部门尤其是一线经办人员掌握着社会救助信息的"入口"，而家庭收入财产以及就业、困难状况等信息的全面性、真实性和准确性，是研判是否满足救助条件和确定具体救助水平的关键门槛和核心依据。由于城乡家庭收入来源多元化以及灵活就业群体不断扩大，加之社会生活情境、居民价值观念影响，并受到经办人员道德水平与职业素养的制约，基层社会救助实践存在较大的自由裁量空间，在外部监督约束不到位的情况下，自由裁量空间也容易产生优亲厚友、渎职失职等腐败问题。近年来，得益于基层社会治理体系和治理能力的不断优化升级，例如城市社区

---

① 杨立雄. 谁应兜底：相对贫困视角下的央地社会救助责任分工研究 [J]. 社会科学辑刊，2021（2）.

② 参见 2015 年 1 月 6 日，《财政部 民政部关于印发〈中央财政困难群众基本生活救助补助资金管理办法〉的通知》；2017 年 6 月 12 日，《财政部 民政部关于印发〈中央财政困难群众救助补助资金管理办法〉的通知》。

网格化管理和智慧社区建设，农村社区村支部书记与村主任"一肩挑"，城乡社区治理的硬件设施和治理水平都实现了快速发展，社会组织以及居民参与社会救助等社区治理公共事务的积极性不断提高，居民公共精神和社会组织公益性不断得到激发和培育。同时，通过政府购买服务引入外部专业力量参与社会救助资格认定，以及通过增加编制、提高岗位待遇和发展空间等途径，采用社会化招聘、基层轮岗交流等办法吸引大学生、其他专业或经验人士加入社区治理队伍之中，一方面化解基层"事多人少""点多面广"，引不进人也留不住人的人力资源配置困境，另一方面，越来越多具有同情心、社会关怀以及专业素养和知识能力的人才加入，能够提升社区治理人员整体素质和丰富专业知识结构，这些无疑能够显著提高社会救助基层经办能力和经办质量。

其四，从社会救助实际客观后果分析，一方面源于在整个社会救助体系中，城乡低保具有基础性和核心地位，其相关指标能够较好地反映社会救助整体投入和保障水平，而且在现金救助、服务救助和实物救助三种救助方式中，从供需衔接角度看，现金救助具有较强的间接性从而更易产生福利依赖风险，中国城乡低保目前主要是以现金救助为主，因而考察低保水平变动趋势对研判是否存在福利依赖现象具有较强的指向性。另一方面，目前在基本生活救助、专项救助和急难救助这三个子体系中，相关的职责和职能仍分散在不同政府部门当中，且以地方管理为主，在不同地方区域可能存在统计口径不一致的情况。作为城乡低保的主管部门，民政部门会定期发布城乡低保标准及低保对象人数，因而考虑数据可获得性和可比较性。综上，这里仍以城乡低保相关数据作为分析切入点，以从中分析和判断社会救助实际客观后果。具体以城乡低保实际增长率、城乡低保覆盖面、城乡低保标准三个维度进行分析。

从表 3-7 不难看出，2014~2019 年，中国城乡低保覆盖率总体呈现逐年下降趋势，这既反映了中国经济社会发展涓滴效应带来的减贫成效，也彰显了精准扶贫取得的巨大战略成果。同时，也说明中国社会救助坚持循序渐进、可持续的发展理念，城乡低保的动态管理机制不断建立健全。与此同时，国外一些国家如新西兰受助人数占总人口比例为 25%，澳大利亚为 17%，英国为 15.9%，美国为 10%，加拿大为 9.9%，目前我国农村低保覆盖率为

6% 左右，城市低保覆盖率仅为 1% 左右，都明显低于国际平均水平①。因此，从城乡低保覆盖率这一指标来看，中国社会救助规模尚不能产生明显的福利依赖现象。

表 3 - 7　　　　　　　　　2014 ~ 2019 年中国城乡低保的覆盖率

指标	2014 年	2015 年	2016 年	2017 年	2018 年	2019 年
农村人口（万人）	61866	60346	58973	57661	56401	55162
农村低保覆盖率（%）	8.4	8.1	7.8	7.0	6.2	6.3
城市人口（万人）	74916	77116	79298	81347	83137	84843
城市低保覆盖率（%）	2.5	2.2	1.9	1.6	1.2	1.0

资料来源：民政部公布的城乡低保数量与国家统计局公布的城乡人口数量。

表 3 - 8 呈现了 2014 ~ 2019 年中国城乡低保标准及其实际增长率。总体而言，城乡低保平均标准呈现逐年提高趋势，且农村低保平均标准增幅显著高于城市，这体现出国家加大了对农村尤其是贫困地区的资源投入力度，致力于统筹城乡协调发展，有利于缩小城乡之间不合理的公共福利水平差距，促进城乡公共服务均等化发展。与此同时，城乡低保平均标准实际增长率的绝对数大致呈逐年稳中有降的趋势，显示出经过多年来的国家大力支持和积极投入，中国城乡最低生活保障标准有了很大提高，有效地兜底城乡困难居民的基本生活，并在可持续理念和避免泛福利化的政策导向下，城乡低保标准增长趋于更加稳健。而且，无论是城市还是农村的低保平均标准，都明显超过同期城乡居民人均消费支出实际增长率，体现出城乡低保标准"相对性"的一面，即在保障贫困群体绝对基本生存需要的同时，根据经济社会发展水平提高而适当提高保障标准，从而有利于缩小城乡内部以及城乡之间居民收入差距和生活水平差距，优化收入分配格局促进共同富裕扎实推进。

---

① 宫蒲光. 我国低保政策覆盖面和保障水平低，远远不可能"养懒汉"［N］. 南方都市报，2019 - 12 - 28.

表 3 – 8　　　　　　　　2014～2019 年中国城乡低保标准及实际增长率

年份	农村低保平均标准（元/人·年）	农村低保实际增长率（%）	同期农村居民人均消费支出实际增长率（%）	城市低保平均标准（元/人·月）	城市低保实际增长率（%）	同期城镇居民人均消费支出实际增长率（%）
2014	2777	12.3	10.0	411	8	5.8
2015	1766.5	12.5	8.6	451.1	8	5.5
2016	3744.0	15.9	7.8	494.6	7.5	5.7
2017	4300.7	13.6	6.8	540.6	7.6	4.1
2018	4833.4	10.3	8.4	579.7	5.1	4.6
2019	5335.5	7.2	6.5	624.0	4.8	4.6

注：低保标准实际增长率 = 每年农村低保名义增长率 – 每年物价上涨指数（CPI）。

一言以蔽之，通过对城乡低保政策及其实践的深入剖析，中国社会救助尤其是近年来实现了快速发展，保障水平不断提升，但这是由坚持以人民为中心的发展思想和社会主义实现共同富裕的本质要求所决定的，同时坚持量力而行并与经济社会发展相适应的理性原则，国家根本政治制度和中国共产党的宗旨原则，以及中国的国情共同决定了中国社会救助必然走向健康、协调和可持续的发展进路。这在客观上既避免了一些西方国家福利过快增长、公共财政不堪重负以及社会进取心下降等等所谓的"高福利病"现象，更不会在主观价值观念上将居民基本民生福祉与经济社会发展对立起来。

|第4章|
中国社会救助瞄准的结构约束

在补缺型福利制度模式下，瞄准机制是社会救助的"大脑"和核心，如同人的神经中枢决定着人的思维和前进方向，社会救助的瞄准机制决定着"谁是最需要救助的人"以及如何去精准识别谁最需要救助。实现精准识别、精准救助的目标，仅靠执行一个环节或仅利用技术手段一种方法难以达到预期效果。需要从整个系统、全流程以及经济、文化、现实等因素进行全景式梳理，给予统筹考虑和整体把握。同时也离不开对现实情境的考量，脱离或对现实联系跟踪不够紧密，即使规范严密的制度设计和先进技术工具运用，也不足以完全提升瞄准效果。例如达到精准救助目标，首先需要明确目标是什么，现有的条件和机制能否保证实现目标？社会救助目标呈现阶段性的动态调整，经济社会发展的客观变化也要求社会救助与之相适应。具体讲，当前社会救助作为基本民生保障的一项重要治理工具，已从单一的收入扶持目标上升为反贫困和兜底保障的综合性目标。如果仍将瞄准目标只对向收入贫困群体，那么事实上其他类型的贫困则被排除在外，达不到反贫困的效果，事实上，产生瞄准偏差的很大一部分原因在于贫困的多种面向。兜底保障根本上保障基本生活，托住社会风险，而基本生活需要除了必要的收入，还需要购买相应的医疗卫生服务等，支出能力不足也会导致生活难以为继。除了面临收入不足的风险，同样也面临发展能力不足、家庭涣散、文化消极、贫困代际传递等风险，同时家庭脆弱性更是难以有效抵挡人口老龄化、家庭规模缩小和家庭核心化带来的家庭福利供给弱化、劳动力市场两极分化，以及贫困差距等普遍性社会风险。因此，梳理分析影响社会救助瞄准效果的主要因素，需要从政策目标体系和对应兜底防御来解决社会风险和社会问题。以目标牵引和问题导向，逆向出发从系统角度对社会救助瞄准机制的各个分区和模块进行检视。

4.1　社会救助理念滞后

作为一项社会政策，政策蕴含的理念从某种意义上讲，比制度安排和治理工具的选择更加重要，理念优于制度设计，制度则是优于技术选择。价值和理念导向是一项社会政策的"灵魂"，社会救助理念是瞄准机制的"总开关"，决定着瞄准的范围和目标。社会救助理念包含两个层面，即价值层面和制度层面，价值理念决定和深刻影响着制度理念，制度理念直接关系价值理念实践效果。社会救助价值理念主要是体现社会公正，维护社会公平正义，亦即社会成员应当"得其所应得"，每位社会成员都能够维持其基本尊严和基本生活。作为狭义上的概念，公正和公平有着各自不同的明确含义，公正带有鲜明价值取向，侧重于社会的基本价值取向，而且强调这种价值取向的正当性。公平则具有鲜明的工具性，强调衡量标准的同一个尺度，以规避社会对待中产生双重甚至多重标准①。当前社会救助更多地强调公平价值，在瞄准机制执行当中强调政策执行的准确性与技术工具应用的适当性，即力争以同一个尺度瞄准和识别潜在救助对象，体现的是一种程序正义和过程公平。但从根源上讲这种工具性公平理念的价值导向和实践效果离不开对公平尺度的把握，而涉及尺度把握则需要考量公正，即执行公平的前提是确立公正的价值取向，确保尺度具有正当性。

社会救助在严格执行制度进行精确瞄准，降低瞄准偏差，将公共资源精准投向目标群体，还需要从社会福祉角度审视通过公平地实施瞄准能否增进社会整体福祉水平，通过精准匹配救助对象能够产生帕累托最优，能够不损害其他社会成员福祉需求，同时增加社会整体福祉供给能力。因此，社会救助瞄准机制价值理念更多是体现一种公正理念，制度层面则是贯彻公平理念

---

① 吴忠民. 社会公正论（上卷）[M]. 济南：山东人民出版社，2012：113－118.

以及引申出更具工具性意义的实践型理念，例如当前适用的补缺型和维持型理念等。社会救助理念滞后同样包括两个层面的理论建构。

一个层面是对社会救助理念认知的不平衡，即资源配置侧重于制度执行的过程公平，即通过程序正义实现社会公正的基本价值取向。将维护平等公平的生存权利与促进社会公正简单片面联系起来，而社会公正实际上是由普惠性公正和差异性公正构成的有机整体。在现代社会和市场经济条件下，社会公正的具体实践主要包括两个方面的普遍利益需求和基本价值取向，即追求人的尊严基本生存底线的平等对待和追求人的多样化需求的自由发展①。第二个层面是对社会救助理念认知的不充分。马克思指出，关于永恒公平的观念不仅因时因地而变，甚至也因人而异②。恩格斯进一步说明，社会公正的观念本身是一种历史的产物，这一观念的形成，需要一定的历史条件，而这种历史条件本身又以长期的以往的历史为前提。现代生产力的发展为保障人的尊严和与生俱来的平等权利提供了现实可能性。作为人，每个社会成员不仅生而平等，而且生而不同，市场经济的竞争性以及资源配置的高效性，使得整个社会的自由流动空间得以空前扩展，进而使得社会成员多样化自主选择不但成为现实，也成为一种不断累积扩张的需求。

因此社会救助的根本理念包括三个维度：其一是尊重部分社会成员（个体）公平，依托经济社会发展水平以及未来预期来维护贫困人员的尊严和生存权利，同时根据生产力发展拓展和满足日益丰富的公平权利诉求和基本生活需求，即体现生产力发展根本导向和历史发展趋势走向。其二是部分社会成员（贫困人员）基本的自由发展问题。贫困人员多样化的需求和个体化的差异，以及多样化的自由发展空间也需要得到保护，贫困成员的发展潜力也需要得到充分开发，并随着社会发展水准的不断提升而可以得到更多的包容和保护。对于有发展潜力和发展愿望的贫困人员，体现社会公正和救助公平的做法不仅是维持其基本生存尊严，也需要尊重和为他们创造基本的发展平台，促进和拓展贫困人员自由。其三是从社会整体福祉角度，社会救助不仅关注贫困人员当下生存需要，也需要兼顾制度可持续性与社会整体福祉增进。既需要关注公平导向和尊重社会成员的基本生存权利，也需要统筹效率在供

---

① 吴忠民. 普惠性公正与差异性公正的平衡发展逻辑 [J]. 中国社会科学，2017（9）.
② 《马克思恩格斯选集》第 3 卷 [M]. 北京：人民出版社，2012，261、484-485、480.

给总量规模上做大"蛋糕"，从根本上为再分配提供稳定可持续的资源供给支持。因此，社会救助理念公平与效率并行不悖相互兼容。特别是在政府加大政策支持和资源倾斜，救助标准和救助水平不断提高的背景下，国家意图强化于政策能力提升，以及在社会权利意识增强的推动下，社会成员福祉预期相比过去有着更高期待，需要合理引导福祉预期塑造更加积极健康的福祉观念。贫困人员在关注自身基本权利保障的同时，努力降低初始资源禀赋差异和市场随机性带来的不确定性风险损失，提升社会经济参与和福祉生产的能力和信心。

兼具公平与效率的社会救助理念统一于对社会公平公正的全面辩证认识。社会公平是历史的有条件的，并且是因人而异，甚至在不同的生命阶段周期对公平的认知和需要也不尽相同。社会公正则是既包括国家主导干预的普惠性公正，也不可缺少社会成员对差异性公正的向往与追求。国家根据国情和发展阶段采取适宜的福祉政策，满足社会成员对于社会福祉的一般性需求，保障社会成员基础性平等权利和基本生产条件。因此从普惠性公正的角度出发，这种国家主导的福祉供给预期是处于兜底保障地位并且是稳健可持续的，不太会产生异质化、波动明显的福祉供给。在给定的经济水准条件下，民众福祉期望有时包含一些"理想"成分，在特定条件下的攀升速度和幅度远远高于普惠性公正的现实基础，即国家的经济实力和财政收入的增长速度和幅度①。尽管经济社会发展的福祉溢出效应与福祉政策的光环效应等客观上容易拉升居民福祉预期，但对于差异化多样化的福祉需求和追求主要是通过社会成员付出必要的成本和努力获取。从差异性公正角度出发，国家保障的是基本的自由发展。通过激发社会活力和创造力，促进形成丰富多彩充满张力的社会，同时给人的个体化发展以希望和前景。尊重社会成员福祉需求差异，为其创造公平的发展机会和体现具体贡献差别的初次分配。

当前，社会救助理念相对侧重于普惠性公正，对差异性公正支持干预比较匮乏。即更加重视对贫困人员提供政府主导的基本生存条件保障，注重维护其平等的生存权利。具体在实践中建立瞄准识别机制，依据基本生活需要确立救助标准，通过对家庭人均收入的核对予以补差。即政府干预的出发点

---

① 吴忠民. 普惠性公正与差异性公正的平衡发展逻辑 [J]. 中国社会科学, 2017 (9).

和归宿是为家庭人均收入处于基本生活标准以下的贫困人员提供救助，以帮助他们获取均等化无差别的标准收入，忽视了差异性公平的政策干预，这样就容易导致激励不足和福祉预期欠缺理性，一方面救助对象追求发展的积极性受到影响，另一方面则是具有一定发展潜力和自立愿望的救助对象因相对应的激励和针对性支持不足，而将自身福祉提升的美好愿望过多地寄托于外来的福利输送上面。差异性公正在社会救助领域主要是帮助和支持救助对象培养自我选择的意愿并且能够获取相应的生存和发展的机会，支持救助对象通过自身努力和提高获取差异性多样化的生存和发展空间，以谋求和实现差异化相对更高水平的福祉。

因此，面对贫困人员资本匮乏、可行性能力短缺、向上流动存在诸多干扰障碍等脆弱性因素，社会救助还需要为贫困人员提供物质生存需要之外的服务支持和制度保护，为其能够自立发展创造公平环境和支持体系。例如消除就业市场的不公正歧视，为有劳动能力的贫困人员提供技能培训等针对性服务，这是社会救助的工作重点，同时也是公共救助资源再分配的着力点。引导福祉预期的关键是激发社会成员自身的活力和创造性，这样既有利于自身福祉增进，也有利于在整体上提高普惠性公正的福祉供应能力。具体到社会救助理念的实践层面而言，当前社会救助制度理念相对落后于经济社会发展变化，主要仍以补缺型和收入维持型理念为主，补缺型救助理念的产生和发展一方面是基于中国经济社会发展条件和水平，需要救助力度和救助规模与经济社会发展水平相适应。在财力相对有限的情况下，选择普惠型理念则会带来支出负担过重，制度难以可持续发展的问题。另一方面，则是因为家庭在传统福利供给体系中发挥着重要作用，在家庭规模较大、家庭结构稳定、人口老龄化水平较低以及传统家庭观念未受到强烈冲击等情况下，这种理念具备适宜的生存和发展条件。收入维持型理念则是主要针对城市下岗工人等失业群体收入中断等情况，收入匮乏在各种贫困现象中的特征相对比较明显，也相对容易发现和测量，但是会产生三个问题，第一是仅仅依靠收入能否全部准确识别主要的贫困类型，第二是只通过收入扶持能否真正维持贫困家庭的最低生活需要，第三是这种维持型收入扶持模式是否可持续，能否实现反贫困和兜底保障功能。

显然，目前把家庭收入作为瞄准依据，将收入补差作为主要救助手段，导致社会救助覆盖面比较窄，救助功能也比较单一。近年来中国城乡低保救助规模连年下降，尽管这与中国经济社会发展水平不断提高，以及政府对民生事业投入力度加大有关，特别是在国家精准扶贫精准脱贫战略下，贫困家庭和个人得到了各项优惠政策和经济扶持，实现了家庭脱贫。但另外一个重要原因在于社会救助范围相对狭窄，一些贫困类型家庭被排除在制度门槛之外。中国社会救助制度的目标是实现应保尽保、应救尽救，但是"保"的规模和"救"的范围是需要突出社会救助的价值理念和目标导向，符合和适应政治经济文化发展对其的合理定位，能够积极回应社会公众的期待和困难群体的需求。

从理论上讲，社会救助是一项基础的社会政策和制度安排，它有着悠久的历史并在国家发展进程中发挥着兜底作用，尽管西方国家对社会救助是基于效率层面的考虑，但对其兜底的功能仍然十分重视，而且调整社会救助制度使其适应经济社会变化本身也是制度发展的内在动力和外部需要。所以，不能简单地认为社会救助的保障人数越少越好，保障规模下降除了因经济社会发展使得绝对贫困现象减少外，还需要进一步对其救助效果和对社会问题的干预治理进行全面评估。一方面社会保障体系是现代市场化国家发展的重要制度安排和治理工具，社会救助作为社会保障体系的重要部分，在整个体系中起着兜底作用。特别是在转型期和风险社会，社会救助作为最后一道安全网的作用更加突出。但是，近年来最低生活保障人数和受助率持续下滑，部分贫困边缘人群的生活处于困境之中，面临掉入社会安全网以下的风险①。例如，最低生活保障对象持续下滑，城镇低保对象从最高点 2348 万人下降到 2019 年 11 月的 872.8 万人，农村低保对象从最高点 5382 万以上下降到 3460.7 万人②。

因此，社会救助需要保持长期可持续发展，救助范围需要保持一定适度规模，保障对象越来越少，从侧面可以反映社会救助的理念、目标和功能需要调整，可以将更多的贫困类型纳入制度保障范围，除了贫困问题，也可以关注影响经济社会发展的主要社会问题，在维持生存功能的同时，也可以提升社会救助的经济效应和生产功能。所以，社会救助理念落后，不仅影响社

---

① 杨立雄."一揽子"打包，还是单项分类推进？[J].社会保障评论，2020（2）.
② 民政部.2019 年 11 月民政统计数据。

会救助瞄准机制的实施效果，而且在根本上不利于制度可持续发展。救助理念落后根本上是落后于政治经济社会发展需要，完善瞄准机制首先需要对社会救助的理念进行优化调整。

4.1.1 救助方式比较单一

针对工业社会发展需要和风险治理要求的社会救助以解决收入贫困为主要目标，救助方式主要是以收入补助为主，此时社会救助瞄准机制主要是识别和瞄准因各种工业风险或自身缺乏劳动能力而导致收入中断或收入匮乏的社会群体。相对较快的经济增长、比较年轻的人口结构和稳定的劳动力市场为收入补助型社会救助提供了客观环境和条件支持。然而，这种维持型的收入补助得以持续发展既需要经济保持一定的增长速度，为救助支出提供物质基础，也需要救助群体保障适度规模，使得支出能够在经济社会可承受范围内，同时还要满足社会救助解决和面临的主要社会问题，即收入贫困问题，其他社会问题可以通过收入扶持解决，并不影响经济社会发展。显然，这种比较单一的救助模式适应于工业化社会快速发展阶段，但对于当前更多面临"新社会风险"，经济步入"新常态"和处于社会转型期的中国来说，这种模式既不利于实现社会救助的反贫困和兜底保障目标，也与当下和未来一定时期内的经济社会发展情况和需要不相适应。当前社会救助面临的一个问题是如何实现可持续发展。因为面临经济增长趋稳，财政收入增速下降的背景下，因保障水平和社会救助功能要求的提高，救助规模需要适当扩充，依靠收入补助等维持型救助政策需要考量制度的可持续性。社会救助的兜底在此时不仅除了需要民生兜底，也需要发挥制度的生产和效率功能为经济发展兜底，这样既有利于调整社会救助支出水平和优化支出结构，也为经济发展提升人力资本。例如，人口老龄化带来的老年贫困增加，除收入扶持，在家庭核心化、生活距离半径增加的情况下，维持生活也需要考虑照料经济需要和相关社会服务供给。具有劳动能力的救助群体通过相关就业服务促使其重返劳动力市场，形成与经济良性互动关系。如今社会救助跟以往任何一个历史时期相比，更加具有与经济社会文化深度融合和复合型的发展诉求，只针对收入贫困进行比较单一的收入补助，从发展型社会政策角度看，缺乏对贫困的预防和上游干预，不利于实现持久有效的反贫困目标，瞄准机制只针对收入贫困，给予收入补差也将因其他风险导致生活发展难以持续的贫困家庭排除在外，大大削弱了社会救助的兜底功能。

4.1.2　缺乏生命历程周期视角

生命周期理论指在现代社会中一个人从出生到死亡的全部生命历程中所经历的具有明显不同的经济和社会特征阶段。例如，按照年龄可以划分为儿童期、成年期和老年期等。基于生命周期的反贫困政策视角在人生命的不同阶段是互相联系的，前一阶段的经历会对其后面阶段的经历产生影响。这种关联性主要表现为一些特定阶段的问题会在后一阶段重新出现，或者会影响到其后续阶段的机会。不同的阶段不但有不同的问题和需要，上一阶段的生活质量也对下一阶段有着非常重要的决定作用或影响[①]。例如，如果儿童在贫困家庭中长大，其随后的受教育机会、学业表现以及营养状况等都会受到负面影响，导致他们进入成年后更容易出现失业、就业困难或者健康问题，从而使得他们在年轻时贫困或收入低成为常态，在老年时更缺乏足够经济能力支持养老而陷入生活困境。所以，反贫困政策需要以不同生命阶段的特定需求为标靶，特别是重视对这些阶段的"上游"干预。所谓的"标准的欧洲社会保障制度"正是以不同生命周期的需要为基础的[②]。普惠型的家庭津贴或儿童福利制度使儿童贫困问题得到了有效缓解，而覆盖绝大多数社会成员的社会保险基本覆盖一些常规性社会风险。

所以，很多欧洲国家中，需要社会救助的贫困人群比例非常低。经合组织国家的积极社会政策同样是基于生命周期理论的政策干预，针对学龄前阶段、上学阶段、进入劳动力市场阶段、退休和老年等不同阶段制定有不同的政策措施和目标。（1）对儿童来说，社会投资是主要的政策目标。保证他们

[①]　A. B. Garcia and J. V. Gruat, (2003), Social Protection: A Life Cycle Continuum Investment for Social Justice, Poverty Reduction and Development, Geneva: Social Protection Sector, ILO.

[②]　C. de Neubourg, J. Castonguay and K. Roelen, Social Safety Nets and Targeted Social Assistance: Lessons from the European Experience, http://www1. worldbank. Org/sp/safetynets/Training_Events/OECD_3 – 05/EU_Briefing_Book. pdf.

有最好的生活起点和公平的机会，特别是要降低儿童贫困。此外，政府还与
雇主合作帮助有工作的父母解决工作和家庭责任之间的矛盾。（2）针对就业
年龄人群，克服就业障碍是主要政策目标，保证他们不被排斥到主流社会之
外。20 世纪 90 年代以来很多国家的社会福利改革是将传统的社会救助改变
为围绕和支持就业的帮助。（3）提高已退休老年人的经济和社会参与率是社
会政策的主要目标[1]。

积极的社会政策以满足人一生不同阶段的需求为目标，更关注通过人力
资本投资将个人的潜能开发到最大，最终成为一个可以实现自我满足需求的
社会成员。让社会政策从反应和补偿型模式转变为发展型模式[2]。贫困有可
能是一个随家庭生命周期而自然演化的过程。例如，一个三口之家又称为核
心家庭，它往往是消耗型的，主要表现在对劳动力时间和空间的剥夺与错
配——使得家庭成员围绕子女的养育，特别是幼年子女初期阶段的养育，进行
分工调整。一方有可能放弃外出务工的机会，甚至专事家务。待度过这一阶段，
才会进入家庭收入激增的阶段。而随着子女教育进入高等阶段，又会进入一个
支出高峰，对家庭收入的吞噬效应也会进一步增大。到子女分家、核心家庭析
出新家庭时，则老年劳动力丧失比较优势，收入水平陷入低谷，甚至毫无收入
流，到了晚景凄凉坐吃山空之境，再赶上大病，就很可能翻不过身了。

4.1.3　风险管理应对不足

后工业化、全球化和人口老龄化不仅导致已有风险增加，更带来新的风
险，而这意味着需要更多再分配资源才能维持原有的社会平等水平，并且社
会阶层的复杂化也会让阶层关系协调的难度大大增加。社会阶层的诉求和利
益也日益多元化，建立在同质性基础上、通过均等化原则实现社会平等的路
径受到挑战，单一的收入再分配的实施效果也越来越有限，技术水平较低的
劳动力、移民和老年人口等构成了主要的弱势群体，社会排斥和社会不平等

---

① OECD，（2005），Expanding Opportunities：How Active Social Policy Can Benefit US All，Paris：OECD.

② M. D，Ercole and A. Salvini，（2003），Towards Sustainable Development：*The Role of Social Protection*，OECD Social，Employment and Migration Working Paper No. 12，Paris：OECD.

的结构发生了变化①。在全球化时代，随着不断增加的经济与社会风险对公民造成日益显著的影响，社会政策也正在发展成为一种管理风险的重要手段②。

作为一项主要的社会政策，社会救助瞄准机制根本上是瞄准在经济社会文化领域中比较突出的经济社会问题，而这些突出的社会问题如果预防和处理不当，则会对经济社会健康发展带来隐患。所以，加强社会救助瞄准机制建设的重要方面则是提升制度对社会风险的预警、识别和处理能力。社会救助制度的兜底保障根本上也是对各种主要或突发的社会风险建立系统化的解决方案。由于中国正处于经济社会的转型期，农村地区通过城镇化等各种途径实现经济社会发展的现代化，而相对发达地区则由工业化社会向信息化、网络化社会迈进，这在根本上决定了会出现新旧社会风险复杂交织的客观情况，而且"新社会风险"逐渐增多并深刻地影响着经济社会方方面面。因此，从风险管理角度看，社会救助的瞄准机制在瞄准收入不足或匮乏的传统社会风险外，也更加重视对"新社会风险"的应对与治理，见表4-1。

表4-1　　　　　　　　传统工业社会风险与"新社会风险"比较

	产生背景	主要表现	主要对应政策
传统工业社会风险	①经济保持较快增长；②劳动力市场结构单一、同质性强；③低失业率；④人口、家庭结构相对稳定	①失业、老龄化、工伤等引发收入中断；②疾病等带来的意外支出；③风险因素比较单一、集中	①建立以补偿收入损失或匮乏的收入保障机制；②适应工业化大量等质劳动力的劳动力市场结构，建立以社会保险为核心的福利体系
新社会风险	①经济增长趋于平缓；②经济结构更加开放、多元；③劳动力市场分化程度高，非正规就业增多；④低出生率、家庭规模缩小	①女性雇佣扩大引起工作与家庭对立；②劳动力市场两极化，劳动贫困阶层问题；③社会保护相对不足；④儿童、女性和老人福利需求大	①收入扶持之外，重视教育培训，加强对救助者的能力投资；②实施差异化救助，加强对儿童、女性等群体的保护力度；③重视经济政策与社会政策的融合；④实施积极劳动力市场政策

资料来源：Esping – Anderson, Gosta（1999），Social Foundationgs of Postindustrial Economies, Oxford University Press.

---

① 房莉杰. 平等与繁荣能否共存——从福利国家变迁看社会政策的工具性作用 [J]. 社会学研究，2019（3）.

② DeNeubourg, C. and Weigand, C. Social Policyas Social Risk Management. Innovation, 2000, 13（4）.

按照世界银行的风险管理框架，所有的家庭、个人和社区都会面对来自不同方面的风险。这些风险既包括人为的也涵盖自然的。然而，贫困人群不仅更容易遭遇风险，而且风险对他们的负面影响也更为严重，因为他们应对风险的工具非常有限。而且，由于贫困人群不愿意或者缺乏能力选择高风险/高回报的经济活动，导致他们不但难以脱贫，更有甚者其贫困程度会进一步加深。在经济全球化的环境下，消除贫困代价高昂，相比较对贫困的补偿，需要更加重视贫困的预防，因为只有预防贫困才能达到消除贫困的目的。要求对贫困和高风险人群提供事前的收入支持用以鼓励其选择高风险、高回报的经济活动，干预的措施可以根据风险的类型选择不同的工具，从而促使他们逐步摆脱贫困。

积极社会政策的对象不仅是现实的存量贫困者或不幸人士，而且是包括一种增进所有社会成员社会和经济能力的社会资源。政策导向是努力消除或减少那些会使人们陷入不幸或困境的因素，而不是在风险已成事实后再向他们提供生活保障[1]。有效的反贫困政策是不同社会系统包括政府、市场、家庭和非营利组织等共同作用的结果。我们肯定不能直接生搬硬套发达国家的有关做法，但其背后的理念对中国制定反贫困政策具有重要借鉴意义。随着中国改革不断深化，社会问题呈现出密集爆发的特征。不仅需要政府和社会应对全球化环境下的发展问题，也同时需要解决更为迫切的转型问题。发达国家新的社会政策着眼于应对全球化对国内经济和社会福利制度的挑战，从国家中长期发展战略的角度出发。比如以投资人力资本为核心，将国家、家庭以及个人等不同层面的目标和利益有机结合起来，最后形成通过帮助个人来帮助国家的政策机制。中国当前社会政策领域同样需要这样一个中长期战略视角，避免陷入"政策衍生问题"的怪圈。社会风险管理理论注重消除或减少易使人们陷入贫困的原因，主张反贫困政策以增加贫困和低收入群体抵御风险的能力为目标，这对完善社会救助政策体系具有直接意义。

社会救助主要的政策目标包括缓贫纾困和救急难两个方面，然而产生贫困、陷入困境和发生急难的原因是多方面复合、多因素交叉和历程性嬗变的，需要加强源头治理、合作治理和风险治理，因此提升社会救助政策效果需要

---

[1] M. d'Ercole and A. Salvini. *Towards Sustainable Development*：*The Role of Social Protection*. Paris：OECD，2002.

完善对象识别和瞄准机制。中国当前社会救助制度只针对陷入绝对收入贫困的家庭，这一政策瞄准定位的一个明显局限是不能阻断贫困的发生。特别对于处于贫困边缘的家庭，由于他们极其薄弱的风险抵御能力，任何微小的家庭生活事件都有可能使其陷入贫困境地。近年来，脱贫人口返贫率高对农村贫困治理是一个不小的挑战，尽管将贫困家庭收入提高到了贫困线以上，但他们的抵御风险的主要能力和基础条件可能尚没有完全得到持续性、巩固性地改善或提升。因此，遵循风险管理以及积极社会政策的理念视角，在社会救助和反贫困策略上，不仅对当下的收入贫困人口可以提供有针对性的系统帮扶，同时可以为边缘贫困人口提供一定帮助，也增加了他们的抵御风险的能力（见表4-1）。

4.2　治理结构水平

学者主要是把主体、性质、目标、关系和过程等维度作为出发点，通过对现代社会治理模式与传统社会管理模式进行比较来揭示"治理"的本质内涵。外国学者认为，治理包括国家、市场和社会之间的关系模式及其结构，权力的行使过程和其信念等。有中国学者认为，社会治理强调"多元的、互动的、参与的、透明的、法治的"治理方式[①]，是民主、合作与协商的过程。从社会管理到社会治理本质上是从单向指令再到双向互动的过程，由政府动员式的参与到平等、共治、伙伴式的参与。也有学者认为，治理是着眼于现代国家的能力建设，强调标本兼治，与强制维稳式的管理和工具性的创新社会管理不同，治理关系则强调多方参与、协商合作。从国内外的实践总结看，一个理想、成熟的治理体系，可以以法治理念为根本性行动依据，以社会公正为整体性行动导向，实现整个治理过程民主、开放和透明，构建起平等协商、合作共治的主体关系。

党的十九大报告提出打造共建共治共享的社会治理格局。加强社会治理制度建设，完善党委领导、政府负责、社会协同、公众参与、法治保障的社

---

① 李强. 怎样理解"创新社会治理体制"[J]. 毛泽东邓小平理论研究，2014（7）.

会治理体制，提高社会治理社会化、法治化、智能化、专业化水平。当前社会救助特别是瞄准机制运行的治理理念、治理方式和治理水平尚不能完全适应于经济社会快速转型期的变化和实际，尚不能完全契合社会贫困弱势群体多层次的发展需要和美好生活期待。主要表现在科层制的行政管理色彩较浓，社会参与渠道还未充分有效开发利用，瞄准主体对象更多地视为客体被动卷入，尚未有效发挥救助对象的主体作用，主要是单向型制度嵌入和执行运作而互动性的治理协同较少。瞄准透视的价值理念仍主要是行政思维和科层理念，人文关怀和兜底使命公平意识比较欠缺。治理工具偏重于工具治理，基于"互联网＋"和大数据的家庭信息核对平台建设趋于完善，技术治理手段不断加强，在有利于提高瞄准精度和质量的同时，也将一部分基于地方性知识和家庭情境而纳入救助对象的这部分群体，因瞄准依据为收入型贫困而排除在救助资格之外，而其他同样作为弱势群体面临生存困境却因制度包容性不足而未能得到适当兜底保障。所以，在技术治理不断进步的同时，对之前附带于制度保护的其他类型贫困家庭也需要通过治理体系的延展和包容来获取基本的生活发展资源。当前瞄准治理很重要的一个方面是，由于治理体系的开放性和多方参与不足，面对贫困群体的多种兜底保障需要存在供给水平和供给能力整体性和结构化相对短缺，治理的精细化程度和与兜底需求的耦合度不高，例如针对残障贫困家庭的康复服务、心理疏导、能力提升和职业指导等方面的服务供给不足。

瞄准治理讲究的不仅是精度还同时包括效度，包括"质"和"量"的辩证统一，二者统一于瞄准治理机制的体系构建和运行全过程，需要实现对贫困群体"量"的全覆盖，在兜底目标下纳入更加多样性的贫困类型，为弱势群体搭建兜底扶助体系。同时需要"质"的提升，通过多层次多样化的一揽子救助计划，实现物质帮扶和服务给付相结合以实现精准有效供给，满足贫困群体不同结构不同类型的脱贫发展需求。实现瞄准治理机制"质"和"量"的协调并进，根本上在于提升瞄准机制的治理水平。除了以社会协同扩展社会参与，以多方参与推动专业水平，瞄准治理的法治化和智能化需要进一步补齐"短板"。通过社会救助立法带动瞄准机制运行的规范化程度提高，同时可以从国家意志和法理角度明确社会救助的基本价值理念，在根本上为瞄准机制治理水平提升确立根本遵循和路径方向。在此前提下，通过运用新技术、新手段提升智能化水平，增强技术治理能力不断提升治理效率，合理引导和利用基层情境因素规避乡土人情和精英控制偏误干扰，最终实现瞄准机制治理水平提升，社会救助兜底保障功能充分有效发挥。

4.2.1　统筹层次低

由于科层制的存在以及政府职能权限，社会救助统筹层次较低，不利于政府公共资源充分整合和高效利用，一些先进治理手段共享共建和相关数据信息交换受到制约。例如在市级层面，各区县主要承担本地区的社会救助日常管理工作。但在城市社区，贫困家庭人员人户分离的情况比较多见，按照户籍属地管理办法，给低保户的日常管理带来一定困难。如果按照常住地予以管理，因低保家庭流动居住较多，也难以准确把握居住时间等细节，而且由于采取多级财政共担模式，在低保家庭身份和待遇转移方面实践中并不十分通畅。由于低保家庭特别是有一定劳动能力或发展潜力的家庭收入等变动可能性较大，需要保持及时跟踪了解，而且在当前技术治理尚不充分的条件下，社区走访、邻里了解等途径对有效减少瞄准偏差仍然起到重要作用。中国社会救助长期以来主要是依靠政府政策和通知文件逐步推开，制度设计一开始也是由各地先行先试，摸索出较为成熟的经验和做法再审慎推广，强调地方管理主体责任并给予较大自由裁量权。制度统筹层次低，管理成本高，各地由于经济发展水平各异以及政府决策偏好等因素，导致各地政策特别是救助标准和范围存在明显差异。不同地区救助项目、资格认定、救助对象范围、管理水平等也千差万别，地区公平性问题突出。同时由于地方裁量权过大，信息不对称导致外部监管滞后，为腐败提供寻租空间，制度碎片化、封闭性、衔接问题突出。另外，社会救助制度衔接需要更加有序高效，城乡之间、区域之间救助信息应实现互享互通。伴随着城乡一体化进程加速，城乡户籍制度改革实施和城乡公共服务均等化发展，社会救助作为一项准公共产品的外部溢出效应可以为城乡统筹发展提供良好土壤和外部环境。

4.2.2　社会力量参与不足

《社会救助暂行办法》已经明确规定，国家鼓励单位和个人等社会力量通过捐赠、设立帮扶项目、创办服务机构、提供志愿服务等方式参与社会救助。未来需要大力培育社会救助民间资源,增强社会救助的"社会性",实现社会救助的专业化。政府在社会救助始终具有核心和基础地位,主要在战略规划、制度建设、财政支持、人才培养、统筹协调等方面发挥主导作用。但是政府主导并不意味着政府需要一味地大包大揽,这不符合社会救助历史经验和发展规律,也不利于制度更加公平可持续发展。应该通过政府购买服务,市场和社会适度介入的方式来实现,特别是在资源筹集与服务购买方面需要充分利用市场机制和社会资源。从国际经验看,社会救助逐步向"国家+市场"责任和"国家+市场+社会"责任过渡是发达国家社会福利改革的主流趋势。中国社会救助的发展需要在强调充分发挥政府主导作用的同时,建立责任共担、信息共享、资源共筹机制,需要积极运用市场和社会力量,充分调动多方积极性。由于社会救助服务的综合性和专业性,特别是在救助理念更为积极主动,救助措施更加综合全面的发展趋势下,需要具有专业素养和人文关怀的社会人士和专业人才参与。因此资源有效整合利用,搭建救助社会化合作平台,实现政府与社会、组织与个人良性互动,对于社会救助可持续发展意义重大。特别是基于社会组织和社区为依托开展的志愿服务、社区服务,为不同人员提供不同类型的社会救助服务,构建起社会救助基层服务网络。

4.2.3 法律保护尚不完善

《宪法》规定中华人民共和国公民在年老、疾病或者丧失劳动能力的情况下,有从国家和社会获得物质帮助的权利。这是中国实行社会救助的法理基础。但长期以来社会救助一开始不是建立在成型的制度或法律之上,国家和政府在社会救助中的法律义务和责任尚未定型①。社会救助作为最具基础意义,体现民生兜底的制度安排,承担着缓解甚至消除城乡居民生存窘境的道义责任,决定着社会底线公正,尤其需要尽快步入法制化轨道,法制保障应该逐步成为社会救助基石,依法依规救助需要成为基本遵循。当前社会救

---

① 谢增毅. 中国社会救助制度:问题、趋势与立法完善 [J]. 社会科学,2014 (12).

助法规体系主要呈现"一主多辅"的结构体系,以 2014 年国务院颁布的《社会救助暂行办法》为主体,民政等相关部门、地方政府等通知文件为补充,《社会救助暂行办法》的颁布对推动社会救助规范化、定型化发展具有积极意义,对社会救助制度建立发展来说具有里程碑意义,第一次以行政法规形式规定了社会救助制度体系的具体内容,为规范社会救助事务提供了法律依据①。由于社会救助近年来发展迅速,救助项目和政府财力投入不断增加,在保障贫困人群基本生活和维护社会成员基本生存权利方面,更加受到政府和社会的重视和关注,在精准扶贫场域,社会救助更是被赋予兜底保障的制度角色,支出型贫困、低收入家庭等也被纳入社会救助范围,相对贫困与社会救助的理论与实践问题也日益引发政策关注,等等。面对社会治理能力体系和治理能力现代化的要求,以及社会救助面临的新形势、新任务,社会救助治理能力和治理体系亟须进一步完善和提升,首先则是进一步完善和加强社会救助立法建设,以高质量立法推动社会救助事业公平可持续发展。

《社会救助暂行办法》在推动制度定型和框架建立方面具有积极作用,但问题导向来看实践效果还有待提升,一是办法可操作性差。由于社会救助项目多,各项目属性不同,针对的人群和提供的救助存在明显差别,且分属于不同的部门管理,尽管办法对社会救助做了详细而具体的规定,然而,相对于众多的救助项目、分割的部门管理以及复杂的执行情境,办法的条文数量和明细程度还尚不能够满足管理和实践需要。作为一项涉及几千万贫困人群的兜底保障制度,制度设计复杂,管理业务繁杂,需要详细且具可操作性的法律条款加以规定②。由于比较多的原则性规定,对社会救助充分性、公平性发展的激励与约束作用不足,导致社会救助在项目之间、地区之间、城乡之间存在发展不充分、不平衡的矛盾,保障标准地区差距拉大,操作办法和执行程序碎片化明显,社会救助治理结构和运行机制各地也不尽相同。更有甚者,作为维护社会公平正义的最后一道防线的兜底性制度安排,由于缺乏层阶高、操作性强的法律规制,公民的社会救助权利有意无意被忽视,管

---

① 民政部系统部署《社会救助暂行办法》贯彻实施工作 [J]. 中国应急管理, 2014 (3).
② 杨立雄."一揽子"打包,还是单项分类推进? [J]. 社会保障评论, 2020 (2).

理部门制定不合理条件将穷人排除于外①。二是办法执行中的管理问题和不公平现象日益突出。随着社会救助项目的增多，社会救助管理问题开始显现，部门分割、制度分割等问题日益受到关注②，如何做好制度衔接和资源统筹成为社会救助改革的关键问题。同时，由于社会救助项目的规定条款过少且较粗，难以保障所有困难群众基本生活的安全网，部分群体面临掉入社会安全网以下的风险③，漏保漏助直接影响社会救助兜底功能。同时，由于《社会救助暂行办法》内容相对简单，制度欠缺细化，为让政策落地以适应地方场域，各地在执行过程中根据地方经济社会情况和治理结构能力水平，运用自由裁量对社会救助政策的救助对象、救助标准和救助程序进行再细化等适应性调整，造成各地执行标准宽严不一，基层执行人员不规范行为普遍存在，特别是诸如"关系保""人情保"等违规现象，对社会救助公平性、精准性、有效性产生不利影响。缺少高层阶法律的强制性约束，以及相关办法条文的模糊性，容易导致在实践中责任主体不够清晰，区域发展不均衡、公平性较差，经办人员寻租成本较低，容易滋生腐败等问题。

综上所述，社会救助立法一方面受到治理公平效能提升和民生保障需求的拉力，另一方面也受到实践问题驱动的推力，也迫切需要消解因规制不足、标准不严、层次不清带来的张力，因此社会救助立法时机比较成熟，社会救助法成为社会保障立法中最简单明了、最少争议的一部法律④。因此建议以问题和实践为导向，立足于社会救助实践迫切需要解决的问题，着眼于2020年后扶贫时代社会救助转型与兜底需要，以社会救助分类立法的思路，整合现有政策建立基本生活保护制度，推进基本生活保护立法，充分考虑社会救助制度与其他社会保障制度的纵向联系，将对应的救助项目纳入相关的社会保障制度的立法中，从国外经验来看，多数国家的社会救助立法也集中于基本生活立法⑤。同时，进一步优化和理顺社会救助管理体制，加强部门对接和管理流程规范化标准化，明确救助对象、内容、方式、救助标准和申请、

---

① 杨立雄. 社会保障：权利还是恩赐——从历史角度的分析［J］. 财政科学，2003（4）.

② 王磊. 社会救助制度中的城乡统筹问题——以辽宁省为例［J］. 理论探索，2010（4）.

③⑤ 杨立雄. "一揽子"打包，还是单项分类推进？——社会救助立法的路径选择［J］. 社会保障评论，2020（2）.

④ 唐钧. 曲线救国的《社会救助暂行办法》［J］. 中国人力资源社会保障，2014（4）.

审核、调整和监管程序，明确合理划分中央和地方的财政负担①。

4.2.4　社会救助角色尚不明晰

无论是传统社会救助还是发展型社会政策视角下的社会救助，首要之义在于维持当下生存与实现未来自立发展。维持生存所需主要以现金或以实物形式提供必需食品和必需生活支出，实现自立发展则主要是通过提供社会服务和信息等，例如就业促进服务和信息介绍等。对于社会救助的经济促进、社会稳定功能则是基本功能目标外的间接效应和相互联系。换句话讲，实现社会救助的基本功能目标会顺理成章地推动形成与经济社会文化相互协调发展的关系。但当前，社会救助扮演的角色过多，不但担起民生最后一道防线的责任，还做起了"和事老""消防员"，很多基层治理组织利用社会救助作为维稳、消除社区不安定因素的"挡箭牌"，加之主观自由裁量过大直接加剧了瞄准偏差的产生，而且"人情保""关系保"等将社会救助作为一种"礼物"代表着情义关系进行交换和利益输送，这使得社会救助在某种意义上成为一种政绩工具或个人资源。从中国社会保障体系来看，存在着一种"年轮效应"，实际上形成一种福利叠加，通过政府持续加大投入和提高保障水平而得以不断强化，例如形成以城镇职工缴费为前提的社会保险制度，具有稳定劳动关系能够履行缴费义务的社会人员可以获得内容丰富、水平较高的福利保障。而作为城乡社会救助对象，由于难以依靠自身满足制度缴费门槛，因此被排除在制度红利之外，因未完全履行缴费义务则不能享受养老金保障，因此对于贫困家庭来说，领取救助金不仅需要照顾眼下生活所需，还寄希望于通过社会救助为养老提供一份保障。产生这两方面问题的原因在于，其一是基层经办体系不够健全，缺乏长效实时监督机制，通过大数据比对等事后抽查和监督尚不能形成事前约束，经办人员的业务素质、责任观念和道德意识需要提升。在技术偏差、目标偏差等本已存在的情况下，未严格规范执行将进一步加剧社会救助瞄准偏差。其二是针对贫困家庭和个人的公共福利输送和社会保护体系尚不完善。社会救助成为贫困家庭的主要依靠，承担

---

① 林嘉，陈文涛. 论社会救助法的价值功能及其制度构建［J］. 江西社会科学，2013（2）.

着生活维持、养老支持、自力发展、家庭延续等多重功能。而且随着人口老龄化深入，贫困老年人口日益增多，基于一般家庭最低生活所需的救助标准不足以应对贫困老年人的养老经济需求。

除了福祉输送能够保障贫困人员的基本生活，提升贫困人员的发展愿望和发展能力外，当前实践中社会救助也在基层治理中扮演着十分重要的角色，甚至在一些地方成为一种"维稳"的工具手段，存在着不是因为家庭收入匮乏而是利用频繁或越级上访、"闹保"违规获取社会救助。这不仅是因为"上有政策、下有对策"，基层经办人员的道德风险导致政策执行出现瞄准偏差①。本身社会救助作为民生最后一道"安全阀"，起着兜底性的"稳定器"和"减震阀"的作用，维护基层稳定和确保基层治理有效运转也是其政策目标之一。然而，如果把社会救助资格标准与基层治理因素交织在一起，错误地将社会救助简单异化为处理基层矛盾纠纷的工具，这在某种程度上是将基层社会治理成本转嫁到社会救助等公共再分配政策上来，可能会影响社会救助政策的瞄准质量。

4.3 科层制与技术治理限度

技术治理是社会救助瞄准机制治理体系的一个重要方面，在研究分析瞄准偏差的文献中已经形成了技术视角。认为技术手段和瞄准工具对瞄准效果产生了十分重要的影响，甚至是不可替代的关键因素。事实上，技术治理强化主要是保障维护瞄准的过程公平，通过加强和改善瞄准技术能够提升瞄准效率，但对于最终瞄准结果的实现仅依靠技术工具治理恐难以完成。在社会救助领域，技术工具治理需要遵从各种理性准则的权衡，基层政府理性权衡的准则是价值型关系理性优先于科层理性，而科层理性优先于工具型关系理性②。当前很多研究聚焦于瞄准技术治理的多种现实制约和困难，例如家庭

---

① 胡思洋. 最低生活保障制度的功能定位、实践错位及政策优化 [J]. 公共行政评论, 2017 (3).

② 殷浩栋，汪三贵，郭子豪. 精准扶贫与基层治理理性——对于 A 省 D 县扶贫项目库建设的解构 [J]. 社会学研究, 2017 (6).

收入难以核算、隐性收入难以发现、财产收入瞒报虚报、收入变动掌握不及时等技术性难题，但通过解剖麻雀式的案例研究和参与式观察、深度访谈进行的质性研究发现，基层环境场域和乡土人情，以及科层制整体性治理要求与基层多项多维度治理诉求等等，相比技术落地的复杂性要求，更容易直接干预和影响瞄准治理质量。尽管在党政机关等权力体系中科层化治理显示出了权责清晰、规范统一和简洁高效的相对优势，但在基层社会中则暴露出力不从心的弱点，非人格化的科层管理因无视治理的便利和情感基础往往导致治理紧张①。

4.3.1 技术治理及其限度

从表面上看，社会救助瞄准机制的工具技术在基层实践中未能得到有力的利用，而且很大程度上展示了其对规范基层瞄准治理的效力，但终究其深层机理，本质是未纳入基层情境考量和缺乏与其他治理条件因素配套的技术治理一旦进入到基层惯性和吸纳能力很强的场域之中，便会遭遇不适应而产生变通甚至变形。技术治理实际包括两重意涵，一种是指对技术的治理，另一种是以技术进行治理。后一种是通常的理解，意指把技术工具手段作为治理的方式和途径媒介，这种意义上主要是通过强调技术运用的先进性和合理性，突出强化技术手段在治理中的作用功能。在当前社会救助瞄准机制的技术治理视角中，分析瞄准偏差则是主要从这个维度出发，认为技术运用不当或者不彻底，抑或更为先进的技术工具未能有效投入应用，而提高瞄准治理水平关键在于强化瞄准技术，这种观点更倾向于一种"技术工具本体论"。全方面来讲，技术在瞄准治理的过程中既作为主体媒介发挥了重要作用，同时也作为客体需要充分考虑技术对治理环境和治理目标的良好包容性和适应性，因此也需要对技术进行治理。如前文所述，当前瞄准技术治理困境的突破和解决，不仅仅认为是技术运用不够而一味强调加强技术执行力度，甚至更重要的是结合基层情境对技术工具本身进行审视，在技术工具的技术性之外嵌入瞄准治理价值理念以及基层情境因素。不同于自然科学领域的纯技术

---

① 申建林. 高效能治理的逻辑、困境与出路［J］. 人民论坛，2020（20）.

环境，人文社会的面向和复杂系统性，特别是发展不充分、不平衡的国情和包罗万象的基层实际，社会救助瞄准机制的技术治理需要谨慎地对待技术工具的选择和应用，以减少技术执行环节的变通和不适应。

大数据是信息化发展的新阶段。随着信息技术和人类生产生活交汇融合，互联网快速普及，全球数据呈现爆发增长、海量集聚的特点，对经济发展、社会治理、国家管理、居民生活都产生了重大影响①。社会救助瞄准的首要技术难题是尽可能地解决信息不对称问题，有效避免和干预道德风险与逆向选择问题。从技术视角看，充分借助互联网"＋"和信息数据集成处理平台建设，利用大数据推动社会救助瞄准技术治理水平。社会救助瞄准技术实践经历了入户走访、手工核对以及专业电子信息化系统比对等阶段，目前已经基本进入对信息化瞄准工具的进一步开发和深度融合利用。因技术革新和快速发展，技术治理路径在完善社会救助瞄准机制，提高瞄准效果方面发挥着更加突出的作用，而大数据开发应用则是技术治理提质升级的关键途径。当前社会救助瞄准治理的大数据运用处于起步阶段但发展快速，利用大数据比对准确排查出执行偏差问题，并有效降低技术性的瞄准误差。技术治理取得良好成效除了技术自身比较成熟和先进外，同时依靠与之相匹配的组织体系、文化导向和环境要求，在根本上驱动社会救助瞄准大数据运用的核心因素是其政策的制定者与具体实践者。作为一项公共政策领域的治理创新与技术变革，需要建立激发内生动力和发挥外在力量作用的协同治理机制。当前社会救助瞄准领域的大数据应用面临科层制行政组织体系和条块分割的垂直管理，大数据收集、整理和分析应用受到职权划分和职能分割，尚未实现充分整合以及提高统筹层次，一定程度上存在着"信息孤岛"现象。这种快速变革的治理工具创新引发行政思维观念突破和经办流程调整优化，对政策制定者以及具体经办人员的业务素质能力提升也提出了更高要求。

4.3.2 情感治理及其价值

精准高效地识别社会救助对象，所需建立的瞄准机制本质上也是一种复

---

① 习近平：实施国家大数据战略加快建设数字中国 [EB/OL]. http：//politics. people. com. cn/ n1/2017/1209/c1001 – 29696291. html. 人民网，2017 – 12 – 9.

合治理过程，这根本上是由社会救助的价值和目标所决定的。社会救助不单是一项再分配政策，而且体现了政府的道义责任和社会文明程度，人文关怀、社会整合以及核心价值观的培育也是其应有之功能。因此，在社会救助对象识别乃至整个救助过程中，不仅是一种科层制非人格化的机械式治理，而且是需要充分互动、积极交流的能动式、参与式治理。根据木桶理论，社会救助可谓是木桶的一块重要"短板"，只有补齐"短板"，才能夯实民生保障事业"大厦"之基。同时，社会救助也是增进社会有机团结，促进政府与社会沟通以及不同社会身份群体互动的平台与媒介，只有注入情感元素方能深入人心，进而将客观世界帮扶与主观世界的认识变化结合起来，达到促进阶层流动，消解依赖思想和打破贫困代际传递的目标。

公共管理的现代性发展相对忽视了情感要素的治理功能。提高社会救助精准性，往往较为侧重理性尤其是工具理性，即聚焦如何运用先进的技术工具获取更多信息数据，再利用算法进行精准识别。而对于价值理性的忽视造成社会救助往往陷入被动单一、只救不扶的碎片化、短视化困境，容易产生福利依赖而陷入贫困陷阱。同时，侧重理性而导致情感维度相对缺位，而现实生活中却存在大量情感与政治互相关联的现象，社会救助瞄准过程更不是在纯粹的技术环境下进行，嵌入社会救助整个过程的情境极具地方性、多元化和多面向特征。而且，社会救助对象也不是单一技术治理的"物化"对象，而是需要进行交流互动和情感投入的"社会人"。将理性与感性、情感与制度、思想与技术更好地结合，是改进新时代社会治理的要求，也是推进国家治理体系与治理能力现代化的题中之义①。所以，作为国家民生保障治理体系的重要组成部分，社会救助需要基于经济、社会纽带和共同文化符号的情感场域，通过公共平台以及内嵌为利益协调和集体行动规则的地方价值等治理要素发挥作用，通过情感治理增加社会救助的创造性和文化内涵，有利于提高社会救助对象的精神动力和可持续发展。

数字化技术改变了当代社会的生活、生产方式和权力治理技术，这些改变直接影响到了情感。在数字时代，情感更是容易被数字算法所操纵，后者

---

① 田先红，张庆贺．城市社区中的情感治理：基础、机制及限度 [J]．探索，2019 (6).

可以借助数字监视读懂并且控制人们的思想和情感①。同时，充满悖论的现代性使得现代社会集撕裂式体验与虚实相织的快感于一身，也将现代社会置于全球化与本土化的巨大张力之中。作为民生保障的兜底性制度设计，不能忽视社会救助政策和实施过程当中"人"及其情感的重要维度，在强化制度和技术的同时应更加凸显对"人"及情感的重视。社会救助情感治理的焦点在于柔化国家与社会、家庭的权力结构关系，把"把情感作为治理对象"和"把情感作为治理手段"作为着力维度。在社会救助实践中通过嵌入和内化外源组织的情感支持等进路，积极回应和满足居民情感与需求，重建社会与家庭、社区与家庭以及家庭成员之间关系并增强贫困社会成员的责任感和自立发展能力意识。

社会救助的过程也是向贫困者表达同情情感和贫困者接受同情情感的互动过程，在这个过程中，社会救助对象的同情信誉至关重要，影响着社会救助的实施效果。中国特色情感治理与中国历史文化一脉相承，与革命、改革和建设的国家治理进程相互交织，与社会管制、社会管理和社会治理三阶段演进同步发展，从对情感进行管控，走向依情感的治理，最后回归治理的情感需求本身②。社会救助情感治理最重要的是如何以情感的方式连接国家、社会与家庭。一方面，通过建构地方社会关系、日常生活互动及亲情化帮扶行动获得救助对象的情感接纳，另一方面，经由情感工作技术实现情感动员，培育和塑造救助对象的内生发展动力。贫困现象的复杂性、主体情感能量的消极性以及社会救助所面临的实践困境，彰显出情感治理在社会救助当中的必要性。中国已经迈入相对贫困的治理阶段，应大力转向发展型与积极型社会救助，通过情感治理提高救助对象的内生发展动力，方能进一步巩固和扩大精准脱贫战略成果。

由此，应重新审视、认识、研究贫困居民的情感和情绪问题，借鉴并围绕"以理驭情"和"以情治情"两大治理框架，重点对长期贫困者、刚刚陷

---

① 王鸿宇，蓝江. 数字资本主义时代的情感——从生活到生产，再到权力治理 [J]. 国外理论动态，2021（1）.

② 任文启，顾东辉. 通过社会工作的情感治理：70 年情感治理的历史脉络与现代化转向 [J]. 青海社会科学，2019（6）.

入贫困者和即将脱贫者进行分类治理，同时兼顾一般群众的嫉妒和失衡心理①。社会救助情感治理既是社会救助提高瞄准质量的手段，同时也能够体现出社会救助本身的价值与目标。通过导入情感治理，一方面降低社会救助对象的不适感和可能带来的污名化效应，在更好的氛围和更深入互动的过程中以细致掌握了解申请者的基本生活情况和心理状况，有利于提高瞄准的精准度和融洽度。另一方面，通过深入、持续性的互动可以引起申请者的共鸣，有利于对方更好地理解政策的目标和帮扶的意义，从而提升内生发展动力和自我认知，有效防止福利依赖现象发生。在社会救助过程中纳入情感要素，关注救助对象与基层工作人员、公益社会组织等在救助过程中的情感逻辑，通过将情感纳入社会救助的政策和实践中，弱化主体的消极情感能量，强化其积极情感能量，进而实现情感再生产，形成多元协同的社会救助治理格局。

4.4 执行优化面临挑战

政策目标能否实现，方案确定的功能只占10%，而其余的90%取决于有效的执行②。执行环节是决定社会救助实施效果的关键，执行质量事关社会救助系统健康可持续运行。尽管执行效果并未完全取决于执行这一个环节，决定执行质量的是整个社会救助的瞄准机制，但作为整个瞄准机制的核心环节，其对于实现精确瞄准意义重大。社会救助的执行面临很大的挑战，一方面是来自瞄准机制内部的挑战，即瞄准系统存在内部失灵的情况，另一方面则是外部环境的变化，导致瞄准的靶向、技术和手段未能及时充分有效适应，一定程度上与外部环境和实践存在脱节。社会救助瞄准机制影响执行成效主要是各系统力量分散、方向不一，机制不健全，例如监督、评估机制相对比较欠缺等，同时缺乏具体执行情境考虑，执行资源与执行工作量以及目标任务不相匹配。外部环境影响社会救助瞄准效果主要是体现社会救助体系相对具有滞后性，而经济社会发展则是日新月异，一些新理念、新技术层出不穷，同时也会产生一些新问题、新情况，如果这些新变化未能及时有效地体现到

① 卫小将. 精准扶贫中群众的"求贫"心理与情感治理 [J]. 中国行政管理，2019（7）.
② 丁煌. 政策执行 [J]. 中国行政管理，1991（11）.

社会救助的瞄准机制之中，那么就容易给制度执行带来干扰和影响。中国的社会救助历史悠久，但以城乡最低生活保障制度为核心的社会救助制度体系起步相对较晚，发展历史也不长，所以整体上中国的社会救助体系仍然处于不断地细化和完善之中，目前主要是对以绝对收入贫困为瞄准依据的制度体系进行局部的适应性调整和技术性完善。

尽管在国内一些地方，已经将因病支出型生活贫困纳入救助范围，但只是地方性的先行尝试。整体上中国仍然是以收入扶持型为主的传统救助模式。与之相对应的是，转型期中国经济社会发展变化很快，特别是随着国家对民生领域越来越重视，民生改善和福利发展取得了显著成绩，同时也产生了新的社会问题和民生需求点，例如工作贫困、老年贫困、单亲家庭增多以及支出型贫困等新情况、新问题，都需要对社会救助进行系统优化和重点调整。最大限度地使社会救助的制度和机制能够充分贴近社会现实，透视突出的社会问题，紧跟社会发展脉搏，同时充分吸收和利用发展进步所带来的理念革新、技术工具优化、社会文明程度提高等资源，这样才能从根本上、可持续地改进和提高执行成效。

4.4.1 根本矛盾制约

社会救助执行遭遇困境的根本性矛盾是执行的简约性和效率要求与社会现实的复杂性矛盾。作为一项兜底性的民生制度安排，公平和效率是其内在价值追求和外在制度目标。作为一项准公共产品，既要体现公平同时也要兼备效率，只有通过精确的瞄准机制将政府一定的公共资源投入到最需要帮助的社会困难群体，才能同时实现公平和效率的目标。这种效率既体现在瞄准过程的精准有效，又体现在制度导向和救助目标的有效实现。所以说效率是实现制度公平价值的前提。在社会救助制度瞄准机制的完善过程中，需要更加重视效率的导向和运用，高效精准地识别最困难和最需要帮助的社会群体，同时也需要遵循公平价值，从影响和制约社会公平的角度出发进行识别和瞄准。

4.4.2　瞄准机制操作性不强

瞄准机制不在于设计如何精确和完美，更重要的是在于能够很多地适应具体情境而得到有效落实。当前社会救助瞄准机制操作性不强主要表现在两个方面，一方面瞄准机制缺乏具体的技术手段和配套措施，例如，对于农村家庭纯收入核算十分困难，缺乏相应的核算基础支撑，在实践中经常是通过经验判断、村民评议、投票决定救助对象。任何个体都存在保护自己隐私的动机，因为隐私在一定程度上意味着个体的消极自由①。城市中的隐性就业、隐性收入更是存在道德风险和逆向选择，很难查实核准。另外对于家庭抚养赡养费用，更是难以计算和落实，而且很大一部分家庭也很少能够严格兑现所计算的家庭抚养赡养费用，造成实际上贫穷却因为"计算"而来的收入而排除在救助对象之外，这直接导致"应保未保"的瞄准偏差出现。另一方面，将大量的资源投向社会救助的精准识别方面，例如进行收入核查，与申请者进行信息不对称条件下的博弈，花费了大量的人财物资源，导致瞄准成本在整个社会救助中占比很高，而对救助对象的服务和发展提升方面的帮助则相对精力有限，同时影响了制度的可持续性和救助根本价值导向的实现。

4.4.3　执行力量与需求不匹配

社会救助是民生最后一道"安全网"，其重要性不言而喻。同时因为社会困难群体的脆弱性和贫困特征呈现多面向、多维度和多层次，实际上对执行人员有着很高的要求。在国外的相关国家中，社会救助大多由具有不同专业背景和知识技能的社会工作人员承担相当多的事务，社会救助力量来源广，结构多元，大多具有一定的社会公德意识和人道主义精神，志愿服务和社会力量参与较为普遍。这样无论是从总量上还是结构上都可以更好地考虑和满足贫困者的个性化和多样化需求，从而提高救助效果。而中国当前社会救助

---

① 何哲. 公共治理研究：历史为什么是重要的？[J]. 中国行政管理，2020（6）.

执行力量的投入机制相对仍属于传统型供给模式，投入理念也体现出政府主导甚至大包大揽的管理思维，一些地方有社会力量参与，也通过政府购买服务的方式提供支持，但总体上仍处于起步阶段。基层工作点多面广，人员编制有限，许多经办人员都是身兼多职，即存在社会救助经办力量的总量矛盾，同时社会救助需要经办人员具备专业知识技能、一定的技术能力以及较高的人文素质，而受制于编制和待遇等方面制约，一些相关的人才不愿来也留不住，人员的结构性因素对执行质量和瞄准效果产生十分重要的影响。

1. 来源渠道单一

中国目前社会救助经办人员基本上属于财政拨款的事业单位人员编制，人员招录严格受到政府编制调控，同时也与地方财政支持密切相关。实践中存在地方救助事务较多而相应财政支持有限，即需求与资源供给不匹配的矛盾。同时，行政审批流程程序较多，流程较长，存在较长等待期和滞后性，看上去属于人力资源配置问题，但在本质上涉及政府发展理念和政治抉择，即政府规模与行政干预度量问题。在经济新常态和供给侧改革背景下，简政放权减少对市场的微观干预，降低企业税负等负担，提高财政资金使用效率等成为政府宏观经济政策目标，因此过多依赖财政供给，单一人员进入通道难以适应社会救助公平可持续发展。此外，政府机关更多具有规范性、程序刚性特征，而社会救助本身需要体现对救助对象的人文关怀和尊重。由于每个救助对象的背景情况不同，需要具体分析和对待，而基层救助人员由于编制数量不够，工作任务重，身兼多职的情况比较突出，尤其在面对基层多样化、复杂化并处于变动的救助需求时，制度精准实施和规范操作就显得较为吃力。有关学者调查表明，低保人员的知识储备和专业能力不足是低保目标瞄准过程产生问题的关键，经办人员专业背景与社会救助不相关，也缺乏政策宣传贯彻、流程执行等方面专业培训①。

2. 知识能力结构不够完善

社会救助表面上看是按照一定程序进行目标瞄准、救助实施、评估反馈，程序化、规范化等"硬约束"使得工作人员有章可循，工作灵活性和自主性相对较低。但实际上工作人员综合素质、知识结构以及对社会救助认知深度

---

① 李琴，黄黎若莲. 为什么中国城市低保存在目标瞄准问题？——基于广州市的田野调查 [J]. 中国民政，2014 (1).

都对救助工作实际效果产生影响。社会救助涉及心理学、伦理学、行为学等多种知识，专业救助也需要护理、康复以及就业培训等实用技能，需要对人类需要的多样性和多面性保持"敏锐"的触觉，需要接受更多教育和训练，尤其是社会科学各门科目。目前中国社会救助经办人员专业素质亟待提升，服务和人文关怀意识需要加强，行政机关流程体系和工作文化一定程度给救助人员的心理带来一些焦虑和压力。

4.4.4　执行情境发生变化

作为一项社会政策，其执行离不开与之密切关联的社会发展背景，既需要与国家治理理念相吻合，也需要适应国家治理体系和治理能力现代化。随着国家对民生的持续关注和加大投入，社会救助在国家治理体系当中扮演着越来越重要的角色，承担着相比以往更加重要的兜底和反贫困目标，社会救助瞄准机制需要适应的情境也发生了重大变化，呈现出复杂化、相互交织的特征，与此同时对瞄准机制提出了坚持问题导向、全生命周期持续关注和引入发展型理念的新要求。一方面是国家治理转型与社会政策扩散的张力所带来的新要求，另一方面则是面临经济社会转型带来的新挑战，这都与制度建立之初的治理需要、政策环境和执行情境发生了显著变化。

第一，对贫困的理解和测量相比过去发生了明显变化。实质上，对于贫困的界定是一个政策议题[①]，也是一项政治活动[②]，如何界定贫困很大程度上取决于政府的执政理念和对社会救助事业的支持关注程度。过去主要关注的是绝对贫困和收入贫困，即认为贫困是由于家庭收入不足导致生活难以为继，通过政府直接的现金转移进行收入扶持即可以维持生活，所以社会救助瞄准机制则是识别和测量家庭当期经济收入，逐步又加入家庭财产等限制性指标。而近年来，有关贫困问题的研究则是关注贫困的多种维度和多种面向，包括支出型贫困、发展型贫困等，而且从更加宏观的背景，运用经济学、社会学、

---

① Zastrow, Charles. Introduction to Social Welfare Institutions, 3rd edition, Chicago: The Poisey Press, 1986.

② Diana M. Dinitto, Thomas R. Dye. *Social Welfare: Politics and Public Policy*, Boston: The Pearson Press, 1983.

心理学、伦理学等多学科交叉角度，全生命周期角度分析贫困产生的深层次原因。此外对福利依赖、制度可持续性研究和政策评估也有较为丰富的研究。在社会救助瞄准执行实践中，受到执行力量、监督体系以及风俗习惯和复杂现实因素等影响，原本在政策瞄准目标之外的支出型贫困等贫困类型也被纳入救助范围。一些地方政府和社会救助管理部门日益认识到贫困的多面性和复杂性，出台了支出型贫困家庭认定办法和低收入家庭认定办法等，积极考虑因病、因学、因残家庭的大宗家庭支出。

第二，政府治理理念和治理体系也发生了重大变化。党的十九大报告明确提出，打造共建共治共享的社会治理格局，提高社会治理社会化、法治化、智能化、专业化水平。新时代发展民生事业的重要理念是坚持人人尽责、人人享有，不断促进社会公平正义，使人民获得感、安全感和幸福感更有保障、更加充实、更可持续。共建共享是新时代解决民生问题的科学准则。政府需要为民生尽力而为，同时又量力而行，社会成员也需要积极努力、共同奋斗，而不能消极被动地"等靠要"。以往的社会救助瞄准机制运行，基本是由政府主导进行单方面、单向的福利输送，参与主体单一，社会参与不足，双向沟通较少，救助者的责任和参与不够明确充分，救助方式单一，跟踪评估和综合支援非常薄弱。在这一瞄准机制和执行导向下，与实现兜底和反贫困的目标存在不小差距，问题突出地表现在制度的可持续性需要增强、公平与效率兼顾不够、救助质量效益有待提升，以及对社会责任和传统家庭文化的负面影响。在建立共建共治共享治理格局的背景下，社会救助瞄准机制需要进行改革并与之相适应，社会救助目标不再局限于维持收入贫困家庭人员基本生活，而是帮助城乡困难群体共享经济社会发展成果，与其他社会成员一道平等共同参与建设经济社会发展。不仅满足其生活需求，也需要提升其自主发展、共同参与、共同享有的责任感、成就感、自豪感。社会力量也需要作为瞄准机制实施的重要力量，通过为社会力量参与预留空间和提供支持，实现政府主导和社会力量充分有效参与，发挥社会力量的专业优势和服务柔性，壮大和健全社会救助瞄准的动力机制。特别是降低瞄准偏差实现反贫困的瞄准目标，需要提升救助的个性化、精细化水平，因为贫困家庭的致贫原因和制约发展的因素，以及所具备的自立潜力不尽相同，需要一对一进行个体化帮扶和跟踪，依靠政府一方力量在资源供给总量、供给方式和结构上，都难以达到瞄准目标。

第三，城乡居民居住和生活的方式结构发生了明显变化。当代中国的城市社区几乎都是"陌生人社区"。邻里消失一方面给都市人带来了自由和隐私；另一方面也给城市社区治理带来了挑战。陌生人社区的社会资本存量较低，人际信任较低，在一定程度上给公共管理增加了难度①。在农村地区，一方面，人口大量外流，"空心化"严重，已成为大部分农村地区的突出特征。而村民自治以人的行为为自治对象，大量农村人口外流会导致村民自治面临无人可治的局面②。另一方面，在集体土地制度框架下，乡村公共性产生于集体内部的组织动员过程③。后税费时代乡村治理因农民权利失去义务的平衡，抽象的权利难以凝聚村庄的政治性，使得乡村社会走向去政治化④。如今出村不返村、乡土变故土的变迁，使得农村群体发生高度分化、代际差异显著，农民对土地的依赖以及对乡村和传统秩序的认同也发生了改变⑤。面对乡村公共精神建构不足，会进一步弱化村民自治参与动机。在农地三权分置和土地确权之后，更是在客观上消解了自治活动参与的积极性。调查表明，部分村民对村级公共服务参与行为意向不足，出现态度疏远、行为逃避和情感排斥⑥。一项研究表明，为应对村内复杂的宗族关系，村委会试图通过动员村代表组成低保评议小组来避免自己卷入低保户评选工作。然而，村代表或以农活忙或以信任村干部做事能力为借口，拒绝参与低保评议小组，最终村委会按照"利益均沾"原则将低保金平均分配给全体村民，低保政策在该村最后成为"无人保"⑦。

社会救助作为一项公共福利事务，居民充分有效参与是获取合法性的重

---

① 熊易寒．国家助推与社会成长：现代熟人社区建构的案例研究［J］．中国行政管理，2020（5）．

② 冯义强，陈燕芽．创新自治：村民自治有效实现形式的"横向拓展"——基于鄂西南B村的个案研究［J］．求实，2019（4）．

③ 杜鹏．论乡村治理的村庄政治基础——基于实体主义的政治分析框架［J］．南京农业大学学报（社会科学版），2019（4）．

④ 杜鹏．土地调整与村庄政治的演化逻辑［J］．华南农业大学学报（社会科学版），2017（1）．

⑤ 刘守英，王宝锦．中国小农的特征与演变［J］．社会科学战线，2020（1）．

⑥ 姜晓萍，许丹．新时代乡村治理的维度透视与融合路径［J］．四川大学学报（哲学社会科学版），2019（4）．

⑦ 胡涤非．自主空间中的行动策略：基于三个低保政策执行案例的考察［J］．中国行政管理，2020（5）．

要前提、基本保障和依靠手段，尤其是面对家计调查成本高、难以精确的技术治理难题，以及为消解科层治理强调程序和规范所形成的张力，在社会救助实践中注入社会习俗和情感力量，形成情感认同与科层规范的复合治理结构与运作形式，对彰显社会救助"雪中送炭"扶危济困的根本价值具有积极助推作用。所谓助推，就是不用强制手段，不用硬性规定，却能保证个体同时收获"最大利益"和"自由选择权"，是股轻轻推动个体做出最优选择的力量①。在社会救助实践中，运用居民（村民）以自身对贫困认知、乡邻真实生活状况所引发的情感，让他们参与到评议"谁是最需要救助的"，不仅能加强公共福利再分配政策的合法性和公平性，还可以实质性地提高社会救助的瞄准与实施效果。在农村低保执行过程中，村委会在低保名额的分配中同样要面对村民的各种意见，但如果村民比较准确地理解了政策目标，"低保是村子里救穷人命的那个稻草，以前都是大家伙儿可怜村子里的人，都会帮助下条件差的，现在国家发展好了，给咱们村子这些人的钱让他们能最起码不挨饿。"村委会说服低保评议小组的成员去动员村民参与低保评选，通过情感治理实现了"应保尽保"的政策目标②。

当前城乡一体化进程加快，城乡流动人口不断增多，居民工作和生活半径不断扩大，自由职业、灵活就业等新业态就业群体不断增加，而当前社会救助瞄准机制则是城乡分割和属地化管理。目前中国社会救助主要是以区、县（市）管理为主，并承担相应的支出责任，在城市中很多贫困人员居住地点不固定，跨区甚至异地生活、就业现象比较多见，这给属地化管理带来很大难度，而且由于统筹层次低，不同区县之间救助关系转移不够通畅，而且贫困人员自身因程序繁琐、逆向选择等问题，主动申请进行转移的意愿和能力不足，经常出现在户籍所在地领取救助，而家庭生活、工作却在不同的地方，这对社会救助瞄准机制的正常运行带来难度。例如依靠入户调查、邻里走访、上门走访等家计调查，因为掌握相关信息不够充分而难以有效执行。此外，家庭居住方式更加分散，父辈与子辈同住的现象并不多见，依靠传统

---

① ［美］理查德·H.泰勒，卡斯·H.桑斯坦.助推：我们如何做出最佳选择［M］.刘宁译.北京：中信出版社，2009.

② 胡涤非.自主空间中的行动策略：基于三个低保政策执行案例的考察［J］.中国行政管理，2020（5）.

的家计调查，对家庭经济状况、就业情况的全面准确了解存在困难，比如对子女赡养费的计算，需要准确掌握子女的家庭收入情况，而因为跨地区生活就业导致调查开展比较困难，而这些情况变化给当前瞄准机制实施带来干扰，影响了瞄准效果。

4.4.5　监督机制亟待完善

社会救助是通过规范的瞄准机制对公共资源进行再分配，而再分配领域容易产生失灵现象和委托代理问题。社会救助瞄准当前基本上更倾向于一种自上而下的执行过程，一线执行者和基层工作人员往往缺乏一种自下而上的压力传导和有效监督环境。一方面是因为贫困群体的认知和社会能力所限，不能比较主动介入和干预执行过程，另一方面当前瞄准的技术因素相对比较复杂，申请救助对象掌握和运用政策的可及性不足。例如家庭收入核算、赡养抚养扶养费用计算、给付标准确定调整以及限制性标准条件等，这种具有较高专业性和复杂性的瞄准过程，贫困家庭往往很难参与其中，缺乏充分有效的过程沟通和针对性的适当意见反馈。这种信息不对称以及技术本身的复杂性使得一线工作者的具体政策执行行为对瞄准质量产生直接影响，由于执行监督尚不健全和实际存在的较大自由裁量权相互交织作用，造成社会救助瞄准偏差，产生"精英俘获"等现象。公共福祉政策需要一套完整的监督机制作为必不可少的配套机制，而对于具有瞄准要求的社会救助政策，建立与瞄准机制相适应互为促进的监督机制十分重要。

从机制和系统角度看，监督机制也是瞄准机制中的关键一环，发挥着预防和惩戒的功能作用。当前社会救助瞄准领域的监督水平和监管力度既需要在供给侧做文章，加大监督治理投入和体系建设，补齐制度短板和体系漏洞，形成体系化、结构化的事前、事中、事后监督体系，突出事前预防和主动甄别，满足并适应于社会救助精准有效兜底的功能角色，充分发挥监督作用筑牢民生和社会公平最后一道防线。同时也要在需求侧下功夫，实现公平和效率的有机统一，提高监督质量和监督效益，建立多种主体协同参与，多层体系环环相扣、多种特点优势相互补充的监督治理格局。将监督体系和流程再造与社会救助瞄准技术发展、治理结构与治理能力提升紧密协同起来。目前社会救助瞄准领域的监督机制问题较为突出地表现在监督尚未充分形成体系和合力，社会力量参与的第三方监督机制还未建立，居民检举和社会举报尚有待进一步完善规范，主要仍是由具体执行者的上级部门进行部门内部监督和对相关资料抽检，近年来党和国家的纪检监察部门利用大数据比对等手段，掌握中央惠民政策落实情况并开展对腐败渎职行为的严肃处理。

社会救助瞄准机制的复杂性和系统性，需要处理好治理目标、治理能力与治理环境三者之间的关系。作为瞄准机制的重要组成部分，监督机制同样也需要面对和处理非常复杂的情境因素。本书分别从技术视角、体制视角、利益视角以及环境视角四个面向对当前的瞄准领域监督机制的难点和薄弱环节进行分析。从技术视角看，形成有效的监督机制必须有相应的技术手段和治理工具，进而找出和确定违规操作的依据，测量违规产生瞄准偏差的水平和程度。但由于当前贫困群体的多元性、家庭收入精确核算十分困难以及核查内容的多样性导致一线执行者非常困难地准确掌握申请家庭的经济收入状况，在执行中采取一些地方性知识偏好和投票决定等变通折中办法，但对于这种执行变通的办法一旦产生瞄准偏差，则需要符合规定、技术可靠、数据准确、信息采集全面的事后监督反馈机制，但因技术要求的复杂性导致监督机制启动和运行也存在困难，不同于执行环节的变通和适应拓展，监督机制的出发点和主要依据则是按照政策条件和规定程序进行，家庭收入核算困难也导致监督机制不能很好地在事前启动和过程监控，被动地事后通过检举或检查则会造成经济社会成本和福祉效应损失。

从体制视角看，当前的监督形态主要来自行政系统内部自上而下的行政命令和压力传导，在实际工作中，作为直接监督部门的乡镇一级民政所因为人力有限，工作任务繁重，出现监管乏力、监管软化等问题[1]。传统权威在治理过程中依旧发挥重要作用[2]，居委会或者村干部的权威可以压服质疑者，单方面决定社会救助资源配置，民众参与决策监督尚未有效发挥[3]，呈现出一种自上而下、有求无应的单向性治理关系，这一非对等、无回应的互动机

---

① 薛立强，杨书文. 论政策执行的"断裂带"及其作用机制——以"节能家电补贴推广政策"为例 [J]. 公共管理学报，2016 (1).

② 费孝通. 乡土中国 [M]. 北京：北京出版社，2004：92.

③ 王雨磊. 数字下乡：农村精准扶贫中的技术治理 [J]. 社会学研究，2016 (6).

制使得社会救助瞄准过程中申请救助家庭的诉求在基层容易遭到忽视①。随着中央对民生问题的持续关注和加大投入，专项的纪检监察和检查抽查等监督力度不断提升，这种联动式项目式运作的监督方式能够提升监督强度并产生监督威慑，取得了明显成效并推动监督机制建立健全。从长远角度和监督质量效益综合评估看，体制外的专业性力量和社会渠道也可以开发利用，需要对体制内外的监督监管资源渠道进行合理配置和有序整合。

利益视角的出发点是将政策执行相关主体视作为拥有自我利益意识的利益群体。政策执行主体为了谋求自身利益的最大化而与其他相关主体进行博弈，因此导致政策执行过程中存在政策截留、政策敷衍、政策附加以及政策替代等偏差②。一方面，部门利益相关性在很大程度上决定着政策执行的积极性③，另一方面，如果存在上下级部门之间利益不一致，政策执行过程就会容易产生基层政府和其上一级政府相互配合，运用多种策略一起应对来自更上级政府的政策规定和检查监督的"共谋"行为④。作为一线执行者面临救助指标约束和精确瞄准的现实困境，其主要利益和工作的出发点在于化解这种指标数量和情境复杂性的矛盾，尽量通过形式公平来实现实质公平的方式避免摩擦维护稳定，从某种意义上讲维护社会稳定避免矛盾冲突甚至极端事件发生，也是社会救助综合效益的一个方面，但受制于维护社会稳定的这一基层总体性治理目标，按照科层制的下级对上级负责以及激励升迁导向约束，一线执行者会与上级政府总体性的治理原则保持一致，以消解不稳定因素和维护基层稳定为目标，这与社会救助瞄准的技术治理和精细要求存在摩擦。社区家庭和村户的出发点在于争取有限的公共资源，为家庭和自身谋求实际的眼前利益。随着政策宣传和惠民政策加大扶持等利好原因，自身权利意识有所增强，主动参与和申请公共资源救助的积极性有了很大提高，但由于自身认知和受教育程度偏低，履行申请程序和掌握政策规定的可及性不高，主要是通过社区、村委会人员代办，因为指标限制而未能获取资格的申请家

① 李迎生，李泉然，袁小平. 福利治理、政策执行与社会政策目标定位——基于 N 村低保的考察 [J]. 社会学研究，2017 (6).
② 周国雄. 地方政府政策执行主观偏差行为的博弈分析 [J]. 社会科学，2007 (8).
③ 陈家建，边慧敏，邓湘树. 科层结构与政策执行 [J]. 社会学研究，2013 (6).
④ 周雪光. 基层政府间的"共谋"现象——一个政府行为的制度逻辑 [J]. 社会学研究，2008 (6).

庭凭借地方性知识和错综复杂的亲缘关系认定评选存在偏差，而可能引起冲突和矛盾。所以，一线执行者更多是从大局出发进行情境式的变通表达，追求政策的整体效益和满足治理需要。社会救助申请者则是最大限度最大可能地谋求自身利益，而由于对政策可及性差一旦未能获取救助资格，则可能产生消极甚至抗拒行为。两者利益具有相关性但同时具有一定分离，会影响政策执行路径和偏好选择。而主要以系统内部的上下级行政和业务监督，可能会形成"共谋"现象降低监督质量效率。

环境视角是新近兴起的研究方向，主要是研究政策运行环境对政策执行的影响，关注政策执行监督的情境性。所有政策的执行监督都产生在特定的情境之中，嵌入到地方情境同时受传统规范的约束，一旦政策执行监督和地方情境产生不一致甚至冲突时，地方情境则会"教化"政策执行监督主体以及客体遵守地方规范，还约束制衡执行监督主体的相关决策，而且政策执行监督会遭受阻力，导致政策执行监督走样①。当前社会救助瞄准监督的执行情境比较复杂，一些技术性的监督治理工具需要充分考虑对复杂执行情境和基层实际的适应性。首先是对监督目标和重心产生深刻影响，例如依靠监督机制分析瞄准偏差的原因，仅停留在对基层执行人员自由裁量权、行为操守的批判上，从基层执行的环境和场域出发，法理和制度规定的意义上的监督机制步入复杂的实践场域之中，必然会遭遇监督规范效力下降，以促进公平引导制度规范运行的监督理念被形塑为与复杂具体情境相适应的变通调整。

4.4.6 风险治理兜底薄弱

社会保障自建立之初就是通过大数法则建立起的一种风险防范应对机制，为社会成员因各种风险而导致生活难以为继提供一定的帮助，以保障社会生产和家庭稳定发展。可以说，对风险的预判和应对一直以来都是社会保障的首要之义。在多层次社会保障体系中，社会救助作为最后一环被赋予了兜底责任，从风险治理角度看，这种兜底外在表征是民生兜底，促进社会和谐和

---

① 吴小建，王家峰. 政策执行的制度背景：规则嵌入与激励相容［J］. 学术界，2011（12）.

实现家庭再生产，而本质上则是风险兜底，有效抵御经济社会发展带来的不确定性风险冲击。因此，构建社会救助瞄准机制，根本上是要构建与制度责任相适应，与风险治理相配套的有效风险预警和识别机制。从发展型社会政策要旨来看，对标当前社会救助所赋予的改革和治理角色，当前以家庭人均收入作为瞄准依据的办法尚未凸显出风险治理的功能角色。社会风险是多维度、多面向的，而且会随着经济社会发展变化而不断地演变衍生，具有复杂多种因素交织的特征。因此，可以从横向、纵向和历史变迁三个维度对当前社会救助瞄准机制的风险治理能力进行分析。

从横向看，当前社会救助瞄准机制对兜底主要社会风险的包容性不足，覆盖面偏窄。家庭收入不足只是导致贫困家庭生活难以为继的外在风险之一，而且处于家庭脆弱性风险的末端，真正实现兜底和落实共享理念，仅针对已经产生的收入贫困家庭通过收入补助的方式显然不利于全面达成制度目标。其他可行能力匮乏、支出型贫困家庭同样面临家庭自立和正常发展受限，也不能对社会风险进行有效抵御，需要被纳入兜底保障的制度范围。从纵向看，风险治理需要统筹考虑经济社会发展方面的综合成本收益关系，对风险治理主要分为上游干预、中游施策以及下游评估等三个循环、不间断的过程环节。如果尚未形成全风险周期的治理体系，那么治理成本必然增高，而治理效益可能会出现下降。当前社会救助瞄准机制兜底保障的目标体系中，贫困兜底是首要目标，在实现整个兜底功能的过程中起着关键作用。如前文所说，贫困具有多种面向和具象的演变过程，对贫困的治理需要是综合性、全周期的，当前的收入不足不简单是静态、孤立的现象，而是可能由多种风险和脆弱性因素长期积累和作用导致。

从人的全生命周期来看，家庭所面临的贫困风险在人生的各个生命历程呈现明显阶段性特征，这本质上是由其家庭生活发展的需求水平和结构内容所决定的，收入不足在不同生命历程阶段其对于家庭贫困风险的形成和影响是不同的，而仅针对收入不足进行帮扶介入尚不能精准对接稳定脱贫需求。从历史变迁角度看，贫困风险的内涵和外延也在不断地发生变化，产生贫困风险和决定风险水平的因素除了微观家庭背景和个人禀赋外，经济发展形态、社会人口以及文化心理因素都会对贫困风险的产生演变带来深刻影响。经济社会转型期的中国面临新旧社会风险相互交织，贫困风险的表征和机理呈现出比以往任何时期都更加复杂和多面向，而针对静态单向的收入不足风险来应对高标准、高质量的全面贫困治理需要，这种风险治理的定位和供给能力就显得比较薄弱。

从兜底保障政策目标来看，通过以上三个维度分析，当前以家庭人均收入作为瞄准依据，把收入贫困作为政策主要扶持对象，对贫困风险的预防和应对存在薄弱环节。一方面是体现在对当前瞄准对象的兜底保障能力偏弱，救助方式比较单一，对贫困风险的治理和救济尚未形成有机链条，主要依靠事后救助和收入补助，尚未从贫困产生演变的机理入手而采取"一揽子"计划。另一方面是对当前制度未能完全有效覆盖的其他类型贫困，例如，支出型贫困、发展型贫困尚未形成明确统一的治理机制，但是贫困多面向是相互联系，并且可以相互转化，因病因残等导致的支出型贫困，因支出能力不足可能导致可行能力下降，增加家庭看护成本并且影响家庭资源分配和长期决策，可能会带来贫困代际传递，而最终表现为家庭获取收入的能力和水平下降，产生更具表征的收入贫困，加重贫困深度增加治理难度。因此，当前对贫困的风险治理较为薄弱，表现在一是存量的治理措施尚不丰富完善，预防、应对和追踪闭环治理系统还未完全统一建立起来，二是瞄准的救助对象和贫困类型尚不能与治理目标相匹配，还未完全有效覆盖与兜底保障直接关联的多种贫困形态。

4.5　角色悖论：相得益彰抑或此消彼长

福利多元主义主张福利供给由不同角色、多种主体承担，尽管这种福利供给理念和倡导的制度模式与西方国家经济社会改革背景密切相关，但对于我国社会救助瞄准机制的完善发展也具有积极借鉴意义。党的十九大报告提出，对民生发展既尽力而为，又量力而行，坚持人人尽责，人人共建共享，明确建立兜底线、织密网、建机制、权责清晰、保障适度的多层次社会保障体系。人人尽责与人人共建即明确了除政府之外，家庭、社会等也扮演着重要的不可或缺的福利供给和治理角色。社会救助瞄准机制的建立与运行，是社会救助多方协同治理体系机制的重要组成部分，也是决定瞄准效果事关救助治理目标实现的关键因素之一。加强多元主体参与，发挥各自特色优势，可以为建立适应于更高治理要求和促进社会公平共享的瞄准机制提供机制动力和治理条件优势。

在当前社会救助瞄准实施过程中，家计调查作为其中重要的执行环节，《社会救助暂行办法》规定实施调查的主体是乡镇、街道政府及所属专业职能机构，民政部也专门下发文件明确了居委会、村委会应当协助的具体事项，其中就包括了协助开展家计调查。因此，在国务院颁发办法和部门指导意见的推动下，在绝大多数地方家计调查都是由基层政府和居委会（村）基层自治组织承担。近年来，得益于政府的积极支持并相继出台专门文件意见，鼓励和支持在社会救助等公共领域购买专业化公共服务。内蒙古、河南等地探索尝试将社会救助家计调查作为购买项目，积极引入第三方社会力量参与到瞄准执行环节中来。

社会救助瞄准机制的核心命题是根据国家治理理念和政治抉择，结合经济社会文化发展背景，利用技术工具等多种治理手段，将公共资源通过再分配手段高效集约地投向目标救助群体。救助瞄准可视作为一个执行层面的操作性概念，而本质上是对公共资源的再分配，这既是政府的主要职能，也是社会公共参与和发挥作用的重要空间。在初次分配中市场发挥决定性作用，再分配过程中则是公平优先，兼顾效率，可以构建多元主体协同参与的治理格局，而且社会救助甚至不同于一般意义上的再分配，既需要兜底保障和筑牢民生最后一道"安全网"，也需要有效防御社会风险和守住价值道德底线，这种多层次、体系化的治理目标需要充分释放和发挥多元主体的治理能力和优势特色。而且，从社会救助瞄准的经济社会成本分担和综合效益优化出发，多主体的协同治理模式是可行又具有实践操作性的路径选择。

相得益彰与此消彼长是指两种完全不同的主体关系，造成这两种相反关系的原因一种是天然不可调和的矛盾或者不同的内在机理和演化进程所决定，另一种则是外在的联结协同或促进机制不健全所致，缺乏外在引导干预和共同目标效益牵引，不同主体的结构与张力囿于系统惯性和局部效益，不能充分释放各自优势进而整合实现成本效益最佳。当前社会救助瞄准机制主体协同方面存在一些不容忽视和亟待突破的观念思维定式和技术难题。客观整体上看，当前瞄准治理领域各主体关系不是相向而行、零和博弈互不兼容的此消彼长关系，而更倾向一种松散碎片化、互动尚不频繁、联系不够紧密，机制尚未有效建立的一种离散型、孤岛型关系。各种主体有持续稳定的向心力和日益密切联系的趋势，但需要进一步加强协同和资源充分有序整合，各种主体的比较优势和治理潜力需要充分的挖掘和利用，而统筹和整合各种主体协同治理首先是导入和运用共建共治共享的社会治理理念。例如，家庭在社会救助瞄准机制中一直主要是被视为客体即瞄准的主体和对象，执行侧重于通过技术治理解决信息不对称的问题，即通过一系列的信息收集和数据核查比对，尽可能地掌握比较充分有效的信息以便遴选出合理的制度瞄准对象，比较重视强化技术层面的单向治理，家庭在其中的角色较为被动和单一，这种模式既可能带来瞄准偏差同时抬高治理成本，也可能带来福利污名化、精英控制等问题。实际上，实现充分公平可持续的兜底保障，落实共建共治共享的治理理念，家庭不仅是社会救助的客体和瞄准机制的对象，更是社会救助治理格局中关键的不可或缺的主体，这种主体作用具体包括政策参谋作用、参与沟通作用、主动参与以及监督约束作用。家庭治理角色的充分重视和治理优势的有效发挥是完善和健全社会救助瞄准机制的突破口，需要家庭主动全面地参与到瞄准机制的建立和执行当中。

4.5.1 家庭与瞄准机制

在中国的各种社会政策文献中，家庭概念一般被提及很少。但是，尽管社会变迁和社会保护资源的不足，致使中国家庭面临巨大压力，但它仍是为社会成员提供保障和发展需要的最重要的社会保护资源。而且可以说，家庭是中国社会最有价值的资产，不但关乎其成员的生活质量，同样是未来中国经济社会发展的重要决定因素。毋庸置疑的是，家庭是社会发展和稳定的宝贵资源，也是产生各种社会问题的主要根源之一。在中国经济社会转型期，家庭为适应社会变革正面临多方面的挑战。尽管家庭的保障功能被严重削弱，但同世界上其他国家一样，家庭依然是中国社会最基本的福利单元，需要承担着很多的基本社会功能，涵盖社会化和为家庭中不能自立的成员提供生活照顾和经济支持等。从根本上讲，家庭功能的有效发挥是中国社会转型和经济转轨的核心要素。中国经济社会发展也是家庭及其成员向更加开放的市场经济秩序过渡的过程，它决定着中国能否最终顺利过渡到一个有竞争能力的市场经济秩序。

在现行的社会救助瞄准机制中，家庭一直是作为基本的瞄准单元。例如制度把家庭人均可支配收入或农村家庭人均纯收入作为核心瞄准条件，以家庭人均收入标准而不是以个体成员的收入标准体现出制度对家庭内部互济互助的功能和地位的认可和尊重，也符合中国儒家家庭文化，老吾老以及人之老，幼吾幼以及人之幼，而且法律也将家庭内部的抚养赡养责任以法律义务予以明确和强化。另外也说明只有家庭整体的人均收入低于制度规定的标准，才可能获取社会救助，而且不考虑家庭规模和结构，按计算后的补差额家庭每个成员都雨露均沾。这种制度设计安排从福利模式讲，是一种补缺型的福利供给模式，国家和政府只有在家庭整体上陷入收入贫困才会介入帮扶，而之前则是由家庭内部分配与调剂，比如家庭内部拥有收入者向未获取收入者分配、收入高的向收入低的分配，这种基于相关义务和约定俗成的家庭内部分配机制，有效地维持家庭的运转与延续。但是，转型期中国传统的孝文化受到西方伦理的冲击，而且家庭核心化、人口老龄化以及家庭生活成本的提高，使得低收入家庭或者贫困家庭面临家庭收入与家庭支出的缺口日益拉大，而且诸如有残疾、重病等贫困家庭比例很高，家庭福利供给的水平和项目已不能满足贫困家庭的多种现实需要。

这存在两个突出的问题，一个是各种家庭和社会风险冲击以及传统观念的弱化，家庭这种内部相互扶助实际上困难重重；另一个问题是在当前社会救助标准相对较低的情况下，即使家庭人均收入超过救助标准，但相比较大的生活支出成本以及其他必要支出，也不足以保证最低生活。在核心化、小型化的家庭中，有劳动能力的家庭成员需要外出工作获取收入，而对需要照顾或看护的家庭成员则无法获取家庭照顾福利。因此，家庭福利供给尽管在中国福利供给系统处于基础性关键地位，但对随着经济社会发展水平提高，以及家庭福利政策所面临的种种挑战，国家在福利供给中需要强化对贫困弱势家庭的支持和投入，通过制度设计和系统优化，引导和帮助家庭福利供给系统有效持续运转。

4.5.2　家庭角色与社会救助瞄准悖论

转型期的中国家庭陷入一种政策悖论之中。改革开放以来，中国的社会政策主要以减轻企业（国家）的社会负担，增加家庭和个人责任为主导思想。凡是有家庭的社会成员，包括劳动、儿童和其他有特殊需要的人员，则首先必须依靠家庭来满足其相应的保障和发展需要。政府以补缺者的形象出现仅提供维持基本生存需要的生活资料和服务，且对于瞄准程序履行和瞄准精度有着严格的规范性要求。从这种意义上讲，中国可能并不存在一些西方国家所谓的福利依赖问题，因为从社会救助水平、救助项目以及治理目标和治理过程来看，中国的社会救助总体上与其经济社会发展水平相适应，并不存在超前发展等非理性行为。稳定的政策发展预期和良好的治理机制也通过顶层设计确保制度健康可持续发展，社会救助等公共支出水平与经济社会发展同步协调增长，救助项目和瞄准对象主要集中于绝对贫困群体。而且采用国际比较指标考察中国农村最低生活保障制度的瞄准效果，平均而言，其可以和国际上绝大多数社会救助项目相媲美①。

因此，社会救助瞄准机制重点可能不在于对福利依赖的规避和预防，应对和处理瞄准偏差更需从供方入手，在治理体系完善、信息数据整合以及技术工具开发利用等方面需要加强，因信息不对称产生道德风险而造成瞄准偏差不等同于福利依赖。如果这种要求瞄准精度的补缺型社会救助从防范和规避福利依赖的目的出发，政府和社会只有在家庭出现危机或遇到通过自身努力也无法解决的困难时才会干预，那么这一政策取向使得转型时期的中国家庭陷入一种明显的政策悖论之中。一方面，中国的社会政策赋予家庭重要的社会保护责任，家庭成为保障社会成员生存和发展需要的核心系统。政策导向是人们在遇到各种困难的时候首先应当要从家庭获得帮助。另一方面，家庭却成为了儿童、老人和其他生活在家庭中的弱势群体获得政府和社会支持的一个障碍，一个拥有家庭的社会成员就意味着获得社会救助政策支持首先需要家庭承担起重要责任。例如，对于残疾人和重症患者，其家庭首先要承

---

① 刘凤芹，徐月宾.谁在享有公共救助资源？——中国农村低保制度的瞄准效果研究［J］.公共管理学报，2016（1）.

担相应的经济和照顾责任，社会救助只是在家庭责任承担难以为继时才会提供补差式的有限支持。罗伯特·莫罗尼在《共同责任的问题：家庭和社会政策》中指出，尽管政府对社会福利计划提供了大量的财政支出，但是资源的分配仍然存在着很大的不公平性。集中表现为少数人获得了大部分的社会政策倾斜，即没有家庭成员或家庭成员不愿承担支持责任的个体，获得了绝大多数的政策帮助。在这种情况下，有家庭成员赡养的老年人反而被排斥在社会政策支持之外，这实际上是在对这部分承担责任的家庭进行"惩罚"①。通过对福利国家家庭政策的发展脉络进行梳理，发现工业化使得家庭受到了冲击，福利国家开始通过社会政策介入家庭。第二次世界大战后，大幅干预公民家庭生活造成了家庭功能的失衡，以致出现了国家与家庭关系的某种悖论②。在某种意义上讲，这一政策取向实际上是对家庭承担社会责任的负向激励，而缺乏积极鼓励家庭行使其应有的或希望其行使的职责。在严苛的制度门槛下，如果家庭达不到门槛标准，那么家庭中的弱势成员的生存发展都需要完全依赖其他成员的帮助，包括家庭照顾者个人和环境等与家庭相关的任何风险，都会使他们受到直接影响。

4.5.3　孝文化与瞄准质量

社会救助是国家为了实现社会公平正义，维护居民平等的基本生存发展权利，对公民的利益与权责关系进行调整的兜底性制度安排。公平正义是社会救助的核心理念与制度使命，而公平的核心是保持权利与义务对等，生存权之上，权利的分配应该依据每个人的贡献大小确定权责比例。正如万俊人所说，"道德权利的根本特征，是它必定与某种道德义务或责任相关联"③。从此方面来看，社会救助制度的公平价值必然具有底线性，即对贫困人口的救助不是无限的，必须以基本生存权为界。一方面，社会救助公平必须受到

---

① R. M. Moroney. *Shared Responsibility*：*Families and Social Policy*. New York：Aldine Publishing Company，1986：2.

② 韩央迪. 家庭主义、去家庭化和再家庭化：福利国家家庭政策的发展脉络与政策意涵 [J]. 南京师大学报（社会科学版），2014（6）.

③ 万俊人. 寻求普世伦理 [M]. 北京：北京大学出版社，2009，377.

整体社会公平的制约，一旦超出生存权的限度就会造成对其他社会成员的过分剥夺，影响社会整体公平。另一方面，现代社会将个体自立视为重要的权利内容①。生存权之上，个体必须为自己的行为负责。因而，社会救助以生存权为界并遵循底线原则，只能是对家庭或个人无法实现生存时的补充手段，而非替代②。社会救助具有多面向性，不仅具有政治属性，即追求正义与保障人类生活尊严，同时也具有经济属性，作为一项基于特定目标和对象的再分配政策，在追求公平的同时也需要考量制度的效率和成本。除此之外，社会救助还具有重要的文化伦理属性，即需要彰显文化传统与伦理价值。兜底严格意义上不仅是保障贫困人口的基本生存权利和维持其基本生活，还需要守住社会伦理价值之底线。一个社会体系的正义，本质上依赖于如何分配基本的权利和义务③。只有实现社会救助的政治属性、经济属性与文化伦理属性的有机统一，促进社会救助工具理性与价值理性的交叉融合，才能防止走向泛福利化和"养懒汉"的误区，实现社会救助可持续发展。

儒家文化源远流长，一直以来对我国乃至许多东亚国家都产生着难以磨灭的深远影响。在儒家文化中，家庭是社会的细胞，个人最重要的关系就是家庭，家庭成员之间守望相助并互相承担着一定的义务。同时，在家庭代际关系中，百善孝为先，孝子亲则子孝。这更是体现出赡养老人的家庭义务和"反哺"的传统养老模式，"孝"在儒家道德义务中是优先考虑的对象，家庭扶助义务不但优先于个人利益，也优先于其他道德义务。在此文化背景下，中国社会救助具有鲜明和突出的"家庭主义"特征，社会救助制度甚至天然地与家庭深刻地联系在一起。一方面，根据家庭规模和代际关系来确定现金救助标准，并提供相关救助服务。另一方面，把家庭成员之间的相互扶助义务的有效履行作为前置条件，只有家庭成员在有效履行了相关义务后，仍然面临基本福利供给短缺而致生活和发展陷入困境，国家干预出场并通过社会救助进行合理限度的帮扶救济。

受到个人主义、自由主义等西方现代性冲击，以及面临人口老龄化、少

---

① 大须贺明. 生存权论 [M]. 北京：法律出版社，2001，12.

② 仇叶，贺雪峰. 泛福利化：农村低保制度的政策目标偏移及其解释 [J]. 政治学研究，2017 (3).

③ 罗尔斯. 正义论 [M]. 北京：中国社会科学出版社，2001，7.

子化和家庭结构核心化的影响，传统孝文化正发生着深刻变迁与历史转型。首先，"恩往下流"的下拉优先分配可能造成赡养资源不足，其次，面对社会竞争加剧，老人会主动减轻子女负担以支持家庭发展。在"家庭主义"伦理影响下，无论是家庭老年人责任内化抑或是利他主义，老年人在家庭政治和内部资源分配的话语权和地位不同以往。同时在工业化与全球化的背景下，社会福利政策出现了"去家庭化"的趋势，国家通过一系列的福利政策，分担了家庭的福利提供责任，维护社会成员的基本生存权利。然而，社会救助的"去家庭化"趋势，带来家庭赡养责任的逃避、救助依赖与攀比心理，"再家庭化"过程中则面临子女赡养能力不足和健康照料缺失等问题①。伦理文化价值既是社会救助有效瞄准的手段，也是社会救助多中心目标体系中的不可或缺的组成部分。换言之，伦理价值是社会救助赖以生产与发展的"土壤"。从古代社会救助发展至今日的现代社会救助，最显著的变化是国家和政府，以及社会的责任与角色，而受几千年来儒家文化的深刻影响，尽管受到西方现代性的冲击，但是以家庭为纽带守望相助的伦理价值仍然是中国社会救助的伦理底色，也是中国社会救助可持续发展，避免陷入西方福利陷阱的底气和重要法宝。尽管政府和社会在社会救助中扮演着越来越多的角色，但家庭福利生产功能的正常运行和成员之间的彼此支持，仍然是社会救助的前置条件和核心目标。积极而可持续的社会救助对家庭功能不是"越俎代庖"，更不是"相向而行"，而是借助国家和社会帮扶对其进行修复弥补，进而通过外力积极干预而发展家庭、成就家庭，实现家庭内生发展动力和自立发展能力双提升。在此情况下，当前孝文化转型对中国社会救助政策提出了更高挑战与要求，由于人口老龄化、家庭核心化以及西方现代性影响，本处于相对弱势地位和风险抵御能力十分薄弱的贫困人口，其家庭更是容易"裸露"在外进而导致凝聚力受到更大冲击。因此，无论从工具理性出发提高社会救助瞄准效度，抑或是从价值理性出发提升社会救助综合效益，不应忽视针对贫困家庭孝文化伦理和实践形态的有效介入。

从社会救助角度分析，孝文化本质是在家庭代际关系和谐且频繁紧密互动的基础上，由子代向亲代自愿有序并倾向性地进行经济供养、精神慰藉和

---

① 韩克庆、李方舟. 社会救助对家庭赡养伦理的挑战 [J]. 山西大学学报（哲学社会科学版），2020 (5).

生活照料的持续过程。如上述所言，提高社会救助瞄准质量，精准识别并有效帮扶弱势群体，需要充分发挥和践行孝文化的伦理价值，使孝文化由一种价值形态生动地转换为实践形态和生活过程，成为家庭守望相助和代际关系良性运转的凝聚力和推动力。具体讲，孝文化影响社会救助瞄准质量的路径包括两个方面：一方面，孝文化有效落地促使家庭有效履行应有的赡养责任。即在识别社会救助对象时，首先需要有效确定相关义务人是否履行赡养义务，以及准确地测量实际赡养的水平和标准，进而将其纳入家庭收入（财产）核算基数之中，在此基础上综合研判申请者是否符合救助资格。然而在现实中却存在着子女有能力却不主动赡养父母，因为赡养父母而发生矛盾纠纷等现象。这不仅破坏了社会救助内嵌的价值伦理，还容易造成社会救助瞄准偏差，使得一部分应当由家庭履行赡养责任的对象被纳入政府提供的救助之中。在座谈和访谈中，许多社会救助经办人员提出，在对救助申请者进行家计调查时，赡养费的认定工作一直是令人困扰的一大难题。一是赡养费不仅仅包含子女给予父母的现金，还包括子女给老人购买的生活用品等，进行相关折算存在准确性的困难。二是子女赡养老人的形式和时间非常灵活多变，为老人提供的生活照料、精神慰藉等本质上也是赡养老人的重要方式，然而目前以家务劳动进行赡养的价值尚未被社会所认可，当前赡养费的计算方式并不能完全反映老人的实际需要和子女赡养的实际价值。三是当前一些地方实践中，结合子女或其他赡养责任人的家庭收入以一定的比例确定赡养标准，但这种"计算"而来的"福利"可能与实际相差甚远，从而使得一部分未能有效得到赡养的老人被排除在社会救助体系之外，也造成了实质瞄准偏差。

案例 1：赡养老人，首先需要子女履行赡养的责任和义务！可是有些子女有收入甚至条件还算可以，还让父母吃低保，这于情于理怎么能讲得过去！赡养老人，不管是过去还是现在，赡养老人首先应该是子女，如果不赡养父母特别是有能力有条件的，从哪方面都是讲不过去的。还有一些老年人，由于子女没能好好赡养，也是没办法把吃低保当成一种理所应当长期享受的待遇，产生了依赖心理，把生活大部分都寄托在政府身上……我日常审核低保的工作中，涉及子女赡养纠纷和调查子女收入来计算赡养费这一块的事情很多，处理起来非常麻烦，需要花费大量时间。（H 省 W 市 W 区民政工作人员访谈 HWWJ A001）

另一方面，孝文化由传统向现代转型，也对社会救助瞄准质量提出了挑战。传统权威型孝道向互惠型孝道转变，孝文化不再是依靠老人的传统权威而由子女进行单向的给予，而是转变为相互扶持、互惠交换的双向互动。同时，在家庭主义伦理驱使下，面对日趋激励的社会竞争，为维护家庭整体的发展利益，老人以责任内化和利他主义的伦理动机，主动放弃甚至牺牲部分或全部的赡养资源，以优先支持家庭和子代发展。那么，这样就造成将更多的赡养成本转嫁到政府和社会上来，从而造成责任配置失衡。

案例2：一些老人首先想的是不给儿子女儿添麻烦，认为他们也不容易，刚买房还要还房贷，还要照顾孙子孙女上学，压力很大！认为自己能干一点是一点，实在不行就靠政府！人老了也不需要花什么钱，国家多少给一点也能过得去……工作中遇到这样的情况不少见，很多老人不愿意讲子女的情况，总是讲子女如何困难如何顾不上自己，子女具体给了多少赡养费更是不愿多提。这种现象并不少见，很多时候由于具体数据和信息无法准确掌握，就给工作带来困扰和纠结。（H省E市E区民政工作人员访谈HEEJ A001）

第 5 章

社会救助瞄准机制微观分析：
一个实证视角

    对社会救助瞄准机制的微观分析包括两个方面，一方面是对瞄准效果进行测算分析，这其中包括对当前收入维度下的瞄准效果进行分析，同时尝试利用多维贫困标准估计瞄准效果；另一方面是对瞄准机制"解剖麻雀"，通过案例呈现进行结构化分析，探索在社会救助瞄准机制不断优化完善过程中的理念导向、理性作用、结构性因素以及互动影响机制。当前社会救助制度体系不断延展，救助项目不断丰富，救助对象也从低保群体日益覆盖到低保边缘群体等中低收入阶层，但以家庭人均收入指标作为瞄准依据在各层次、各类型的选择型救助实践中得到广泛应用。而作为社会救助体系中的核心组成部分，最低生活保障制度在政策构建之初就明确以家庭人均收入作为主要瞄准依据，并经过实践探索形成了在整个社会救助体系中具有基础性、指导性作用的操作办法和瞄准流程。其他需要瞄准的社会救助项目也将家庭人均收入作为判断是否具有救助资格的主要依据，在实践中很多地方出于规范和体现效率的考量，因瞄准依据的一致性将是否为低保家庭作为获取其他专项救助的主要条件。基于此，本书选取最低生活保障制度作为具体研究对象，建立计量模型进行量化分析。

    这里所采用数据来源于武汉大学社会保障研究中心社会救助课题组2018年在中国6省市开展的专项调查，样本涉及上海、山东、河南、湖北、四川和贵州六省市。利用资料收集、文献分析、问卷调查、座谈访问等多种方式，重点采集与社会救助家庭相关，如收入、健康状况、受教育程度等指标。同时保证被调查者在年龄、文化层次、收入水平等方面的大致均衡分布，按照"3 个 1/3 原则"（即按照被调查户的经济状况分为好、中、差 3 个层次）使调查样本更具代表性。调查共发出问卷 3000 份，回收问卷 2968 份，有效问卷 2745 份。课题组通过实地入户走访个别城乡低保户和城乡普通家庭，了解低保户和普通家庭生活及家庭状况，又结合专门设计的调查问卷进行调查，该问卷涉及与城乡贫困群体相关的 15 个自身状况及其生活指标。剔除缺失值和异常值后，得到 2663 个有效样本（见表 5 - 1）。数据显示，样本户中获得低保的有 107 户，占全部样本户的 4.02%。据民政部《2018 年民政事业发展统计公报》显示，当年共有城乡低保对象 2506.8 万户，4526.1 万人[①]。2018 年末全国内地总人口 139538 万人，城乡低保人口占总人口比例约为 3.24%。本项调查得出的数字略高于全国范围意义上的城乡低保覆盖率，表明样本具有较强的代表性。

表 5 - 1   低保户与非低保户的特征差异

指标	低保户（1）	非低保户（2）	差异（1）和（2）
家庭收入与人口结构			
过去一年总收入（元）	5152	30157	（ - ）***
常住人口数（人）	2.59	2.63	（ - ）***
在校生人数（人）	0.52	0.54	（ - ）***
户主年龄（岁）	60.37	54.19	（ + ）***
小学及以下受教育程度的劳动力占比（%）	61.38	45.90	（ + ）***
家庭中不健康人员占比（%）	57.39	15.63	（ + ）***
家庭中残疾人占比（%）	21.18	3.17	（ + ）***
居住环境			
无厕所（%）	2.85	1.13	（ + ）***
家庭资产			
生产性固定资产（元）	13261	23518	（ - ）**

---

① 民政部网站：http://images3.mca.gov.cn/www2017/file/201908/1565920301578.pdf.

续表

指标	低保户（1）	非低保户（2）	差异（1）和（2）
消费			
医疗消费占比（%）	46.34	23.78	（ - ）***

注：***、**、*分别代表在0.1%、1%和5%的显著水平上显著。括号内的符号表示两组间显著的正向/负向差异。

5.1　瞄　准　效　果

在政策设计中，只有家庭人均可支配收入或家庭人均纯收入低于低保线即达到制度门槛才能成为低保户，而低保线只采用收入维度标准。但在政策具体执行过程中，经办人员通常会参照家庭大宗大额支出、受教育程度、劳动力状况等其他维度指标，可以说多维标准实际影响着识别过程和瞄准效果。如果只按照收入标准测量低保瞄准率，很容易得出低保瞄准率偏低的结论，按照多维标准可能会得出不一样的结论。因此，本书分别从收入维度和多维贫困维度两方面进行分析，以期得出较为全面的解释。

1. 低保的瞄准率：收入维度

本书以低保线为标准，测算低保的瞄准率。这里将低保瞄准率定义为获得低保的家庭中符合低保瞄准对象的家庭占总低保户的比例。通常测量瞄准率采用错保率和漏出率两个指标，越来越多的研究用这两个指标评估政策的有效性[1]。低保的错保率是指实际享有低保的家庭中并不符合低保资格的比例。低保的漏出率是指符合资格条件但未享有低保的家庭占所有应保家庭的比例。从总体看，低保漏出率和错保率较高。在107户低保户样本中，符合低保线标准的低保户，仅占全部低保样本户的约47.38%，漏出率和错保率分别为42.13%和44.16%。较高的漏出率和错保率存在两个可能的解释。一是现行低保标准偏低，财力等资源与贫困人口实际生活需要存在供需总量与结构性不匹配，稳定、多元及可持续的资源供给机制不够健全。二是系统化

---

① 杨穗，高琴，李实.中国城市低保政策的瞄准有效性和反贫困效果［J］.劳动经济研究，2015（3）.

的瞄准机制尚未完全建立，监督机制不够健全，导致实际执行过程存在人为因素带来的瞄准偏差问题。

2. 低保的瞄准率：多维贫困维度

除了收入确定的贫困线外，近年来很多学者尝试从多维贫困角度估计社会救助等政策在识别贫困人口方面的瞄准效果。作为多维贫困理念的倡导者，阿马蒂亚·森认为贫困是对人的基本可行能力的剥夺，不仅是收入低下，还有很多因素也影响可行能力的剥夺[①]。他提出以可行能力方法定义贫困理论，即多维贫困理论。该理论认为，人的贫困不仅是指收入贫困，还包含教育、健康、住房和享用的公共服务可及性等其他维度的贫困。本书根据中国经济社会文化发展实际，结合中国精准扶贫、精准脱贫战略的总体目标设计与实践经验探索，尝试构建多维贫困标准体系，并据此测量中国城乡最低生活保障制度的瞄准效果。具体多维贫困标准主要包括以下四个方面：

（1）健康贫困。本书从灾难性医疗支出角度界定健康贫困标准。所谓的灾难性医疗支出（catastrophichealth expenditure）是指家庭在一个时期因支付医疗费用而必须减少诸如吃穿等基本生活费支出时，则该家庭被认为发生了灾难性医疗支出。对于灾难性医疗支出的具体定义，并没有完全一致的看法[②]。这里借鉴世界卫生组织给出的建议，当家庭的医疗支出等于或超过非生存支出的40%，即该家庭发生了灾难性医疗支出。具体计算公式为：家庭医疗费用支出率＝家庭自负的医疗费用（家庭消费支出－家庭生存支出），家庭生存支出是指家庭最低生活保障支出，按照城乡最低生活保障标准计算。

（2）消费贫困。这里根据恩格尔系数计算消费贫困标准。《2018 年国民经济和社会发展统计公报》显示，城镇居民人均消费支出 26112 元，恩格尔系数为 27.7%，农村居民人均消费支出 12124 元，恩格尔系数为 30.1%。据此，本书将城镇样本中家庭人均消费低于 7233 元及农村样本中人均消费低于3649 元的家庭，分别定义为消费贫困家庭。

（3）住房贫困。由于居民住房情况存在明显城乡差异，住房贫困也呈现出城乡分化的特点，因此这里分别定义住房贫困。城镇住房贫困界定为家庭人均住房面积在 20 平方米以下，农村住房贫困界定为家庭居住的房屋属于危房。

---

① A. Sen. Commodities and Capabilities, London：Oxford University Press, 1999.

② 褚福灵. 灾难性医疗支出研究 ［J］. 中国医疗保险, 2016（3）.

（4）教育贫困。本书定义家中有义务教育阶段失学的学龄儿童的家庭为贫困家庭。

定义出多维贫困每个维度的标准之后，本书根据样本问卷统计数据分别计算出单维度标准下的低保瞄准率，见表 5－2。不难发现，健康维度的贫困率最高，低保覆盖率也最高，相比其他维度贫困，其低保瞄准效果相对较好。

表 5－2   单维度下的低保瞄准情况

维度	定义标准	低保户（1）（户）	非贫困低保户（2）（户）	低保瞄准率（%）（1）/总低保户	有效覆盖率（%）（1）/单维贫困户
健康	家庭的医疗支出等于或超过非生存支出的 40%	35	58	36.46	37.23
消费	城镇样本家庭人均消费低于 7233 元	16	85	16.67	15.84
	农村样本家庭人均消费低于 3649 元	9	63	9.38	12.5
住房	城镇样本家庭人均住房面积在 20 平方米以下	6	31	6.25	16.21
	农村样本家庭居住的房屋属于危房	8	43	8.33	15.69
教育	家中有义务教育阶段失学的学龄儿童的家庭	4	21	4.17	16

在单维分析基础上，进一步根据确定后的多维贫困维度体系，生成一个多维贫困的综合指数，以此来测量低保政策的瞄准效果。首先确定每个维度的贫困临界值，然后按照选用现有文献中通常使用的相等权重方法，再将所有维度下的贫困虚拟变量进行加权和加总，得到每个样本户多维贫困的分值（一个样本户的分值越高，它的贫困程度越高），最后根据每个样本户多维贫困的分值，确定不同的临界值（K 值），识别其是否为贫困户。在不同的 K 取值下，界定满足临界值的家庭为贫困家庭，可计算出一定 K 值下的贫困发生率和低保有效覆盖率。研究发现，低保覆盖率与 K 值呈显著正相关，当 K 取值 0.3 时（同时考虑任意 3 个维度，除消费贫困外），低保有效覆盖率最高。当 K 取值为 0.4（同时考虑任意 4 个维度的贫困，包括仅存在消费贫困

的家庭）时，低保的有效覆盖率急剧下降，可以说明在多维贫困体系中，低保对消费贫困的识别敏感度最低。总的来看，即便在多维贫困指数下，低保政策的瞄准率有所提升，有效覆盖率却非常低，这意味着许多多维贫困家庭没有获得低保待遇。

5.2　影响瞄准效果的主要因素

为进一步证实低保户识别中多维标准的影响，可以对三种类型家庭的特征，尤其是致使其贫困的特征变量的差异性进行分析。本书用 Logit 模型分析贫困低保户、贫困非低保户及非贫困低保户的家庭特征差异，模型方程如下：

$$Logit(P) = \alpha + \beta_i X_i + \varepsilon_i$$

其中，$Logit(P)$ 为因变量，取值为 0 和 1，意指是否为城乡低保户（仅以收入为标准，错保户为 1，贫困低保户或漏保户记为 0），α 为截距或常数项，X_i 为解释变量，β_i 为各解释变量的回归系数，ε_i 为误差项。这里选取与低保识别与致贫原因相关的 10 个指标作为解释变量，包括家庭总收入对数、家庭结构特征（包括家庭人口数、家庭劳动力特征等）、户主特征、消费情况等。模型的估计结果见表 5 - 3。

表 5 - 3 显示，错保户与贫困低保户的致贫原因差异并不明显，但错保户与漏保户之间的致贫原因存在明显差异。这说明，如果把家庭收入作为唯一识别标准，即使错保户不应当被纳入低保，但回归结果表明，这些家庭的在校生人数、劳动力受教育水平、医疗费用支出等更加接近于贫困低保户，因此更容易被识别为低保户。实证结果与城乡低保政策执行实际瞄准侧重的人群非常吻合，即在通常情况下，除家庭收入因素外，低保户的实际识别过程仍会考虑家庭结构、家庭负担、家庭自立发展潜力等其他因素。而且上述结果也进一步印证，不能排除多维贫困理念标准对低保户识别过程的实际影响。然而，目前多维贫困标准尚未在制度上形成统一的明确说明，各地在对多维贫困的理解和运用上也存在差别。因此，在兜底目标下，需要着眼于实践层面，对多维贫困标准在政策层面进行定位，并出台可操作的实施细则。

表 5 – 3   低保户实际识别的影响因素分析

变量	模型（1） 错保户/贫困低保户	模型（2） 错保户/漏保户
过去一年的家庭总收入	− 0.403 *** （0.0748）	− 0.117 *** （0.0642）
户主年龄	0.132 （0.0571）	0.017 （0.0521）
家庭人口数	0.103 （0.0672）	− 0.009 （0.0673）
小学及以下受教育程度的劳动力占比	− 0.172 （0.0433）	0.471 * （0.1762）
生产性固定资产	− 0.098 （0.0381）	0.013 （0.0748）
人均医疗消费支出	− 0.267 *** （0.0259）	0.981 ** （0.0351）
家中正在接受正规教育的人数	0.142 （0.1193）	− 0.278 ** （0.0835）
样本量	2663	2663
Pseudo R^2	0.1493	0.2775

注：*** 、 ** 、 * 分别代表在 0.1%、1% 和 5% 的显著水平上显著。括号内表示标准误。

5.3 案例探究：基于对湖北省武汉市 社会救助政策的考察

众所周知，社会科学领域无法执行完全精确的试验，有关社会科学实证研究的结论绝大多数是统计结论，而且一个或多个案例无法对理论假设作出准确判断。实际上，建构理论是案例研究的主要目的，其本质在于创建构念、理论和命题①。案例研究最适合回答"怎么样、为什么"类型等问题,所有的案例研究既是探索性的,同时也是解释性的。从经验观察开始,对客观现象进行主观重构,通过演绎归纳方法从复杂的社会实践中抽象出具有普遍性和指导启发意义的理论建构,而且案例研究的结果需要兼具理论和实践上的重要启迪②。

5.3.1 结构—功能分析

"结构—功能"分析方法结合了结构分析和功能分析。关系重于部分是其核心预设,专注于阐明社会现象对不同结构背景的结果,寻找社会现象来自结构背景的决定因素,提倡进行更多经验的、中层的以及结构化的动态分析③。"结构—功能"中的结构,既包括微观上的人际结构,也包括中观群体或组织结构以及宏观社会制度结构。在分析路径上,通过结构约束来限定功能选择的变化范围,在功能分析和结构分析之间起着架通作用④。与功能分析相关的基本要求是所分析对象必须是某一标准化事项。据此,社会救助瞄准机制就是一项被行政法规所确立的"标准化事项",其有着可重复、可循环的外部运行机制及其模式化内部制度架构。社会救助瞄准在实践中产生的问题其实就是功能问题,即不以主观设计动机为转移的某种客观后果即潜功能,这也符合"结构—功能"分析方法中功能的客观性预设。通过反思社会救助瞄准机制运行的客观后果,更容易触及表面观察所难以达至的问题领域。因而,对社会救助瞄准机制的研究适用"结构—功能"分析。

1. 社会救助瞄准机制的功能分析

默顿将"功能"清晰界定为可观察的客观后果,而不是目的、动机、目标等主观意向。"功能"可划分为"显功能"和"潜功能",前者指预期的客观后果,后者指非预期的客观后果。然而功能有时并不完全一致,可能有助

---

① Ying R K. Case Study Research: Design and Methods [M]. 3rd ed. California: Sage Publications, 2003.

② 吕力. 案例研究:目的、过程、呈现与评价 [J]. 科学学与科学技术管理, 2012 (6).

③ 彼得·什托姆普卡, 林聚任 (译). 默顿学术思想述评. 北京:北京大学出版社, 2009.

④ R. K. Merton. Social Theory and Social Structure. New York: Free Press, 1968.

于社会救助瞄准机制的调整适应，也可能起着反向作用。把更多资源分配给真实贫困的群体是社会救助瞄准机制的主要显功能，显功能的发挥首先需要精准识别需要接受社会救助的家庭或其他群体。

由于社会救助瞄准机制所依存结构多元化，以及所面对情境的复杂性，经常在发挥显功能的同时，会自然产生促进政府道义和社会公平，保障平等基本生存权利的正向潜功能，同时不经意地甚至难以避免产生不符合功能定位的负向潜功能。当前我国社会救助是基于补缺型福利思想，即将有限公共资源分配给依靠市场、家庭及自身难以生存的困难对象。因理性行为人产生的公共资源"搭便车"现象，救助对象的精准识别过程同时也需要防范和应对瞄准偏差风险。因此，社会救助瞄准机制反向潜功能包括两个方面：其一，把不符合瞄准依据的对象纳入保障体系，造成公共资源效用损失，引发新的不公平；其二，未能将符合救助规定的困难对象，及时有效地予以救助，将一部分实际困难群体"裸露"于社会保护体系之外。囿于信息不对称和道德风险的客观存在，同时受到社会救助理念、治理方式等约束，对社会救助瞄准机制反向潜功能的限制直接影响着显功能价值（见图5-1）。

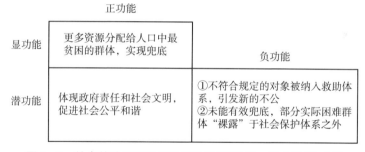

图5-1 社会救助瞄准机制的显功能/潜功能、正功能/负功能

2. 社会救助瞄准机制的结构分析

"结构—功能"中的结构，涵盖宏观层面的政治社会结构，也包括中观层面的社会治理制度结构，还可以是微观层面的权力运行结构。具体讲，社会救助瞄准机制结构体系包括外部结构和内在结构。外部结构是从政治社会系统出发，包括政治意志、规则和社会文化。内在结构包括过程和结果导向两个维度：过程维度是指瞄准机制各环节之间的关系，涉及资源配置、执行和监督体系；结果导向维度包括社会救助瞄准的绩效评价和效果反馈，关系

到社会救助民生兜底、救助理念和救助政策优化（见图5-2）。

尽管准确且全面识别社会困难群体是社会救助制度的核心所在，但诸如错助、漏助等瞄准偏差在实践中时而发生，社会救助在精准识别方面尚未建立起整合的瞄准机制，制度碎片化明显，部门协同治理水平低。政治经济方面，国家不断加强对困难家庭和居民的资源投入，但尚未出台全国层面专门的社会救助法，这不利于构建统一高效的社会救助瞄准机制，尤其是缺乏对社会救助理念的清晰界定，以及对兜底定位的标准划分，导致社会救助瞄准机制的建构过程自由裁量较大而相应规则约束发展滞后。一直以来，社会救助瞄准重在执行过程的行政干预和技术运用，往往将瞄准和识别作为执行的一个环节，未把瞄准机制构建作为完善整个制度体系的"中枢"，处理错助、漏助等瞄准偏差仅成为事后应急处理和责任追究的手段，导致救助效果看似只关联于执行质量和对寻租腐败的制约。社会救助瞄准机制的结构约束分散、模糊以及强制力低，对最终瞄准效果未能起到应有规制作用，导致社会救助瞄准机制功能发挥和结构约束之间弱相关，不利于社会救助显功能的发挥，也在客观上滋生了反向潜功能的蔓延空间。

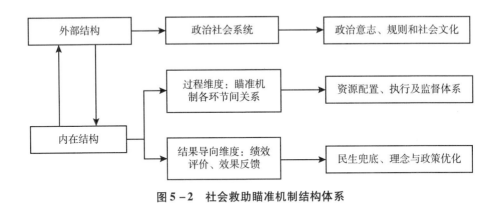

图5-2 社会救助瞄准机制结构体系

3. 社会救助瞄准机制建构过程分析——以湖北省武汉市为例

建构理论是案例研究的主要目的，其本质在于创建构念、理论和命题[1]。

---

[1] R. K. Yin. *A Review of Case Study Research*：*Design and Methods*. Sage Publications，2003.

通过演绎归纳从复杂社会实践中抽象出具有普遍性和指导启发意义的理论建构①。选取湖北省武汉市社会救助瞄准机制建构过程作为案例，主要遵循如下标准。（1）关键性原则。以 2014 年国务院颁布实施《社会救助暂行办法》为时间节点，以湖北省武汉市社会救助瞄准机制建构过程作为案例，以统一的全国层面结构约束出发以控制其他因素影响。聚焦于当地建构社会救助瞄准机制过程的标志性、关键性政策文本。（2）典型性原则。湖北武汉社会救助瞄准机制的建构过程，较清晰地体现出规范救助、精准施策和治理协同特点。（3）理论抽样原则，所选案例与本书研究问题契合，武汉市社会救助政策在地方层面政策体系中具有一定代表性，也有较完整的信息以供支撑研究。

（1）规则嵌入与执行约束强化。

所有政策的执行监督都嵌入到地方情境同时受传统规范约束，一旦政策执行监督和地方情境产生不一致甚至冲突时，政策执行监督会遭受阻力，导致政策执行监督走样②。社会救助瞄准的执行情境复杂，技术性治理工具需要考虑对复杂执行情境和基层实际的适应性。2014 年国务院颁布实施《社会救助暂行办法》，为社会救助制度规范化、执行标准化提供了统一规则和基本遵循。相比过去以部门或地方化为主导的规则体系，作为国家层面的社会救助行政条例，对建构社会救助瞄准机制起到一定结构约束作用。

在科层制政府运行结构下，自上而下的纵向政策执行落实具有良好适应机制和反应效率。《社会救助暂行办法》正式出台之后，武汉市制定了最低生活保障审核审批实施办法，对城乡低保的申请、审核及审批流程进行针对性、流程化的规范，为地方低保救助的瞄准机制确立统一规则结构，为社会救助瞄准执行确立操作程序，有效克服基层社会救助瞄准中的主观经验倾向，以及避免缺乏有效约束过于强调权变的"碎片化"做法，在制度结构层面保障了社会救助瞄准机制的显功能发挥。在统一规则指导约束下，社会救助瞄准机制不断完善，进一步规范了审核审批程序，对灵活就业人员收入认定等技术难点出台了明确的流程办法。通过规则前置、执行过程标准化，增强政策执行的透明度和公信力，充分尊重申请家庭在瞄准审核过程中的主体地位和权利保障，有效避免因制度规则饱和度不够或质量不高，造成执行不当引

---

① 吕力. 案例研究：目的、过程、呈现与评价 [J]. 科学学与科学技术管理，2012，(6).

② 吴小建，王家峰. 政策执行的制度背景：规则嵌入与激励相容 [J]. 学术界，2011，(12).

发消极公共舆论等。

从表5-4可以看出，2015年当地密集出台了旨在强化社会救助瞄准规范执行的程序性文件，为社会救助瞄准机制嵌入更加清晰的规则结构，根本上为提高社会救助瞄准效果提供结构保护和执行保障。在社会救助领域，技术工具治理需要遵从各种理性准则的权衡，基层政府理性权衡的准则是价值型关系理性优先于科层理性，而科层理性优先于工具型关系理性[①]。统一规则和明确治理结构为科层制理性下政府职能部门的横向沟通提供外在压力与内在张力，有利于增强不同职能部门横向沟通效率。当地民政部门与银行主管单位联合制定了关于落实家计调查对家庭金融资产查询和相关工作机制对接协调的操作性办法，增强社会救助瞄准机制的技术治理能力。在社会救助瞄准信息比对环节，由入户调查、邻里走访等方式提升为主要通过居民家庭经济状况核对系统，2014年武汉市清理或审批不予通过超标家庭10323户，避免低保资金损失5000余万元，提升社会救助公平性和瞄准效率[②]。

表5-4 武汉市社会救助瞄准有关政策文件

政策文件名称	编制单位	颁布时间
武汉市最低生活保障审核审批实施办法	武汉市民政局	2014年4月
关于进一步规范低保审核审批工作的通知	武汉市民政局办公室	2015年8月
关于明确低保审核审批中灵活就业人员收入认定工作的通知	武汉市民政局办公室	2015年9月
关于银行业金融机构协助开展社会救助家庭存款等金融资产信息查询工作的通知	武汉市民政局 中国人民银行武汉分行营业管理部	2015年10月
武汉市2015年支持社会组织参与社会服务项目实施方案	武汉市民政局 武汉市财政局	2015年11月

---

① 殷浩栋，汪三贵，郭子豪. 精准扶贫与基层治理理性——对于A省D县扶贫项目库建设的解构 [J]. 社会学研究，2017，(6).

② 武汉清退1万余假低保户：存款26万吃低保. 搜狐网，http://news.sohu.com/20150306/n409397623.shtml，2015-03-06。

续表

政策文件名称	编制单位	颁布时间
市民政局关于进一步加强社会救助长效机制建设的意见	武汉市民政局	2016 年 10 月
市民政局关于开展社会救助工作专项检查的通知	武汉市民政局	2017 年 3 月
武汉市低收入家庭认定实施办法	武汉市人民政府	2017 年 9 月

资料来源：武汉市民政局网站，http：//www.whmzj.gov.cn/。

动态管理成为检验社会救助瞄准机制实践效果的核心指标。及时将符合条件的困难家庭或人员纳入救助体系，同时将不符合条件或动态超标的对象及时退出，是维护制度公平正义的关键所在。近年来，随着农村低保专项治理开展，以及居民经济状况核对平台、扶贫领域政策落实监察系统等信息化平台应用，"人情保""关系保"等社会救助领域的寻租腐败现象得到了有效遏制。因动态管理不及时产生的错助、漏助，成为影响社会救助瞄准公平性的首要因素。近年来当地通过规则完善、技术治理工具应用，通过新增和退出两个指标显示社会救助动态管理不断强化。2019 年上半年统计数据显示，当地农村低保累计新增 1330 户、1810 人；累计退出 5053 户、6718 人。[1] 确保对符合条件的困难对象及时救助，以及对错助或已经不符合救助条件的及时退出。相比之前退出不及时甚至附带条件、讨价还价的不规范操作，以及信息不对称导致道德风险或漏助风险，以约束条件和规范流程为核心依据成为社会救助瞄准动态管理的主要特征。

（2）治理协同与反向潜功能干预。

提高瞄准治理水平和增效瞄准效果的关键，需要着重增强瞄准治理结构的开放性和协同性。除加强政府部门间的协作治理外，还应当鼓励支持专业化的社会组织参与社会救助。研究表明，专业社工的存在和有效介入有利于实现社会救助标准绩效[2]。武汉市明确以项目申报形式申请财政资金支持，社会救助瞄准机制通过强化制度配置、体系优化等一揽子方案设计，兜底目

---

① 武汉市民政局网站 . http//mzj. wuhan. gov. cn/.

② Feliciana Rajevska, *Social Safety Net in Latvia*, *Politika un Sociologija*, Latvijas Universitates Raks-ti, 2004.

标的显功能得到了充分释放发挥。当地民政部门明确把公开公示以及信息核对是否规范作为重点督查内容，有效地制约和监督因执行不规范造成瞄准偏差或其他反向潜功能。通过制度供给不断强化社会救助兜底能力，在政策意愿、经济能力以及社会需要等三维结构推进下，加强构筑兜底的支持体系和风险防范机制。

当前对社会救助瞄准负向潜功能的约束，主要来自行政系统内部自上而下的行政命令和压力传导，在实际工作中，作为直接监督部门的街道、乡镇一级民政机构因工作任务繁重，出现监管乏力、监管软化等现象①。调研发现，区、乡（镇）对村级社会救助监督指导不够，基层办事人员对救助政策理解不透，容易造成执行偏差。与此同时，传统权威在治理过程中依旧发挥重要作用②，居委会或者村干部的权威可以压服质疑者，单方面决定社会救助资源配置，民众参与决策监督尚未有效发挥③，呈现出一种自上而下、有求无应的单向性治理关系，这一非对等、无回应的互动机制使得社会救助瞄准过程中申请救助家庭的诉求容易遭到基层忽视④。将社会救助服务纳入政府购买服务指导目录，释放社会救助专业工作的协同治理与专业合作空间，适应社会救助精准化、执行专业化的治理诉求。通过支持专业力量和社会组织参与社会救助瞄准，改变一线经办人员缺乏、专业素养不足的情况。当地社会救助最新通报显示，已签订购买协议、正在实施或完成政府购买家计调查服务工作的占到66.7%。通过加强社会救助瞄准协同治理的专业力量，以消解监督不力、一线执行自由裁量过大可能产生的负向潜功能。

（3）理念提升与显功能增进。

阿马蒂亚·森认为贫困是对人的基本可行能力的剥夺，除了收入低下，还有其他因素也影响可能性能力的剥夺⑤。他提出的多维贫困理论认为，人的贫困不仅是收入贫困，还包括教育、健康、住房及享有的公共服务等其他

① 薛立强，杨书文.论政策执行的"断裂带"及其作用机制——以"节能家电补贴推广政策"为例 [J].公共管理学报，2016（1）.

② 费孝通.乡土中国 [M].北京：北京出版社，2004.

③ 王雨磊.数字下乡：农村精准扶贫中的技术治理 [J].社会学研究，2016（6）.

④ 李迎生，李泉然，袁小平.福利治理、政策执行与社会政策目标定位——基于N村低保的考察 [J].社会学研究，2017（6）.

⑤ A. Sen. *Commodities and Capabilities*，London：Oxford University Press，1999.

维度的贫困。对家庭收入虽超过低保救助标准，但滑入事实贫困的风险很高，又具有一定自立能力和发展潜力的边缘贫困家庭来说，考虑其生存和发展必需的刚性支出，针对性地提前干预和及时救助，可以有效防范与化解贫困风险。实现社会救助兜底，核心在于对贫困风险的提早预判和综合施策。社会救助瞄准可以分为预判风险提前介入、发生贫困全面救助以及脱贫跟踪、发展能力巩固等阶段。《武汉市低收入家庭认定实施办法》体现了多维贫困理念下的问题治理导向，把相关问题作为贫困风险预判和提前介入的突破口，例如提高单亲家庭和高龄老人的支出系数，体现出对家庭代际贫困传递和老年贫困的风险预防意识。同时考虑初、高中阶段的在校生的教育等刚性支出设置支出系数，体现了发展型理念对边缘贫困家庭未来发展的支持与保护。有学者运用多维贫困标准测量，结果显示健康维度的贫困发生率最高[1]。根据国务院扶贫办建档立卡统计，因病致贫、因病返贫贫困户占建档立卡贫困户总数的 42%[2]。根据家庭多维贫困形态和生存发展需要设置不同支出系数，并在家庭收入核算时进行核减，将处于低保救助边缘的低收入家庭纳入医疗救助等专项社会救助，有利于扩大制度的覆盖面和福祉效应。

社会救助瞄准机制由于制度覆盖面比较狭窄，导致其他类型贫困群体或中低收入群体因制度保护不足，刚性福利需求难以通过正常制度供给渠道实现，而利用信息不对称等技术瞄准薄弱环节进行道德风险操作，从而产生瞄准偏差。调研发现，农村低保对象收入认定准确性依然是亟须解决的难点，"大病保"、残疾人单独施保现象依旧存在。通过扩大专项社会救助的覆盖面，可以将以低保对象为依据的"福利捆绑"效应进行转移和稀释，降低低保救助的瞄准压力和技术负担，弱化社会救助瞄准的"福利诱导"效应，使不符合低保救助条件但面临较大贫困风险的家庭，也能够进入社会保护体系获得相应救助，有利于降低低保救助的瞄准偏差。

按照收入贫困标准，农村低保瞄准率和覆盖面偏低，建议运用多维贫困标准增加低保制度覆盖面，能够使低保制度真正起到兜底作用。运用多维度

① 朱梦冰，李实. 精准扶贫重在精准识别贫困人口—农村低保政策的瞄准效果分析 [J]. 中国社会科学，2017 (9).
② 卫计委. 因病致贫、因病返贫户占建档贫困户的 42%. 人民网，[2016 - 06 - 21] http：// politics. people. com. cn/n1/2016/0621/c1001 - 28466949. html.

贫困理念针对不同社会救助项目塑造多维度、差异化的瞄准标准体系，根据贫困风险发生演变提前干预和综合治理，可以提高对贫困边缘群体的社会保护力度。截至 2019 年 7 月底，武汉市已认定低收入家庭 3023 户、6387 人，低收入家庭也能够享受医疗救助、临时救助等专项或配套救助政策。通过将社会救助对象由低保家庭扩展至低保边缘家庭、特殊困难家庭以及支出型贫困群体，兼顾困难家庭的医疗、教育、养老等刚性消费支出，是对多维贫困理念和发展型社会救助的实践运用，推动社会救助精准救助、应助尽助的兜底理念。

5.3.2 社会救助瞄准机制建构逻辑

案例研究可以对理论构建起到助益作用，研究结论推广需要考虑两个条件，即案例所观察到的条件之间的逻辑关系的相对稳定，并且案例中的"条件"是可复制的①。利用"结构—功能"分析方法，对湖北省武汉市的社会救助瞄准机制进行结构剖析，可以概化出一般意义的社会救助瞄准机制演化逻辑。

1. 社会救助瞄准机制功能维度：强化兜底思维

实现社会救助民生治理目标，很大程度上取决于对贫困风险的分析质量。社会救助本质上是进行贫困风险治理，兜底根本在托住贫困风险之底，托起社会居民基本生活之底。这不仅需要对眼下的贫困现象进行救助，还要求从贫困演化以及长远贫困治理目标出发，提升对多维贫困的实践把握和综合治理，加强对贫困风险的全面识别和上游干预，增强救助瞄准的预见性和可持续性，使得社会救助从维持家庭基本生活转变为反贫困导向的兜底角色。这不仅需要对已发生的贫困进行有效救助，还需要对可能陷入贫困的脆弱性群体及早干预。除救助标准和救助水平外，可以将贫困发生率、低收入群体发展等纳入风险治理指标。在农村精准扶贫、精准脱贫的战略行动中，集中体现了多维贫困理论导向和实践运用，具有突出的贫困风险综合治理特征。为逐步实现农村扶贫标准和农村低保标准的"两线合一"，低保户识别标准需

---

① 王建云. 案例研究方法的研究述评 [J]. 社会科学管理与评论，2013（3）.

要从单一收入标准向多维贫困标准转变，使低保制度真正起到兜底作用。借鉴农村精准扶贫在理论层面构建具有中国特色的多维贫困理论，将对我国社会救助理念和制度发展带来重要影响，结合国家治理能力和经济社会条件等结构化因素，未来中国社会救助可能将更多地体现对多维贫困风险的综合性、全周期治理导向。

2. 社会救助瞄准机制的运行过程：情景适应与精准施策

社会救助瞄准机制体现公平效率，实现治理诉求的必要条件是遵循多层次结构约束并与之保持良好适应。突破既有结构约束或者缺乏情境考量，皆不利于瞄准机制的建立完善。社会救助瞄准机制在再分配总量、救助标准以及治理结构方面，取决于宏观经济社会结构和国家治理能力与治理体系。根据宏观经济社会发展情况，在理念提升、制度完善以及治理体系优化等方面进行适时调整。从根本上来讲，社会救助瞄准机制是一项内生多面向的复合型社会治理机制，越来越多地体现出社会治理和居民参与互动。社会救助瞄准机制需要适应于贫困群体、参与治理的组织结构以及具体情境下的人际结构。社会救助瞄准对象主要是贫困群体，治理内容主要是贫困风险。贫困风险具有阶段性、周期性特征，不同群体和家庭所呈现的风险类型、风险损失千差万别。即使同一家庭在不同家庭发展阶段、不同的生命周期所面临的致贫风险也差异明显。风险治理需要统筹经济社会发展各方面的综合成本收益关系，对贫困风险治理分为上游干预、中游施策以及下游评估等三个循环、不间断的过程。如果尚未形成全风险周期的治理体系，那么治理成本必然增高，而治理效益可能会出现下降。在社会救助瞄准机制的目标体系中，贫困兜底是首要目标，当前收入不足可能是由多种风险和脆弱性因素长期积累和作用导致。对于贫困这种多面向演变过程，实现贫困的有效治理必然是综合性、全周期的。

家庭贫困风险大小取决于家庭抗击各种不确定性风险冲击的承受能力，这种风险承受能力和家庭异质性特征密切相关。当家庭异质性福利需求与家庭、政府、社会三方的福利供给存在结构或水平不均衡时，会直接增加家庭或个人的贫困风险和福利损失。从全生命周期来看，家庭面临的贫困风险在各个生命历程的阶段性特征，本质上是由家庭生活发展的需求水平和结构内容所决定。收入不足在不同生命历程阶段对家庭贫困风险的形成和影响是不同的，只针对收入不足进行帮扶介入尚不能精准对接贫困风险治理需求。贫困风险的内涵和外延不断发生着变化，产生贫困风险和决定风险水平的因素除了家庭特征和个人禀赋外，经济发展形态、社会以及文化心理都会对贫困风险演变带来深刻影响。经济社会转型期的中国面临新旧社会风险相互交织，贫困风险的产生机理比以往任何时期都更加复杂。针对静态单向的收入不足风险难以满足高标准、高质量的全面贫困治理需要。兜底目标下的社会救助需要进行多维贫困治理，而这不仅在瞄准机制设计上予以充分体现，也需要在瞄准执行过程对不同家庭同时存在的一种或几种贫困面向进行全面瞄准综合施策，对同一家庭不同生命历程和不同发展阶段的贫困风险提前预判有效干预（见图 5 - 3）。

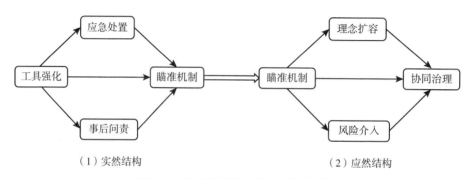

图 5 - 3　社会救助瞄准机制的结构优化

5.3.3　社会救助瞄准机制建构驱动因素

利用"结构—功能"分析方法，对湖北省武汉市的社会救助瞄准机制进行经验观察和结构剖析，虽然对案例研究观点建构还需要进一步的后续实证检验，但从探索性角度出发，通过客观测量与主观诠释的相互融合，通过真实可靠的案例记录和过程呈现，仍可以概括总结出具有一定推广性和启发性的结论。

1. 社会救助瞄准机制的针对性主要取决于风险分析质量

社会救助瞄准机制的针对性包括两个层面架构：理论层面是体现公平正义共享的针对性；实践层面则是指兜底保障具有良好的适应性和综合效率。

同时实现两个维度针对性的治理目标，很大程度上取决于对贫困风险的分析质量。因为社会救助在运行层面本质上是进行贫困风险治理，兜底保障首要之义在于托住贫困风险之底，托起社会居民基本生活之底，而实现这一目标，瞄准机制远不止对眼下已存在的贫困问题进行识别救助，更需要从贫困理论演化和救助实践发展，以及政府未来对于贫困的治理目标等宏观背景和结构化角度出发，提升对多维贫困的实践把握和综合治理，加强对贫困风险的及时预判和上游干预，增强瞄准机制的预见性和可持续性。社会救助功能从保障收入贫困家庭或个人的基本生活转变为重视反贫困导向和综合治理诉求的兜底保障，决定其角色转变和功能复合绩效的一个关键则是对贫困风险的全面分析和系统应对。这不仅要求对已发生的贫困进行有效救助，还需要对可能陷入贫困的脆弱性群体进行及早干预，体现社会救助成效的指标除了救助标准和救助水平外，也可以将贫困发生率、低收入群体发展支持等风险治理指标纳入进来。

在农村精准扶贫、精准脱贫的战略行动中，集中体现了多维贫困理论导向和实践运用，具有突出的贫困风险综合治理特征。加强农村社会救助与精准脱贫的制度衔接，可以把贫困风险作为农村社会救助的主要治理对象，一方面可以逐步完善和提高农村社会救助水平，另一方面可以强化对贫困风险治理的制度供给和资源投入。从城乡社会救助体系统筹角度出发，同时农村精准扶贫战略推进也在理论层面尝试构建具有中国特色的多维贫困理论，对中国社会救助理念和制度发展带来了重要影响，结合国家治理能力和经济社会条件等结构化因素，未来中国社会救助可能将更多地体现对贫困风险的综合性、全周期治理导向。

2. 社会救助瞄准机制的适用性主要取决于治理参与主体的合作程度

社会救助瞄准机制重在执行，提高执行力的关键在于社会救助瞄准机制具有良好的适应性。构建社会救助瞄准机制的重要基础和关键因素包括技术治理实现程度以及治理资源的配置效率与供给质量，由于社会救助瞄准的公平效率要求与执行情境的复杂性相互交织，要求由单一部门、单向的科层制治理模式适应为合作协同治理模式，需要治理参与主体保持良好的沟通合作与信息共享。作为一项公共领域的社会政策，不同于市场领域各方主体的自发性适应和竞争性调整，保证社会救助瞄准机制的适应性，需要有十分健全的治理架构和明确的治理责任。

基层社会救助瞄准治理中，同时存在着科层理性和关系理性。科层理性下强调分工、权力等级等特征，兜底保障目标下的社会救助瞄准是在基层政府统筹指导下，由横向的比如财政、民政、残联、监察部门、工商税务等相关职能部门进行专业分工，并且各部门有着明确的机构边界和职能权限。而专业分工虽然可以提高专业性和内部沟通执行效率，但也会带来交易成本增加，分工越多则会导致协调多部门的行动成本越大[①]。比如，民政部门作为社会救助瞄准实施的主管部门，在建设完善居民家庭经济状况信息核对平台工作中承担主体责任，但信息核对平台建设需要多个相关政府职能部门机构协同参与，不同于以规则制度为本的韦伯式科层体制，中国行政制度的核心则是由上下级的信任、庇护、忠诚关系交织而产生的向上负责制[②]。所以，职能部门横向沟通协作既需要上级政府的统筹推动，激励相关职能部门更加积极有效参与，还需要付出相应沟通协商等交易成本来平衡各方的利益关切，达成统一行动和一致性目标。

同时，社会关系也渗透在政治经济领域的科层体系和正式组织之中[③]，科层理性仅代表组织管理体制的一般意义上的刚性规则，还需结合具体情境理解组织机构的弹性运作。而这种弹性运作或称为自由裁量在具体情境中除了刚性规则会产生一定的规制作用，可能关系理性也会给实践操作带来直接影响，特别是对于公共资源再分配，科层理性在缺乏精准执行工具或全面监督的条件下，容易在关系理性作用下产生理性变通，这其中可能产生瞄准偏差甚至寻租腐败。社会救助瞄准机制治理过程不仅需要政府和职能部门间的权责划分和合作协同，同时也需要社会成员、公共组织以及救助对象的充分参与。科层理性本身的特点更适用于瞄准规制环节的上游治理，而且其非人格化特征和强调正式权威的特点并不完全适用于社会政策的瞄准和执行。

在社会救助瞄准的实践环节，关系理性也成为基层执行的理性权衡原则。关系理性即遵循明确的关系价值及其实现手段，也包括关系框架内利益界定

---

① Williamson, O. F. 1971, The Vertical Integration of Production: Market Failure Considerations [J]. *American Economic Review*, 61 (2).

② 周雪光. 运行型治理机制：中国国家治理的制度逻辑再思考 [J]. 开放时代, 2012 (9).

③ 纪莺莺. 文化、制度与结构：中国社会关系研究 [J]. 社会学研究, 2012 (2).

及其实现方式①。根据韦伯的理性分析框架又可将关系理性界定为价值型关系理性和工具型关系理性。价值型关系理性以伦理来定位关系，其指导下的行为模式并不追求利益最大化，而是在关系序列中进行选择②。而工具型关系理性的行动依据则是追求个体利益最大化，不是被动接受伦理价值内的关系规制，而是将关系视为自身获取资源的工具，主动构建对自己有用的关系。关系理性的存在使得科层理性下的刚性规则产生弹性，也可视为对复杂治理情境的适应性调整，但出发点迥异的两种关系理性却会产生截然不同的治理路径和政策效应。在社会救助瞄准实践中，价值关系理性借助于地方知识、风俗习惯等一般性情境来更为直接、便利地识别贫困，进而弥补因刚性规则缺乏落地条件而带来执行困难，其出发点在于尊重制度规则的同时，利用普遍认可的价值理念来协同进行瞄准治理。

工具价值理性某种程度上类同于"理性人"假设，其出发点在于谋求个人利益最大化，其在社会救助瞄准实践中存在着两种行为逻辑，一种是形式逻辑，即强调形式重于实质，过程重于结果，例如将公开评议等监督手段直接作为瞄准的主要依据，而在主动识别尚不完善、信息不对称的情况下，利用过程公平简单替代实质公平，事实上可能造成漏保等瞄准偏差。这种只重视程序意义上的完整较多地体现了社会管理逻辑，而程序上的相对规范则更符合科层理性的治理特征，基层执行人员可以通过程序设计实现"趋利避害"、追求政绩以及形成庇护的利益目标；另一种是寻租逻辑，即因为社会救助瞄准规则与执行情境尚未充分适应，在社会关系的影响下产生制度弹性，在工具理性作用下消减科层理性束缚，进而产生具体情境下的自由裁量空间，在缺乏有力干预制约的情况下容易产生寻租腐败，直接产生错保导致再分配失灵。

实践中，基层社会救助信息公开公示还存在着不规范、不全面的问题，居民通过反馈意见或问题等途径参与治理，尚未得到充分回应。落实村干部和低保经办人员近亲属领取低保的备案制度还需要加强。值得特别关注的是，在社会救助瞄准机制的结构约束不断强化的背景下，错助等情况得到有效遏制，漏助成为影响精准救助、应助尽助的重要因素。基层干部或经办人员的

---

① 高尚涛. 关系主义与中国学派 [J]. 世界经济与政治，2010（8）.
② 李芊蕾，秦琴. 试论中国人的"关系理性" [J]. 中共浙江省委党校学报，2008（3）.

主动性，以及工作的方法经验对化解漏助风险具有直接影响。调研中发现，对提交申请但未通过审核审批的家庭以及通过动态管理已清退的低保家庭的跟踪核查工作尚未得到足够重视。价值型关系理性以伦理来定位关系，其指导下的行为模式是在关系序列中进行选择。提升社会救助瞄准机制的结构约束，关键在于全方位提升治理参与主体的协同合作水平，不仅包括科层理性下的制度协商和程序协同，还可以充分考虑和评估社会关系的正面价值和影响，将实践中具有普遍指导意义的价值观念提升至制度规则层面，在瞄准执行过程中融合和规范价值关系理性，有效规避和制约工具关系理性的作用空间。

因此，提升社会救助瞄准机制的适用性，关键在于全方位提升治理参与主体的协同合作，不仅包括科层理性下的制度协商和程序协同，还可以充分考虑和评估社会关系的正面价值和深刻影响，将实践中具有普遍指导意义的价值观念提升至制度规则层面，在瞄准执行过程中融合和规范价值关系理性，有效规避和制约工具关系理性的作用空间。

3. 社会救助瞄准机制的结构约束要求瞄准执行需要保持灵活性

社会救助瞄准机制体现公平，充满效率，实现可持续发展的必要条件是遵循相对应的多层次结构约束并与之保持良好适应性。突破既有的结构约束或者缺乏情境考量，两者都不利于瞄准机制的建立完善。社会救助瞄准机制在再分配总量、标准以及治理结构方面，取决于宏观经济社会结构和国家治理能力与治理体系。根据宏观经济社会和政治决策情况，在理念提升、制度完善以及治理体系优化等方面进行适时调整。根本上来讲，社会救助瞄准机制是一项内生多面向的复合型社会治理机制，它既包含政府行政管理内容，也适当兼顾市场效率机制，也越来越多地体现出社会治理和居民参与互动。从中观和微观层面看，社会救助瞄准机制也需要适应于贫困群体、参与治理的组织结构以及具体情境下的人际结构。

社会救助瞄准对象主要是贫困群体，治理内容主要针对的是贫困风险，贫困风险具有阶段性、周期性特征，不同群体和家庭所呈现的风险类型、风险损失千差万别，即使同一家庭在不同家庭发展阶段、不同的生命周期所面临的致贫风险也差异明显。贫困多面向除了宏观经济社会结构等一般性归因外，贫困风险所依附的家庭或个人的异质性也是主要原因之一。本质上家庭贫困风险大小取决于家庭抗击外力各种不确定性风险冲击的承受能力，这种风险承受能力和家庭异质性特征密切相关。当家庭异质性福利需求水平与家庭、政府、社会三方的福利供给存在结构或水平不均衡时，也会直接增加家庭或个人的贫困风险和福利损失。兜底保障目标下的社会救助是进行多维贫困治理，而这种多维贫困治理理念不仅是需要在机制设计上予以充分体现，同样重要的是在瞄准执行过程中对不同家庭同时存在的一种或几种贫困面向进行全面瞄准综合施策，对同一家庭不同生命历程和不同发展阶段的贫困风险提前预判并及时干预。

5.3.4　进一步讨论

不同社会结构当中，某种结构模式化所累积的内在张力和矛盾将使得反功能的客观后果进一步扩大，从而催使内部结构变迁。从结构与功能的关系来看，抑制社会救助瞄准的潜在反功能需要推动结构优化。实现社会救助兜底的显功能，需要建立运行有效的社会救助瞄准机制，而建立的前提首先需要获取稳定的"适应性架构"。建立以提升瞄准效果为核心的制度体系和协同治理方式，通过富有效率的跨部门合作将精准识别贯穿于社会救助的各个环节，在救助规则完善、救助理念扩容、治理过程多元参与等结构维度，共同聚焦于制度显功能的发挥。提升横向部门间沟通效率，理顺不同行政部门在提升社会救助瞄准效果的具体职责和跨部门合作流程。通过整合社会救助瞄准机制的内部结构，以规范化、标准化的结构约束增进社会救助显功能，更好地约束潜功能的反作用。

高效准确识别贫困群体，提高政策瞄准效率，不仅是社会救助有效实施的基础，更是当前及今后一个时期内中国贫困治理的战略重点①。构建中国情境下社会救助瞄准机制，需要在兜底目标的集中约束下，结合宏观背景、中观结构与微观因素以及它们之间的关联互动，首先从结构视角全面梳理制约兜底效果与瞄准质量的因素集合；其次是适应复杂性治理需要，将关联的系统因素进行协同与结构耦合，根据社会救助瞄准的有机过程进行整体性治

---

① 章晓懿. 社区能力视角下的社会救助瞄准机制研究：转型国家的经验 [J]. 社会保障评论，2017（2）.

理。作为一种更高的治理要求，兜底目标下瞄准机制还需要调整与丰富社会救助的价值理念，完善监督体系建设强化监督力度，为瞄准机制运行创造公平公正的外部条件。实现稳定、可持续的兜底，从成本效率角度需要及时预判和干预贫困风险，强化风险治理。利用"结构—功能"分析方法，分析影响社会救助瞄准效果的结构因素，对兜底目标下社会救助瞄准机制构建进行理论探索。尽管单案例研究和多案例研究最主要的区别在于研究中使用案例数量差别，而不存在本质上差别①。从建构中国情境下社会救助瞄准机制结构与功能的一般性命题出发，未来将通过更多案例呈现社会救助瞄准机制"结构—功能"的匹配关系。

5.4 社会救助政策演进逻辑：以农村低保为分析对象

我国自 2007 年正式建立农村最低生活保障制度，在以保障改善民生和统筹城乡发展的政策导向下，近年来我国农村民生事业快速发展，社会保障水平显著提升。尤其在精准脱贫战略实施阶段，社会救助作为兜底保障的最后一道防线，中央和各级政府加大了对农村低保的政策投入和资源支持力度，一方面，农村低保标准逐年提升，2019 年全国共有农村低保对象 1892.3 万户、3455.4 万人，农村低保年平均保障标准 5335.5 元/人②。另一方面，随着专项治理开展，农村低保规范化程度不断增强，"关系保""人情保""错保""漏保"问题明显减少。在助力打赢脱贫攻坚战的同时，农村低保对象的获得感不断增强，在媒体和社会公众的注意力聚焦下，农村低保政策形象也不断得到积极反馈。

公共政策变迁的背后必然隐含着特定的理论逻辑。那么，农村低保快速变迁和内涵发展的逻辑和驱动因素是什么？随着现行标准下农村绝对贫困现象全面消除，一直致力于兜底贫困人口温饱的农村低保政策目标、对象和价值理念如何优化调整？在政策背景发生重大变化的情况下，只有厘清这些问

---

① 谢宇. 社会学方法与定量研究［M］. 社会科学文献出版社，2006.
② 民政部网站，参见网址：http：//images3.mca.gov.cn/www2017/file/202009/1601261242921.pdf。

题，才能有效展现农村低保政策的发展脉络和理论逻辑，有助于明晰乡村振兴战略实施中农村低保的政策定位、变革思路和功能价值。基于上述思考，本书通过嵌入间断均衡和政策范式理论，分析农村低保政策变迁过程，明确其中的演变逻辑和目标变化，并进一步预测未来发展趋势，以期为未来我国农村低保政策优化提供借鉴。

5.4.1 分析框架构建

公共政策变迁的理论发展与实践探索在公共政策研究领域始终占据重要地位。间断—均衡框架与政策范式在政策变迁研究中比较常见。间断—均衡框架既吸纳了渐进决策模型的可行性和稳健型特征，又可以适应风险社会下公共决策的突变性和应急性需要，因而对众多的政策变迁具有较强解释力[1]。间断—均衡框架是在关键事件、政策问题和外部情境的作用下，通过政策场域、政策反馈和政策图景的互动阐释其对政策变迁的影响。政策场域分为宏观政治系统和政策次级系统。政策次级系统能够并行处理大量问题，并且通过负反馈作用维持政策渐进均衡运行[2]。当外部环境发生重大变迁和关键事件推动，以及正反馈的强化作用下，政策总体性目标发生剧烈变迁时会发生政策间断，则政策问题就需要通过次级系统上升至宏观系统。更需指出的是，信息时代的媒体在政策制定和执行过程中发挥的作用日趋显著。通过媒体的报道和传播，特定事件或特定问题引发公众关注，能够很快地吸引政策执行部门甚至是宏观政治系统中决策者的注意力，打开社会问题上升至政策问题的通路[3]。政策图景是指某个公共政策被具有不同信仰和价值观的公众或媒体所理解并讨论而形成的一种现象或状态[4]。支持性的政策图景则有利于支

① 李金龙，王英伟."间断平衡框架"对中国政策过程的解释力研究——以1949年以来户籍政策变迁为例 [J]. 社会科学研究，2018（1）.
② 朱春奎，严敏，陆娇丽. 公共预算决策中的间断均衡模型 [J]. 公共管理与政策评论，2012（1）.
③ 孟溦，张群. 公共政策变迁的间断均衡与范式转换——基于1978-2018年上海科技创新政策的实证研究 [J]. 公共管理学报，2020（3）.
④ Frank R. Baumgartner，Bryan D. Jones. *Agendas and Instability in American Politics* [M]. Second Edition. Chicago：Univer-sity of Chicago Press，2009：26.

持和维持其垄断格局，而当引发重大事件和造成舆论传播导向变化时，政策图景变化会导致决策者注意力转向，进而重新界定政策问题和设置政策议程，推动政策重大变迁或变革。霍尔（Hall）认为政策制定者和行动者习惯性地在一个由各种理念和标准组成的框架中工作，这个框架不仅明确了政策总体性目标和工具类别，还指明了政策要解决的问题性质，并将其称为政策范式。政策范式的序列更迭反映了政策的间断与均衡变迁过程。其中，第一序列变化是政策设置的常规调整；第二序列是对政策工具的调整，两种变化都属于渐进性变迁；第三序列则是政策总体性目标的改变，意味着政策变迁发生断裂①。同时，霍尔也认为不同行动者在国家特定时期流行的政治话语中开展活动，其主张的价值理念对政策制定和变迁的影响不容小觑。

基于西方政策过程的间断—均衡框架将政策变迁归于政策议定场所的转换并没有为政策间断或均衡提供概念化说明。中国官方权威决策系统主导型与非官方决策系统参与型相结合的政策运行机制，有别于西方子系统政治与宏观政治互动型的运作模式。同时中国官方决策系统具有绝对权威，中央对国家重大决策具有决定权，西方国家"利益集团"往往依靠经济实力向政府施压来干预政策制定，这与中国非官方决策主体通过民主参与、信息公开和社会监督等途径影响政策进程存在本质区别，因此间断—均衡框架尽管具有描绘政策总体规律的合理性，也需要结合中国实际的政策运行逻辑进行修正。此外，间断—均衡和政策范式有机结合一方面更加贴近中国公共政策过程实际，另一方面清晰地呈现政策变迁过程和动力机制，对于中国公共政策具有更好的适用性。据此，本书以修正后的间断－均衡框架为基础，与政策范式的价值理念分析、政策变迁序列分析有机结合，构建了农村低保政策变迁分析框架（见图5－4）。整合后的框架可以回应三个问题：我国农村低保政策间断—均衡过程和政策目标变化，变迁机制如何发生作用以及行动者的价值理念如何驱动变迁发生，乡村振兴战略实施中农村低保政策变迁趋势与展望。

---

① Hall, P. A. Policy Paradigms, Social Learning, and the State: The Case of Economic Policymaking in Britain [J]. *Comparative Politics*, 1993, 25 (3): 275 – 296.

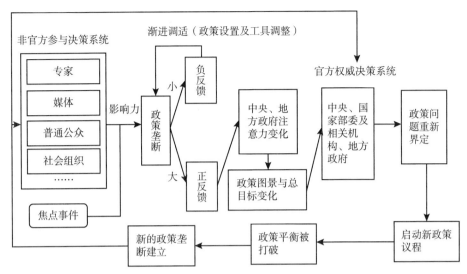

图 5-4 修正后间断—平衡框架与政策范式结合的分析模型

5.4.2 农村低保政策变迁过程及作用机制

随着经济社会发展和政策注意力转向，我国民生领域公共政策呈现快速发展态势，作为民生安全最后一道"防线"，自 2007 年国务院发布关于在全国建立农村最低生活保障制度的通知以来，农村低保政策历经十几年的变迁中既有渐进式的发展，在特定时期又存在瞬间突变，体现出比较明显的间断—均衡特征。同时，在精准扶贫、新冠肺炎疫情应对等关键事件和政策问题的助推下，加之通过媒体的报道传播，农村低保政策在政策目标、政策工具设置和治理水平等方面，也不断进行着调整升级。因此，利用间断—均衡和政策范式整合框架，能够深入清晰地呈现中国农村低保政策的变迁逻辑及特征。

1. 政策变迁的间断与均衡

（1）政策平衡期：渐进性发展与完善（2007~2013 年）。

①政策形成。为适应经济社会改革发展需要，为保障城市经济困难家庭的基本生活，我国早在 1997 年在全国建立城市最低生活保障制度。从 1986 年开始了大规模的农村扶贫开发，使得农村贫困人口数量减少，但仍有农村贫困人口的温饱问题尚未得到解决。而随着"三农"问题成为党和政府工作

的重中之重，同时着眼于建立覆盖城乡的社会保障体系，农村人口的最低生活保障政策在经历地方积极探索之后正式形成。支持性的政策图景以及政策注意力的转向，使得农村贫困人口的最低生活保障问题上升到政策问题，国家的介入也重塑了对贫困人口的生活扶助体系和责任分担。这一时期农村低保政策的目标主要是为解决贫困人口温饱问题提供了必要的救助。政策工具主要是经过家计调查后以补差或分档的形式发放现金，而政策工具的设置水平即低保标准，则是仅用于维持当地农村居民全年基本生活所必需的吃饭、穿衣、用水、用电等费用。

②政策图景竞争与负反馈作用。在农村获得大量公共资源再分配的背景下，农村低保等福利政策执行已经成为村级行政组织日常工作的重要内容，因其与居民福利息息相关而成为了自下而上的关注焦点[1]。然而，由于"地方性知识"和政策自由裁量空间的存在，农村低保政策一方面呈现出碎片化、区域标准和条件差异拉大的现象，政策的公平性和再分配效应受到影响。另一方面受限于农村场域和治理条件，基层微腐败现象多发，而低保执行过程中由于缺乏有效监管工具和信息不对称，更易发生寻租腐败。低保"福利捆绑"问题和污名化效应也开始凸显，"争当低保户""不愿当低保户"等现象同时存在，影响和扭曲了政策的目标和初衷。尤其是网络媒体对低保政策执行问题的报道和传播，也影响着社会公众对低保政策的形象认知。伴随经济社会发展，以及社会对贫困和最低生活需要的认知变化，对于低保标准应包括的内容和适宜水平也日益引起更多讨论。值得一提的是，近年来西方国家对自身福利体系大刀阔斧的改革，更多采取了激活或工作福利的政策以避免所谓的"福利依赖"问题，对我国低保政策是否存在"养懒汉"也引起不少关注。相关研究表明，我国民众的社会公平感越强，则越不倾向于将福利责任归为政府，而其再分配偏好越强，则越倾向于将福利责任归为政府，增强个体的社会公平感能部分通过降低其再分配偏好来削弱其对政府福利责任的诉求[2]。因此，公众的社会公平感知和再分配偏好会对特定群体的再分配

---

① 李鹏，张奇林. 福利政策自由裁量的生成逻辑与治理路径——基于农村低保政策执行过程的分析 [J]. 四川大学学报（哲学社会科学版），2019（4）.

② 肖越. 社会公平感、再分配偏好与福利态度——基于 CGSS2015 数据的实证分析 [J]. 大连理工大学学报（社会科学版），2021（3）.

政策产生影响。

在一系列因素环境作用下，农村低保政策图景面临多方位的竞争。尽管农村低保政策在实际执行方面产生一些问题和偏差，但这一时期政策的总体性目标和价值理念并未发生明显改变，低保政策的制度结构也比较稳定，负反馈作用仍通过渐进调适进行。此阶段的政策范式由第一序列进入第二序列，即在政策工具设置及水平上，除稳步提高农村低保标准的同时，立法规制成为标志性的政策工具，出台了《社会救助暂行办法》。还对加强和改进最低生活保障工作出台了中央层面的专门文件，其一，明确了综合运用基本生活费用支出法、恩格尔系数法、消费支出比例法等测算方法，而消费支出比例法在一定程度上体现出了治理相对贫困的特征。其二，低保经办流程更加规范化、精细化。其三，建立救助申请家庭经济状况核对机制，低保经办的信息化工具和技术治理因素开始凸显。

（2）政策间断期：从必要救助到兜底保障（2014～2020年）。

①新的政策图景进入政策议定场所。从中国国情来看，全面建成小康社会最艰巨、最繁重的任务在农村①。继开发式扶贫之后，2013年中央领导人首次提出"精准扶贫"思想，精准扶贫政策实施的节点为2014年②。2015年《中共中央 国务院关于打赢脱贫攻坚战的决定》提出，坚决打赢脱贫攻坚战，确保到2020年我国现行标准下农村贫困人口实现脱贫。民政部门在贯彻落实中提出实行农村最低生活保障制度兜底脱贫，将符合农村低保条件的贫困家庭全部纳入农村低保范围，做到应保尽保。《中共中央 国务院关于打赢脱贫攻坚战三年行动的指导意见》进一步明确社会保障兜底一批农村低保以提供必要救助，保障最低生活的政策图景，随着全面建成小康社会和精准扶贫战略等关键事件而发生变化，助推决策者政策注意力转向。决策者对问题优先顺序的排列是通过分配注意力的方式实现的，而且解决方案的选择也同样受到注意力配置结果的影响③。随着政策权威注意力转向，推动

---

① 陈锡文. 全面建成小康社会最艰巨、最繁重的任务在农村［EB/OL］.

② 李晗，陆迁. 精准扶贫与贫困家庭复原力——基于 CHFS 微观数据的分析［J］. 中国农村观察，2021（2）.

③ Jones，B. D & F. R. Baumgartner. *The Politics Attention：How Government Prioritizes Problems*［M］. Chicago Press，2005：205.

政策更新和体系变革，精准扶贫和兜底保障开始进入政策议定场所和议程讨论范围。

②正反馈作用与政策总体性目标改变。在农村开发式扶贫阶段，低保政策总体性目标是解决农村贫困人口温饱问题，并将其作为社会主义新农村建设的一项重要任务。此阶段农村低保主要是保障贫困人口的最低生活，由于开发式扶贫机制与基于微观瞄准的低保治理形式不同，加之低保事务和扶贫事务隶属于不同政府部门，在政策注意力配置不足、跨部门协同困难和信息数据共享水平低的情况下，农村低保政策和开发式扶贫政策在对象识别、救助标准、扶持政策工具、治理体系等方面都存在着明显差异。公共政策是一系列复杂的相互作用过程①。在各项政策缺乏配合、协调而不能形成完整兼容体系时，必然会产生政策摩擦，造成政策效益的损失和社会价值的浪费②。例如，2001 年，国务院印发《中国农村扶贫开发纲要（2001－2010）》，提出"整村推进"的扶贫方式，划定 14.8 万个贫困村作为扶贫重点③。而农村低保对象则是以家庭为单位，要求家庭年人均纯收入低于当地最低生活保障标准，这实际上已在政策规制层面形成农村低保与开放式扶贫政策"双轨制"问题。在政策执行方面，农村低保制度在实际运作中则大多数按照指标化的方式进行管理④，配额制特征十分明显，在地方性规则和基层自由裁量空间过大的作用下，低保资源"精英俘获"和寻租腐败现象突出。而传统粗放型的扶贫方式导致贫困人口底数不清、情况不明，整村推进的扶贫方式也使得村庄内部财富分化加大⑤。在缺乏有效内在约束和外部监督的情况下，农村低保与传统型扶贫容易形成"混沌"结构或者"分离"状态，难以有效整合协同以形成治理合力。

扶贫重在精准、贵在精准，农村低保制度自建立伊始是为了解决农村贫困人口温饱问题，精准也是应有之义。在精准扶贫战略实施过程中，伴随一

---

① 陈振明，薛澜. 中国公共管理理论研究的重点领域和主题［J］. 中国社会科学，2007（3）.

② 陈庆云. 公共政策分析［M］. 北京：北京大学出版社，2006.

③ 王亚华，舒全峰. 中国精准扶贫的政策过程与实践经验［J］. 清华大学学报（哲学社会科学版），2021（1）.

④ 李振刚. 农村低保"指标化"管理的影响、原因与对策——以贵州省农村低保制度为例［J］. 社会福利（理论版），2014（1）.

⑤ 邢成举，李小云. 精英俘获与财政扶贫项目目标偏离的研究［J］. 中国行政管理，2013（9）.

系列相关政策密集出台，农村低保政策被纳入精准扶贫政策体系中进行整合协同，并被赋予了明确的政策定位、政策目标和政策对象。消除绝对贫困，稳定实现农村贫困人口"两不愁 三保障"，如期打赢脱贫攻坚战成为政策总体性目标。兜底保障以及应保尽保、精准救助成为农村低保新的政策图景，农村低保的政策问题及其性质也随之调整，渐进式调整难以适应政策总目标，需要打破政策垄断，在宏观层面进行政策资源的重新配置。此阶段正反馈作用不仅体现在农村低保标准快速提高，2017 年全国所有县（市、区）农村低保标准达到或超过国家扶贫标准①，还明确了农村低保与扶贫开发政策有效衔接的内容和路径，农村低保治理体系和经办能力实现突破性提升，农村低保制度理念和政策价值得以升华。

③政策数量变化与政策工具变迁。随着宏观政治系统决策实施精准扶贫战略，农村低保政策总体性目标升级，也体现在政策范式第一和第二序列快速密集转换。2014 ~ 2020 年间，农村低保政策发文量激增，意味着在这个时间节点发生了政策突变，表明这段时期宏观政治系统和政策制定者对于农村低保政策投入了更多关注。罗斯威尔和泽格维尔德（Rothwell and Zegveld）的政策工具理论将政策工具分为环境面、供给面和需求面政策工具三类，认为只有这三种类型的政策工具平衡使用，才能保证政策的合理性与科学性②。基于此，本书将农村低保的政策工具划分为供给型、需求型和环境型三大类。供给型政策工具主要是指对农村低保政策总体性目标起到直接促进作用的政策，包含资金、人才、设施、技术、信息等方面的有效支持。环境型政策工具主要包括目标规划、金融服务、税收优惠、法规管制以及策略性措施。需求型政策工具包括服务外包、直接采购、国际交流与贸易管制。

随着 2014 年农村低保政策总体性目标转变为兜底保障以消除绝对贫困，政策工具谱系丰富性、创新性以及协同性显著提升。供给型工具作为主要政策工具得到进一步强化，中央和地方对农村低保的资金投入、人才支持和信息化建设的投入力度进一步增强，2015 年全国农村低保年平均标准由 3177.6

---

① 全国所有农村低保标准均达到或超过国家扶贫标准［N］. 经济日报，2018 - 01 - 05.

② Rothwell, R., Zegveld, W. *Industrial Innovation and Public Policy*：*Preparing for the 1980s and 1990s* ［M］. London：Frances Printer, 1981.

元/人提高到 2020 年 5962.3 元/人，增幅达 87.64%。① 针对农村社会救助经办力量不足的情况，建立村级社会救助协理员制度，根据社会救助对象数量等因素配备相应工作人员。在现行标准下农村贫困人口如期实现脱贫的目标激励导向下，农村低保环境型政策工具也得以不断发展。在脱贫攻坚三年行动中明确社会救助兜底保障的目标、路径和任务。为向农村低保家庭提供照料护理、能力提升和心理疏导的企业和社会组织给予税收优惠。同时，针对扶贫和农村低保领域腐败问题，在中央高度关注下持续推进农村低保专项治理工作，加强对漏保、近亲属备案制度的落实以及资金监管等工作的专项治理，中央纪委国家监委也开展漠视侵害群众利益问题专项整治，党的十九大以来，公开曝光了 156 起发生在农村低保领域的违纪违法典型案例。

农村低保策略性措施体现出任务型治理的强目标导向，在兜底保障政策目标强约束下，为实现不落一人应保尽保，农村低保瞄准对象和执行策略随之调整。突出地表现在：其一，对生活困难、靠家庭供养且无法单独立户的成年无业重度残疾人，可按照单人户纳入低保范围，《社会救助兜底脱贫行动方案》进一步明确对其家庭可不再进行经济状况核对。其二，从适当考虑家庭成员因残疾、患重病等增加的刚性支出因素，到按规定适当扣减因残疾、患重病等增加的刚性支出、必要的就业成本等。其三，脱贫攻坚期内，纳入农村低保的建档立卡贫困户人均收入超过当地低保标准后，可给予一定时间的渐退期。农村低保需求型政策工具主要是加大通过政府购买服务等方式，引入社会力量参与提供农村低保服务。总体而言，作为一项基于精准瞄准的再分配政策，在精准扶贫时期，资金支持仍然是农村低保基础性政策工具，同时法治规制明显增强，策略性工具不断得到创新运用，跨部门合作治理加强，政府购买服务等需求型政策工具日益扩展，依靠政策工具的叠加形态和复合治理，确保实现兜底保障总体性目标（见图 5 - 5）。

（3）政策平衡期：从脱贫攻坚到乡村振兴（2021 年至今后一定时期）。

随着我国脱贫攻坚战略取得全面胜利，现行标准下农村绝对贫困现象得以消除，基于兜底保障的农村低保政策充分发挥了作用价值。同时我国农村也由精准扶贫时代向全面实现乡村振兴过渡，实现"三农"工作重心的历史

---

① 民政部. 2020 年民政事业发展统计公报. http：//images3. mca. gov. cn/www2017/file/202109/1631265147970. pdf。

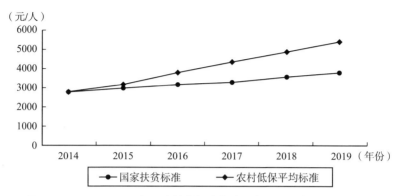

图 5 – 5 　 2014 ~ 2019 年国家扶贫标准与农村低保平均标准变动趋势

性转移。在宏观政治系统中，中央决策层的价值取向能够决定政策总体性目标转变。《中共中央关于制定国民经济和社会发展第十四个五年规划和二〇三五年远景目标的建议》提出实现巩固拓展脱贫攻坚成果同乡村振兴有效衔接，新的政策图景由此正式诞生，通过新政策图景的正反馈作用，政策总体性目标随之发生变化，不仅形成政策范式的第三序列变化，也通过科层制指令下达到政策次级系统，带来政策第一序列和第二序列变化，引发政策工具及设置水平的调整。

在外部情境变化与关键事件推动下，在巩固拓展脱贫攻坚成果同乡村振兴有效衔接这一政策图景下，中央和权威行政部门制定的相关政策数量也发生明显变化，农村低保政策的总体性目标转向防止规模性返贫，同时防止"养懒汉"和泛福利化倾向。泛福利化对低保分配的影响突出表现在两个方面：其一，随着福利扩散，低保制度日益丧失归属于贫困人口的专属性，保障对象变得模糊不清。其二，福利捆绑造成农村低保逐渐丧失了济困属性，演变为能够提供高于农村一般福利的优质资源。这一方面使低保制度需要吸纳更多资源以满足超额群体的超额利益，另一方面大幅度挤占、压缩其他公共资源，必然造成公民权责关系失衡，消解社会公平的价值目标并影响政策可持续发展[①]。在此导向下，农村低保政策工具由较多具有项目制特征的任务型治理转向科学化与内生型治理，体现科学认定、精准救助理念的政策工

① 仇叶，贺雪峰. 泛福利化：农村低保制度的政策目标偏移及其解释 [J]. 政治学研究，2017 (3).

具得到进一步重视和强化运用，同时对以消除绝对贫困为目标的策略性政策工具进行优化调整。例如，调整针对原建档立卡贫困户的低保"单人户"政策，完善低保家庭收入财产认定方法。《关于改革完善社会救助制度的意见》进一步重申以家庭收入和财产状况作为低保认定标准，对重度残疾人、重病患者等完全丧失劳动能力和部分丧失劳动能力且无法依靠产业就业帮扶脱贫的人员，需要进行家计调查并把收入界定作为能否纳入低保对象的主要依据，对重病、重残人员的低收入家庭通过其他必要措施保障基本生活，强化了低保兜底线、保基本的政策价值和核收入、重精准的治理要求，以有效避免农村低保实践的目标偏移和制度错位。不难看出，后精准脱贫时代基于家计调查并体现底线公平和底线标准的低保政策理念得到强化，同时对低收入家庭和支出型贫困家庭，可根据实际需要给予专项社会救助或实施其他必要救助，有利于消解低保的福利捆绑和负激励效应，提升了政策再分配效率（见表5-5）。

表5-5 我国农村低保政策变迁过程

时期	政策图景	总体性目标	主要政策文本	政策工具
2007~2013年	为农村贫困人口提供必要救助	解决农村贫困人口温饱问题	《国务院关于在全国建立农村最低生活保障制度的通知》	资金支持；信息化；人力等资源配置
2014~2020年	兜底保障、应保尽保	消除绝对贫困	《中共中央 国务院关于打赢脱贫攻坚战三年行动的指导意见》	资金支持；法治规制；信息化；治理资源配置；策略性措施；政府购买；税收优惠；公共服务；政策组合
2021年至今后一定时期	巩固拓展脱贫攻坚成果同乡村振兴有效衔接；科学认定、精准救助	守住防止规模性返贫底线；防止"养懒汉"和泛福利化倾向	《中共中央 国务院关于实现巩固拓展脱贫攻坚成果同乡村振兴有效衔接的意见》《关于改革完善社会救助制度的意见》	动态监测；大数据比对；主动发现机制；风险治理；跨部门协同；资金支持；服务救助

资料来源：作者根据相关资料整理。

2. 政策变迁的逻辑与机制

农村低保政策实施以来，在不同时期呈现出十分鲜明的特色，政策变迁既是多方主体协同发力的结果，也是遵循社会政策发展规律，同时受到经济发展与民生保障关系的制约。总体上讲，我国农村低保政策变迁的逻辑呈现以下特征。

（1）间断—均衡特征显著。

农村低保政策变迁历程总体可分为两个间断点（2014 年、2021 年）和三个均衡期。各阶段的政策总体性目标不同，政策数量也在间断节点的前后呈现剧烈变动，特别是在精准扶贫时期，农村低保政策数量密集出台，政策工具供给及其设置水平陡然增强，资金支持、策略性措施和信息化手段显著加强，政策协同治理尤为突出，同时在均衡阶段又趋向平缓波动，在现行标准下全面消除农村绝对贫困之后，政策任务型治理和项目制特征逐渐消减，风险治理和可持续治理成为后扶贫时代农村低保政策均衡发展的主要特征，因而符合长期渐进和短时突变的间断—均衡变迁规律。

（2）遵循中央主导与央地互动的作用机制。

不同于西方政党政治的公共政策决策过程，我国公共政策制定遵循中央政府统一领导，中国共产党居于领导核心地位，出台重大政策往往由中央发布命令，再由下级政府逐级推进。自下而上的政策也需要得到上级政府的肯定，通过政策试点等路径进行有益探索，再由上一级政府或中央予以正式颁布实施，执政党的宗旨理念和中央主要决策者的意志在很大程度上也是政策图景变化和政策问题选择的重要影响因素之一，"领导高度重视"是科层运作的注意力分配方式，也是单一制大国的重要资源配置方式[①]。我国农村低保政策变迁主要遵循自上而下的作用机制，核心驱动力是宏观政治系统中决策团体的价值取向和政策次级系统中政府部门的经验判断。由于自上而下的顶层设计很难做到面面俱到，由此留下的政策模糊性也给基层创新提供了灵活可变的制度空间[②]。处于政策执行一线的基层政府尤其是街头官僚为实现顶层设计的平稳落地与有效转化，立足实际、因地制宜，而这些创新举措最终也将被吸纳到顶层设计的执行机制之中，进而体现为公共政策的顶层设计

---

① 庞明礼. 领导高度重视：一种科层运作的注意力分配方式 [J]. 中国行政管理，2019（4）.
② 庞明礼，薛金刚. 政策模糊与治理绩效：基于对政府间分权化改革的观察 [J]. 中国行政管理，2017（10）.

原则与基层创新灵活性的内在统一①。对贫困居民收入的准确测量，在世界范围内都是非常棘手的难题。由于技术治理存在困难与基层场域的复杂性，农村低保政策执行末梢存在较大自由裁量空间，乡镇以及村委会等基层执行部门的思想价值观念、个人公共服务准则和工作能力直接影响政策理念落地和政策实际效果。

（3）关键事件、媒体传播与外部情境引发。

利益群体和政策专家，社会公众和媒体作为政策参与的重要行动者，对政策图景的传播和转变决策注意力的贡献也不能被忽视。我国专家学者主要充当政府智囊团的角色，他们提供的政策建议对于科学决策和完善方案十分重要。从社会意义角度而言，公众注意力对于政策制定等社会多个方面都会产生影响。公众对某一议题的长期关注，能够增加政府决策部门与相关组织结构对舆情危机的研判，推进解决方案的提出。公众对议题的长时间关注也能够促进公众设置政府议程②。当前，在农村获得大量公共资源再分配的背景下，农村低保等福利政策执行已经成为村级行政组织日常工作的重要内容，因其与居民福利息息相关而成为了自下而上的关注焦点，而民众注意力聚焦使得低保执行成为可能影响地方稳定的重要事件③。科恩认为，传媒通过对某项议题进行反复报道，并把这些报道放在引人注目的位置或时段，以实现控制受众"想什么问题"④。近年来，农村低保领域不少媒体报道引起舆论广泛关注，在民政兜底扶贫领域腐败和作风问题典型案例中，农村低保领域腐败问题突出，社会情境和舆论倾向成为政府考虑推进政策变革的一个重要因素。为有效治理和防范农村低保错保、漏保以及寻租腐败等问题，中央纪检监察、民政等部门强化运用跨部门协同和信息化治理技术，开展民生领域重点惠民政策落实情况监察和大数据比对。同时，强化科层注意力配置与治理工具相结合，通过成立工作专班、联席会议机制、财政专项支持以及强力问

---

① 黄扬，陈天祥. 街头官僚如何推动政策创新？——基层卫生服务领域中的创新案例研究［J］. 公共管理学报，2020（4）.

② 李永宁，吴晔，张伦. 2010－2016年公共议题的公众注意力周期变化研究［J］. 国际新闻界，2019（5）.

③ 李鹏，张奇林. 福利政策自由裁量的生成逻辑与治理路径——基于农村低保政策执行过程的分析［J］. 四川大学学报（哲学社会科学版），2019（4）.

④ Bernard，C. Cohen. *The Press and Foreign Policy*. Princeton：Princeton University Press，1963，13.

责等手段，着力实现农村低保的兜底保障功能，彰显政策公平正义理念。比如，多部门协同紧锣密鼓出台了《关于在脱贫攻坚三年行动中切实做好社会救助兜底保障工作的实施意见》《社会救助兜底脱贫行动方案》《2019 年全国农村低保专项治理工作要点》等政策文件。

5.4.3 农村低保政策演变的总体趋势变化

从我国农村低保政策演变历程来看，与基于间断—均衡的政策变迁逻辑相契合，通过政策场域和政策图景的作用，以及正负反馈机制阐释政策问题从产生到解决的过程。同时通过政策范式嵌入，从政策总体性目标、政策工具及其设置水平切入，可以明晰政策变迁的节点和阶段。随着中央决策者关于农村低保政策的政策注意力发生转移，农村低保政策的政策图景和政策问题也随之发生变化，政策定位从一项以社会救助为主要目标的政策提升到以消除绝对贫困为目标的精准扶贫战略政策体系，使得我国农村低保政策在较短时间内实现了快速发展，政策总体性目标从"解决温饱、必要救助"，到"兜底保障、消除绝对贫困"，再到"与乡村振兴有效衔接、科学救助"的转变，呈现出政策目标日趋科学化、政策价值理念取向日趋合理化、政策体系构建日臻完善等趋势变化。

1. 政策目标日趋科学化

政策制定者对政策活动结果的意图、设想都凝结在政策目标指向之中[①]。评价政策好坏的标准之一就是政策目标的科学化水平，尤其是体现为作为公共政策直接作用对象的公共政策目标群体的受益范围[②]。社会救助是我国民生安全网的最后一道"防线"，低保更能保障困难群众基本生活的兜底性政策安排。第一，无论是从社会公平角度，抑或是从政府道义和生存权利角度，应保尽保应当是政策核心目标。第二，坚持底线救助避免泛福利化也是一项再分配政策的应有之义。贫困人口基本生存权利保障离不开国民财富的再分配，超出生存权的限度会造成对其他社会成员的过分剥夺，影响社会整体公

---

① 朱侃，郭小聪. 公共就业政策范式变迁及其逻辑研究 [J]. 求实，2019 (5).
② 王春城. 政策精准性与精准性政策——"精准时代"的一个重要公共政策走向 [J]. 中国行政管理，2018 (1).

平，畸形过度挤占公共资源会造成针对全民的福利资源稀缺，更不利于贫困家庭或个人自立。第三，防止错保和寻租腐败，既能够最大限度提升低保资源再分配效益，也利于营造有益政策舆论环境。我国农村低保政策总体性目标从提供必要救助以解决温饱问题，到精准扶贫时期消除绝对贫困实现兜底保障，再到科学、精准救助，防止"养懒汉"和泛福利化倾向。这一演变过程中，政策反贫困导向不断确立深化，基本生活兜底不断夯实，规范救助、精准救助水平不断提升，突出公平兼顾效率的再分配特征更加凸显，兜底线、保障基本生活的政策目标进一步彰显。

2. 政策确立的价值理念日趋成熟

作为基本民生领域的公共再分配政策，理念优于制度、制度优于技术，同时政治意愿、政策能力以及社会压力（舆论）也会对政策价值理念的确立发展产生直接影响。在一系列能动要素作用下，我国农村低保政策从起初必要的救助，到维护底线公平、保障基本生存权利，再到促进公平正义、推进共同富裕，政策价值理念从基于"发展主义"的工具理性，逐步转变为基于"人类需要本位"的价值理性，国家对农村低保的政策注意力分配增多，资源配置力度和保障水平不断提高，政策包容性、合法性与人本理念得以嵌入发展，提升了农村贫困人口获得感。

3. 政策科学化与精准性日益提升

公共生活的精细化发展趋势不断提高公共政策精准性要求，精准成为不可忽视的政策诉求和不容回避的政策走向。这就要求公共政策在目标、对象、文本、行动、效果等方面需要具备精准性，以实现既定的精准性标准和预期效果。精准性政策不仅意味着公共政策符合客观规律，而且是更加精准、细致地符合科学性要求。一般而言，公共政策系统自身要素主要包括政策主体、政策客体、政策目标、政策工具等，因此可将影响公共政策精准性的要素概括为政策主体、政策客体、政策目标、政策工具等四个方面。作为一项基于特定对象和特定目标的再分配政策，精准也是体现低保政策科学性的应有之义。经过多年渐进发展和间断性突破，精准不仅成为我国农村低保政策的外在特征和表现，更成为政策实践的导向和要求，主要体现在：政策主体及其权责关系更加清晰合理，合理划分中央和地方在农村低保事务中的财权事权，进一步强化中央政府的支出责任；对政策客体在识别标准和识别程序上更加规范精细；政策目标更加包容多元，具备保障型和发展型的复合治理元素；政策工具组合更加丰富，参与式治理、跨部门协同治理以及大数据治理、政府购买服务等创新型工具得到更多应用。通过把科学化与精准性扩散集聚到农村低保政策系统每一要素环节，推动政策质量整体提升。

4. 政策体系与运行机制日臻完善

通过针对性地强化公共政策议程设置，不断构建完善的农村低保政策体系，是保障农村弱势群体基本生活，筑牢民生最后一道防线的"行动指南"和"规划蓝图"，直接决定着扶危济困的价值理念和兜底保障的供给质量。农村低保政策体系日臻完善。首先，在权责维度上，政策责任主体逐渐合理清晰，为减轻地方财政负担、缩小保障差距，央地兜底责任分工有所调整，最终形成"地方掌勺、中央埋单"的分工模式①。其次，在供给维度上，由维持当地农村居民全年基本生活所必需的吃饭、穿衣、用水、用电等费用确定，调整为综合运用基本生活费用支出法、恩格尔系数法、消费支出比例法等测算方法，动态、适时调整低保标准，凸显人类需求本位与包容性、发展型理念。第三，政策目标群体逐步扩大，我国长期以来通过指标化方式由上到下控制低保规模，这在很大程度上影响对贫困人口真实信息的获取，导致政策制定缺乏可靠精准依据而产生自由裁量空间过大。由福利配额制瞄准贫困人口转变为高度规范化的福利认证模式，凡家庭年人均纯收入低于当地最低生活保障标准的农村居民等群体均被纳入政策兜底保障范围之内，尤其针对农村家庭收入难以准确核算，采取分档或根据家庭成员人均收入发放低保金，能够提升政策公平性和可操作性。

与信息相比，注意力才是政策制定中更为关键的稀缺资源②，而在实现政策目标的过程中，方案确定的功能只占 10%，而其余的 90% 则取决于有效的执行③。随着中央对民生问题的高度关注，尤其在精准扶贫和乡村振兴战略推动下，我国农村低保政策运行机制不断完善，显著提升了政策执行质量

① 杨立雄. 谁应兜底：相对贫困视角下的央地社会救助责任分工研究 [J]. 社会科学辑刊, 2021 (2).

② Simon, H. A., 1997, *Administrative Behavior: A Study of Decision - Making Processes in Administrative Organizations* (4thEd.) [M]. NewYork: The Free Press.

③ Richard, F. Elmore. Backward Mapping: Implementation Research and Policy Decisions [J]. *Political Science Quarterly*, 1979 (4).

和效果，具体体现在三个方面。第一，协同治理机制日趋健全，分别建立了全国社会救助部际联席会议制度和县级困难群众生活保障工作协调机制，实现"一门受理、协同办理"。第二，技术治理成为制度运行的重要特征。大数据、区块链等先进治理技术的广泛应用，优化低保办理流程，兼容救助公平与救助效率，推动主动发现、精准施保以及动态管理的有效实现。第三，低保"福利捆绑"效应得以有效消解。一方面，完善基本生活救助制度，适当放宽特困人员认定条件，同时将不符合低保条件的低收入群体通过必要措施保障基本生活，可以使低保救助对象回归到"底线人群"。另一方面，对不符合低保或特困供养条件的低收入家庭和刚性支出较大导致基本生活出现严重困难的家庭，根据实际需要给予相应专项社会救助或其他必要救助，将依附于低保的"福利通行证"效应进行剥离，改变农村社会救助过分倚重低保制度的单支柱运行模式，走向对象明确、多支柱运行的综合性制度，实现低保与专项、急难救助体系，以及与其他社会保障体系的协同均衡发展，使低保救助功能回归到守护底线公平与兜底生活保障。

5.4.4 结论与讨论

通常而言，重大公共政策应当保持一定的稳定性和连续性，但随着经济、社会发生重大变化也容易引发政策发生明显变革。我国正处于实现两个一百年奋斗目标的历史交汇期，也是面对世界百年未有之大变局，实现中华民族伟大复兴的重要战略机遇期。同时面对社会主要矛盾转化与持续保障改善民生的发展要求，作为民生领域的兜底性政策设计，在以人民为中心和实现共同富裕的理念推动下，我国农村低保政策自出台以来实现了持续发展，同时随着国家宏观发展目标递进和发展环境变迁，带来了政策图景变化和政府注意力转向，在政策渐进性调适的同时引致政策总体性目标和政策工具变迁，从而呈现出显著的间断特征。因此，采用间断—均衡和政策范式相结合的分析框架，对剖析我国农村低保政策的变迁过程具有较好的适用性和解释力。

通过进一步分析发现，我国农村低保政策变迁主要遵循自上而下、央地互动的作用机制。尽管政府应付挑战的各种资源包括注意力资源都是有限的，在具体决策之前，政府不得不做出抉择，对处理哪些挑战有所取舍①，其中政府注意力配置和中央决策者意志是推进我国政策变迁的关键要素，随着精准脱贫和乡村振兴战略衔接实施，带来农村低保政策图景变化引致政策设置水平以及政策工具发生明显变化，推动政策总体性目标变迁。与此同时，关键事件和外部情境引发的政策问题也更多地进入到政策场域之中。近年来，回应式议程设置已逐渐成为中国政府公共议程设置过程的常态，社会焦点事件的发生方式和剧烈程度对进入政策议程的重要性上升。政府议题选择更符合公众议程的偏好排序，能够及时回应公众的需求②。近年来农村低保领域微腐败现象曝光以及"杨改兰"事件等，一时引发社会舆论密集关注，亟须回应公众对于农村低保的公平性和精准性的关注。在此背景下，中央通过纪检监察、大数据技术、专项治理等政策工具加强对农村低保领域违法违规行为整治，凸显出媒体和社会公众作为政策参与的重要行动者身份。

除此之外，在中国的政策决策过程中专家参与可视为政策变化的内在特征的结果③，政策专家和学者以及各类科研机构对推动完善农村低保政策的作用也不可或缺。我国专家学者能够扮演政府智囊团的角色，他们提供的政策建议对于科学决策和方案完善十分重要。根据发达国家的经验，学者将政府的福利赶超与社会舆论视为泛福利化出现的主要原因④。正如万俊人所说，"道德权利的根本特征，是它必定与某种道德义务或责任相关联"⑤。精准扶贫战略实施强化了国家对贫困居民的救助责任和各类资源投入，有学者也分析了现实中"争当低保户""不愿主动退保"等现象，低保对象责权失衡、政策自身承载福利过多等问题是主要原因之一。哈耶克将保障分为两种类型，"一种是防止严重的物质匮乏的保障，即确保每个人维持生计的某种最低需求；第二种是某种生活水准的保障，或者说是一个人或集团与其他的人或集

---

① 王绍光. 中国公共政策议程设置的模式 [J]. 中国社会科学，2006 (5).

② 赵静，薛澜. 回应式议程设置模式——基于中国公共政策转型一类案例的分析 [J]. 政治学研究，2017 (3).

③ Zhu, X. F. *Policy Change and Expert Involvement in China* [M]. Public Administration，2013 (91)：281–302.

④ 赵曼，胡思洋. 社会救助制度的功能定位与改革逻辑 [J]. 财政研究，2015 (2).

⑤ 万俊人. 寻求普世伦理 [M]. 北京：北京大学出版社，2009，377.

团相比较相对地位的保障。①"作为一项兜底性民生政策，低保主要在于保障个人或家庭的最低生活需求，更不应过多承载高于最低生活需求的其他需求。实现精准脱贫与乡村振兴有效衔接，实现脱贫人口内生发展动力与自主发展能力双提升，农村低保政策坚持兜底保障的同时，需要强化防止泛福利化和"养懒汉"的政策导向，实现底线保障与底线公平的相互统一、民生保障与发展取向的相互融合，以适应和提升农村低保作为一项重要再分配政策的科学性、精准性要求。

间断—平衡框架糅合了渐进式平衡和短期重大间断这一公共政策变迁的两大关键变量，在解释西方政策变迁时也得到了广泛应用。但是，有别于西方子系统政治与宏观政治互动型的运作模式，中国更多采用的是官方权威主导决策与非官方参与决策相结合的政策运行模式。基于此，本书结合中国特征对间断—均衡框架进行修正，通过本土化调适以提升其在中国公共政策语境下的解释力和适用性。同时，结合政策范式的价值理念分析和政策变迁序列分析，以更加清晰、饱满地呈现政策变迁过程及其动力机制。然而，由于中国与西方政策决策机制存在显著差异，且案例选取可能未全面充分展现各因素集合在政策变迁过程中的互动作用，同时也需要历时更长时期跟踪观测。而且运用间断—均衡框架和政策范式，在提升框架解释力的同时也需要提升预测力，作为一项反贫困的兜底性政策设计，农村低保在消除绝对贫困之后，在贫困治理转换即迈向相对贫困治理当中扮演着何种角色、政策未来如何调适，以及如何规划注意力资源配置和发挥各参与决策主体的作用等，需要更加深入探讨以提升回应性和预见性。因此，本书所提出的修正模型在需要更大范围方面阐释公共政策发展的有效性，有待借助更多案例进一步验证。

---

① 哈耶克. 通往奴役之路［M］. 北京：中国社会科学出版社，1997.

第6章

典型国家社会救助瞄准机制

　　每个理论的出现都有其社会经济发展的背景，每个国家的政策框架都是与其社会经济和政治结构分不开的。假如我们想要建立一种持久的制度，就千万不要梦想使它成为永恒①。研究制度，必须明白在此制度背后实有一套思想与一套理论之存在②。因此，理解一种政策理论，需要把它置于其赖以产生的这种土壤之中，才可以得到合适的解读。然而，我们发现，现在所借鉴的东西经常是零散的、分割的。尤其是在政策制定的实践中，经常可以看到借以作为依据的理论很多只是理论框架的骨头，缺少了把一个丰满的，有其历史、现实和制度背景的理论经过认真解析而后再引入进来的过程。治理本身来自实践，归根于历史，人类一切社会活动都是具有历史连续性的集合。在《国家的比较》一书中，法国社会学家杜甘（2010）开篇即指出："只有将你所在的国家同其他国家相比较，才有可能体悟到本国的独特性、结构以及运作"③。既往的大量历史经验，为治理研究提供了充分的借鉴与可比较的对象，历史研究的繁荣需要充分重视中国与世界的治理历史借鉴④。社会救助作为公共福利政策的重要组成部分，是公共福利治理体系和实践当中的主要内容之一。同时，社会救助作为一项"古老"而又现代的扶危济困政策，与人类历史发展和社会文明进步始终相随，在世界范围内涌现着比较丰富的

　　① ［法］卢梭. 社会契约论［M］. 李平沤译. 北京：商务印书馆，2011.

　　② 钱穆. 中国历史研究法［M］. 上海：三联书店，2013.

　　③ ［法］马太·杜甘. 国家的比较：为什么比较，如何比较，拿什么比较［M］. 北京：社会科学文献出版社，2010.

　　④ 何哲. 公共治理研究：历史为什么是重要的？［J］. 中国行政管理，2020（6）.

社会救助历史实践，而由于历史文化和经济社会发展情况的差异，不同国家以及同一国家在不同历史阶段所奉行的社会救助理念及政策设计，也存在典型特征和显著差异。因此，本书在说明国外社会救助制度时，应当努力避免单一静态、表征化的制度条文介绍，不仅关注国外相关国家当前的制度内容是什么，而且更加关注其制度演变历史和其背后的支撑逻辑，重点回答政策发展调适的深层次原因。既聚焦于制度政策的具体指向与调整变动，更从国家上层建筑的宏观层面探究支配力量，同时从中观角度的结构视角分析与政策变迁紧密相连的经济、人口、社会以及文化等因素。

社会救助等社会政策，是一国政治经济文化社会等综合能力反映与特征表现的一面"镜子"，虽然和其他国家有着相对类似的扶危济困等理念初衷，同时也在发展过程中面临人口老龄化、经济社会转型等挑战，但决定社会救助等社会政策发展除了遵循一般性的规律外，其赖以存在和发展的"土壤"的特殊性不容忽视，中国国情是推动社会救助等社会政策发展改革的根本力量。尽管在市场化条件下国外社会救助发展历史相对较长，在贫困治理、老龄化应对等方面积累了许多经验，但在社会主义市场经济条件下，兜底保障视阈下的社会救助体现出中国特色社会主义社会维护公平正义实现共同富裕的本质属性，西方资本主义国家主要是把社会救助等福利政策作为缓和阶级矛盾，调和社会对立，以最大限度攫取剩余价值的手段工具，导致西方国家社会救助政策从长远来看缺乏一种导向明确预期稳定的顶层设计，不同执政理念的更迭上台容易使得社会救助理念发生迥异变化，进而影响和干涉到具体政策设计和救助水平，工人等中低阶层谈判力量、政治氛围以及竞选纲领都会显著影响福利政策的价值主张与方案设计。

工业化时期，尽管西方国家社会福利得到了发展，但仍摆脱不了工具主义特征，其出发点仍然是将其作为一种社会控制手段以缓和社会矛盾，通过福利供给确保健康劳动力的持续供给，福利水平和福利项目多寡主要取决于经济利益增长和劳动阶层谈判议价能力。从欧洲福利制度发展来看，在实践中社会政策往往被用来缓解贫困分化所带来的社会矛盾[1]，福利国家的制度安排也是持续不断的阶级斗争与妥协的结果。对西方福利制度形成和演变的

---

[1] Baldwin, P. *The Politics of Social Solidarity*: *Class Bases of the European Welfare State*, 1875 – 1975. Cambridge: Cambridge University Press, 1990.

逻辑解释主要有两种观点，一种是波兰尼的"反向运动"，另一种是马歇尔的"社会权"理论，"反向运动"理论主要是指在资本主义市场经济发展过程中试图"脱嵌"于社会，导致社会关系和社会团结瓦解，给社会成员带来巨大社会风险，因此，应该有国家承担起"反向运动"责任，主动"保卫社会"，而其主要路径之一即是社会保障等社会政策①。"社会权"理论在马歇尔看来，建立在社会权基础上的社会政策，是对民权（主要是经济权）的限制与补充②。从这个角度来说，社会政策是用来协调经济发展与社会平等之间张力的工具，然而，正如马歇尔所分析，社会权尽管是应民权的长远需求而诞生的，但是社会权与社会价值之间的冲突是根本性的、不可调和的[2]，具体时期的社会政策只是经历维持着一时的平衡，这也就不难理解西方国家福利政策相对频繁调整的背后逻辑，近年来西方国家福利政策出现的倒退现象，与社会政策的工具性特征和附属型价值地位不无关系，而这根本上是由资本主义社会基本矛盾和资本主义市场经济本质所导致的。在以追求共同富裕为目标的社会主义市场经济和中国特色社会主义制度框架下，在共同的价值理念下中国经济发展与社会政策是一种相互融合、相向而生、互为促进的持久紧密关系，社会政策不是经济增长的工具性手段和简单的衍生品，而是经济发展的动力机制和核心目标，社会政策会自然嵌入经济发展的过程之中，福利政策与经济发展理念一致、机制协调、过程适应，二者并不会出现如同西方国家那样的张力，相反而是保持一种具有长远稳定预期、可持续发展的和谐关系。

以人民为中心的发展理念下，中国社会救助政策具有一致性和延续性，按照维护社会公平、促进社会和谐的一贯理念和价值目标，既体现出与一定时期经济社会发展水平相适应，又根据经济社会发展进程适时提高社会救助供给水平，让弱势群体和困难社会成员共享经济社会发展成果。社会救助政策设计理念优于制度，制度优于技术，执行何种价值理念对于社会救助发展至关重要。西方国家与中国在社会救助理念认识上的根本性差异，包括社会救助在国家治理体系中的地位和作用差异，要求在借鉴和分析国外社会救助

① 波兰尼，卡尔. 大转型：我们时代的政治与经济起源 [M]. 冯钢、刘阳，译，杭州：浙江人民出版社，2007.

② Marshall, T. H. *Citizenship and Social Class.* Cambridge：Cambridge University Press，1950.

政策时，与中国社会救助理念与发展阶段相结合，辩证分析近年来西方国家在社会救助领域中的调整和改革。

6.1　历史结构视角：靶向定位

社会政策发展完善的根本动力是人类社会物质生活和经济发展水平的不断提高，政治文明以及社会文明的不断进步，为公平正义的价值追求提供了物质基础和发展动力。同时，人类社会发展中越来越多地呈现出风险社会特征和复杂社会问题交织，社会政策对防范和消减社会风险，促进社会整体福祉的功能和作用需要进一步开发和利用。构建人类命运共同体，形成对外开放的新格局，社会政策需要和经济政策、文化政策等其他政策协同配合相互支撑。一方面积极"走出去"，加强社会政策国际交流借鉴，为国家社会政策发展合作提供中国经验和中国智慧，推动人类社会文明进步。另一方面，在全面对待和综合比较的基础上对符合中国国情和发展阶段规律的经验做法"引进来"，推动中国社会救助在内的社会政策的发展更加稳健、可持续。

社会救助政策以及瞄准机制绝不仅是孤立地存在，而是内嵌于一国的结构化背景和具体情境之中。跨国比较和国际间的政策学习也远不止于仅关注眼前"怎么做"，还可以从历史脉络和结构张力推进两个方面，理解和把握政策机制"为什么会这样"以及"未来如何变化"等两个问题。运用普遍联系观点和历史唯物主义方法，用历史眼光全面辩证地看待国外社会救助政策以及瞄准机制发展变迁。从历史角度看，一些西方国家大致经历了社会救助政策从扩张到调整变革甚至紧缩期，在国际金融危机后国家经济增长缓慢，社会支出负担沉重，市场竞争力下降并且社会活力衰退，但同时面临贫困差距拉大、高失业率以及深度老龄化、社会冲突频发等经济社会失衡问题。许多国家纷纷通过紧缩社会救助政策减少救助项目，降低救助水平以及缩小救助范围，而且建立了更为苛刻、口径更加单一的瞄准机制，随之而来的是大量穷人得不到政府救助，出现工作中的贫困群体等现象。社会救助理念的人文关怀和包含的积极因素弱化，越来越突出的强制甚至惩罚色彩仿佛回到了旧济贫法时代。历史具有惊人的相似，尽管相隔时代久远，但旧济贫法时代和今日一些西方国家情况具有难以割裂的相似和影响，旧济贫法时代则是西方工业化革命开始，资产阶级为了获取充足的劳动力迅速实现财富积累，而迫使穷人进入工厂劳作。

如今一些西方国家在经济增长陷入困境、社会问题突出的背景下，也通过强制穷人接受工作试图减轻支出负担。福利国家对不同经济状况的调整是处于不断变化的状态。过去，方向发生了变化，但范式并没有改变①。亚当·斯密等古典经济学派以及一脉相承的新古典经济学派在一些西方国家经济政治决策中又成为主流，奉行新自由主义的政党上台首当其冲是对社会救助等领域进行紧缩改革。这种紧缩政策使得社会救助只瞄准老人、残疾人以及儿童等无劳动能力人员，对于具有劳动能力的群体则强制推向劳动力市场并排除在社会救助体系之外。而这种激进措施是否能够促进经济增长和解决高失业率问题还有待更多时间检验②，但是已经出现的工作贫困现象以及由于缺乏必要救助产生的极端事件，已经引起对社会救助如何处理好效率与公平关系，更加体现维护底线公平、实现公平可持续发展的思考。对 20 世纪80 年代英美改革的回顾，恰是因为自由主义取向的改革造成了更为严重的失业问题，导致失业救济金大幅增长，但是改革期间两国的福利支出并没有下降，改革无论是在控制费用还是缩小不平等方面都是失败的③。通过历史分析和结构呈现，不难看出经济结构、政治结构以及社会文化结构本身以及它们之间的联系互动，会直接并且深刻影响社会救助的理念和制度抉择。事实上，社会救助具有内在稳定性，这种稳定性兼具制度刚性和反应弹性，取决于与之相适应的结构变迁和内在张力。但作为抵御社会风险，托住民生底线的最后一道"安全网"，社会救助政策及其瞄准机制的调适可以在坚守社会发展和伦理公平底线，保障困难居民生存乃至发展尊严的同时，依靠恰当的机制设计使得社会救助保持结构适应实现可持续发展。

---

① ［德］沃尔夫冈·施罗德，塞缪尔·格里夫. 德国经济发展与保障体系建设：历史经验与未来方案［J］. 社会保障评论，2019（1）.

② 杨伟国，格哈德·伊林，陈立坤. 德国"哈茨改革"及其绩效评估［J］. 欧洲研究，2007（3）.

③ R. 米什拉. 资本主义社会的福利国家［M］. 郑秉文译. 北京：法律出版社，2003.

6.1.1 韩国

艾斯平·安德森在《转变中的福利国家》一书中认为，东亚地区国家的社会福利发展模式不同于西方国家经验，并对其解释为围绕国家主要的建设目标而实施适应性发展与学习的战略[①]。近年来，不少学者把东亚福利体制作为整体研究对象，但关于东亚地区是否存在所谓的"东亚福利模式"依然未能形成共识。任何研究都具有局限性，判断东亚福利模式是否客观存在的关键是探析有关国家地区社会福利制度特征和实践发展是否具有一般性规律支配。不过，因为东亚各国地理位置毗邻，而且在文化传统、制度演变以及发展特征等方面确实存在诸多相似之处，例如重视家庭在福利供给中的地位和保障作用功能，在社会救助领域主要以补缺供给和选择型救助理念为主，而且随着人口老龄化程度加深以及社会风险演变叠加，社会救助改革成为公共社会政策中的热点话题之一，在学习汲取西方发达国家经验教训中不断突破创新。同时社会政策对经济社会发展的积极作用日益取得广泛共识，经济政策与社会救助等公共社会政策的协同变革和融合互动更加频繁，这种社会政策发展扩张为中国社会救助政策制度的调整变革提供了国际视野和比较视角。

不管是在哪个国家，确定社会救助受助对象都十分重要。不过因为每个国家和地区的贫困人口的需求水平和内容不尽相同，而且政府的财政能力不同，所以各个国家的瞄准标准也不同。虽然中国和韩国和最低生活保障制度瞄准依据是不管贫困人员是否具有劳动能力，只要难以维持最低生活，并通过家计调查等瞄准机制和操作程序后，都可以获得政府提供的最低生活保障，但是家计调查的瞄准机制以及具体的操作标准和办法存在诸多差异。韩国国民最低生活保障制度自 2000 年 10 月起废除了过去生活保障的人口学标准，提出了把收入认定额作为瞄准标准的概念，通过增加居住给付等手段提高社会救助制度到另一个层次。同时，通过增加强化自力更生项目，为过去处于福利盲区的具有劳动能力的低收入阶层提供生活救助，为保障韩国全体国民

---

① 艾斯平·安德森. 转型中的福利国家 [M]. 杨刚译. 北京: 商务印书馆, 2001.

的最低生活提供了制度保障。

韩国国民最低生活保障制度为无论是否具有劳动能力，最低生活难以维持的贫困群体都提供了最低生活保护。早前的生活保障制度的瞄准对象是把年龄与是否残疾等人口学因素作为瞄准标准，根据是否具有劳动能力（18 岁以上，65 岁以下）来划分制度保护对象和自力更生保护对象。韩国国民最低生活保障制度则与劳动能力与年龄没有关联，只是根据公民是否贫困、同时是否满足抚养赡养义务人等两项标准来瞄准需要救助的对象。因此，该制度的救助对象主要是难以维持最低生活的贫困人员。具体按照收入认定额和抚养赡养义务人两个标准进行瞄准识别。自 2003 年以来，韩国国民最低生活保障制度把收入和财产合并为单一标准——收入认定额。把之前的财产标准、收入评价额标准、抚养赡养义务人标准整合为收入认定额与抚养赡养义务人两个标准。韩国国民最低生活保障法第 5 条规定，只有同时满足"没有抚养赡养义务、有抚养赡养义务人但却没有抚养赡养能力，或者无法得到抚养赡养的人，并且收入额在最低生活标准以下的人"这两个标准，才能被确定为救助对象①。

1. 收入认定额标准

计算收入认定额，需要把财产进行收入换算。所以收入评价额包括两个部分，其一是由实际收入减去因家庭特征需要花费的支出和劳动收入的扣除部分。其二是首先在财产收入换算额中确定各种财产的总额，在此基础上减去基本扣减额和负债，剩下的金额再乘以各种财产的收入换算率。

收入认定额 = 收入评价额 + 财产的收入换算额

其中，收入评价额 = 实际收入 − 因家庭特征的支出费用 − 扣除劳动收入

财产的收入换算额 =（财产总额 − 基本扣除额 − 负债）× 财产的收入换算率

（1）收入评价额。

收入评价额是实际总收入减去因家庭特征花费的支出与劳动收入的扣除部分后的金额②。

①实际收入。月平均收入以上一年的年收入额为标准算出。具体包括劳

---

①② 金炳彻. 韩国国民最低生活保障制度受助人选定的现状和问题 [J]. 社会科学, 2009（1）.

动收入、商业收入（农、林、渔和其他商业收入）、财产收入（租借和利息收入）、其他收入（个人转移收入、抚养费、公共转移收入）和推定收入（包括申报收入）等。个人转移收入是指从亲朋或其他援助人处得到3个月以上的定期性的金钱或物品，定期给予的金钱物品如果是无抚养赡养人的对象，其中可以扣除相当于20%的家庭最低生活费用。抚养费是指抚养赡养义务人定期向抚养赡养对象支付的一定金额的生活费。公共转移收入包含社会保险给付、敬老年金、社会福利相关津贴、国家有功人员年金等。国家有功人员等类似群体的生活调整津贴、参战军人的生活补助费除外。推定收入应用于劳动与就业与否不明确、无法调查收入（当事人拒绝、回避确认收入或难以确定收入）或根据生活居住实际情况难以认定为没有收入的人等。推定顺序如下：先以全职工资为标准计算日推定工资。如果难以确定全职工资则适用同行业平均工资，以规定的最低工资来推定申请者15日以上的工资。

②因家庭特征而支出的费用。因家庭特征而被扣除的收入物品大致包括以下8个方面：第一，残疾儿童抚养津贴、敬老年金、儿童养育费、未成年家长援助金、残疾津贴等；第二，加入国民年金需要受助人本人负担的50%的年金保险费；第三，在自己收入中支出的初高中学杂费、入学金；第四，残奥会获奖者从韩国残疾人福利振兴会得到的年金；第五，根据"疑难疾病患者医疗费援助事业"发放的医疗费中的氧气呼吸机租借费、看护费和呼吸辅助器租借费；第六，6个月以上的因慢性病等治疗、疗养、康复而持续支出的医疗费（应附上诊断书和诊疗费收据）；第七，依据机动车损害赔偿法得到的康复补助金；第八，枯叶剂后遗症（第二次世界大战使用的剧毒性除草剂后期引发疾病）患者津贴中，相当于提供给重症残疾人的津贴金额。

③劳动收入扣除。劳动收入扣除指的是把通过劳动得到的收入进行部分扣除。具体包括残疾人参与职业康复事业得到的收入、学生的劳动收入、商业收入、参与公共劳动得到的收入和参与自力更生共同体得到的收入。通过劳动获得的收入不明确时不适用此项扣除规定。

（2）财产的收入换算额。

财产的收入换算额是指在确定各种财产的金额后，减去负债和基本扣除额，然后把剩余金额乘以各种财产的收入换算率进行计算①。

①所有财产总额。各种财产总额通常以调查时的物价水平为依据，得出所有各种财产的总额。当前制度把适用于财产换算制度的财产分为一般财产、金融财产和机动车三种。一般财产包括土地、居住房屋、店铺等租赁保证金，家畜、船舶、种苗等 100 万韩元以上的动产与地方税法中的机动车中的一般项目。金融资产是指调查对象的家庭成员名下的现金、支票、股票、国债等有价证券，储蓄、储蓄性保险和金融信托等生活准备金 300 万韩元，3 年以上金融储蓄（一户一个存折中每年 300 万韩元为限）。机动车指的是根据地方税法不纳入一般财产的机动车。财产总额中减去总负债后的金额在基本扣除额 2 倍以内的家庭，存在下列两种情况的将排除在收入换算对象财产外（有权受助人财产范围特例、作为抚养赡养提供方不适用）：第一，仅由重症残疾人、老年人等无劳动能力者构成的家庭财产；第二，判定难以进行收入换算，难以进行财产区分的家庭财产。

②基本扣除额。第一，扣减标准：基本扣除额是指维持家庭基本生活的必要支出，排除在收入换算外的金额。依据地区划分不同等级，但不以家庭规模划分等级。即考虑各地区全租价格（最低居住面积的全租价格）等差异，2005 年的标准为大城市 3800 万韩元，中小城市 3100 万韩元，农渔村 2900 万韩元。第二，扣减程序：因为各种财产不同的换算率，因此基本扣除的开始顺序会直接影响财产的收入换算额。当前基本扣除程序是从一般财产再到金融资产。在扣除一般财产与金融财产后，如果基本扣除额仍有剩余，也不扣除机动车总额。

③负债。韩国国民最低生活保障制度原则上使用"纯财产"概念。债务规模会影响财产的收入换算额。债务包含金融机构融资金、公证的私债等，还包括全租资金、购买住宅和维持生活的商业资金，以及学费、医疗费等特别明确被认定为债务时，也可以在财产总额中扣除。其中学费债务和医疗费债务全额扣除，一般债务与居住债务部分扣除，抚养赡养对象的债务无论何种用途都予以全额扣除。债务减除顺序与基本扣除相同，在减去一般财产与金融财产的债务后，如果还有债务也不在机动车总额中减去。

---

① 金炳彻. 韩国国民最低生活保障制度受助人选定的现状和问题 [J]. 社会科学, 2009 (1).

④各种财产的收入换算率。财产总额中减去基本扣除和债务后，余下金额再乘以不同财产换算率则得出财产的收入换算额。具体看，财产种类不同，其收入核算率也不同。一般财产结合各地全租价格等财产水平、新加入家庭的规模等，一般财产在最大可能使用超过基本扣除额的剩余金额在 2 年内换算率为每月 4.17%。金融资产变现相对容易，因此换算率是一般财产的 1.5 倍，即每月 6.26%。因为难以辨别拥有机动车的人是否为贫困人员，考虑一般性的国民情绪，机动车财产的每月换算率为 100%。为残疾人出行或以商业为目的的机动车财产，不适用以上换算率。①

2. 收入认定额与家庭最低生活费用

收入评价额与财产的收入换算额相加构成收入认定额。只有其低于对应家庭的最低生活费用时，方能被瞄准成为救助对象。最低生活费用自 2005 年起每 3 年调整一次。2007 年韩国保健福祉部规定的最低生活费为：1 人家庭为 43 万 6 千韩元，2 人家庭为 73 万 4 千韩元，3 人家庭为 97 万 3 千韩元，4 人家庭为 121 万韩元，5 人家庭为 141 万韩元，6 人家庭为 161 万韩元。在 6 人以上家庭中，每增加 1 人，家庭最低生活费将增加 204218 韩元。考虑到物价上涨因素，把 4 人家庭作为标准，最低生活费在每一年都比去年提高 3 至 4.8 个百分点。②

3. 抚养赡养义务人标准

收入认定额标准之外，最低生活保障制度救助申请也需要同时满足抚养赡养义务人标准。有抚养赡养义务人，而且义务人有抚养赡养能力的家庭不能进行社会救助申请③。具体的认定条件如下：①无抚养赡养义务人；②有抚养赡养义务然而没有抚养赡养能力；③有抚养赡养义务人但其抚养赡养能力微弱，被认定为没有实际抚养赡养能力；④抚养赡养义务人虽然有抚养赡养能力，但是回避抚养赡养义务或无法履行抚养赡养义务。上述条件中满足任何一个都认为已经符合抚养赡养义务人标准。现行制度当中的抚养赡养义务人主要是指有权受助人的配偶、有权受助人直系血亲的配偶（儿媳、女婿等）、有权受助人的直系血亲（父母、儿子、女儿等）等。计算抚养赡养义务人的家庭成员数的方法与保障家庭相同。进行判断抚养赡养能力可以排除

①②③　金炳彻. 韩国国民最低生活保障制度受助人选定的现状和问题［J］. 社会科学，2009（1）.

抚养赡养义务人家庭成员中与有权受助人无抚养赡养义务关系人的财产与收入。抚养赡养义务人被判定为抚养赡养能力微弱，需要把是否能够定期向有权受助人提供抚养赡养费为依据。受助人家庭的其他收入需要纳入抚养赡养费，同时作为收入认定额的其中一部分，进而影响救助资格获取与实际救助水平计算。抚养赡养费计算方法为抚养赡养义务人家庭的实际收入减去其家庭最低生活费 120% 后的 15%、30% 和 40%。① 韩国国民最低生活保障法除了保护低于最低生活费以下的贫困人员，也保护收入认定额低于最低生活费的 120% 的贫困边缘人员。尽管贫困边缘群体收入相比最低生活保障对象略高，然而如果没能得到生活费补助，随时都有可能陷入贫困。韩国法律和行政定义中，把处于贫困线边缘视作贫困边缘群体最基本最主要的特征，他们实际上也有着与贫困人员相似的生活处境，因此滑入贫困的可能性很高，也需要对他们给予一部分甚至全部救助。随着非正规就业劳动者、信用不良者与青壮年失业者的增加，保护贫困边缘群体的必要性也随之提高。尤其是相对于一般救助者，当家庭遭遇较大的冲击或变故时，他们的收入最先减少。倘若得不到社会安全网保障其医疗救助或生活费用，这些边缘贫困群体受到的冲击则会更大。

4. 韩国家计调查的政策争论

有关韩国国民最低生活保障制度家计调查的争论，大体上争议集中在最低生活费用的适当性和相关抚养赡养义务人的问题②。

（1）最低生活费的适用性问题。

①最低生活费的标准下降。现在韩国公示的贫困线也是作为受助人选定标准的最低生活费合理性的问题之一。最低生活费占 4 人家庭平均收入的比重持续下降。同时，最低生活费占平均家计支出的比重也从 48.7% 下降到 39.5%，占平均消费支出的比重也由 56.4% 下降到 45.7%。最低生活费占最低工资的比例也在不断下降。在 OECD 国家，和美国、西班牙、加拿大等共同居于最下限水平。③

②最低生活费标准的制定不尽合理。虽然给付水平持续上升，却仍不足以保障最低生活。自 2005 年起最低生活费每 3 年计算一次，在 3 年的区间内

①② 金炳彻. 韩国国民最低生活保障制度受助人选定的现状和问题［J］. 社会科学，2009（1）.
③ ［韩］金未坤. 有关最低生活费计量方案的研究. 韩国保健社会研究院，2006.

每年按照公布的物价上涨指数进行调整，但是这可能低于实际的最低生活费。只考虑物价上涨因素来决定最低生活费，构成最低生活必需品的内容和价格却无法反映出来，难以把最低生活所需的内容和质的变化反映出来。除此之外，不同地区的平均生活费实际上有所差异，即使不考虑家庭规模等因素，一般意义上大城市需要支出更多生活费。然而，韩国最低生活保障制度却是把中小城市的最低生活费作为全国统一标准，导致大城市、中小城市、农渔村等地区间最低生活费的差异无法准确反映，因而该标准在全国适用并不妥当。另外，老人、儿童和残疾人等家庭特征的特殊需求无法反映，其最低生活必需的附加支出需求也无法针对性满足，虽然收入评价额考虑医疗费等支出，但只是一种间接性考虑。最低生活费需要把收入认定额、平均医疗给付额和平均教育给付额等排除在外。

（2）抚养赡养义务人标准的合理性问题。

自 2007 年 7 月起，韩国国民最低生活保障制度把判断抚养赡养义务人的抚养赡养能力的收入标准由其家庭最低生活费的 120% 提高到 130%，并把兄弟姐妹排除在抚养赡养义务人之外，这导致制度覆盖范围的进一步扩大。而且，实际领取的救助金额和财政预算也在一直增加。然而，因为抚养义务人标准和财产标准的严格实行，估计事实上仍有 177 万贫困人员未能获得最低生活保障，其中因为达不到抚养赡养义务人标准而落选的占 25.7%，在这些人中有 56.2% 的人实际上并未真正在抚养赡养义务人那里获得私人转移支付。[①] 制度规定的抚养赡养义务人标准更多停留在纸面的计算上，标准落地与现实情境存在不小距离。

尽管目前在韩国社会福利部门的工作中，约 70% 主要是调查抚养赡养义务人。然而，现实情境下确保调查完全准确非常困难，实际上大多数子女给予父母，或父母给予子女都是在逢年过节的时候给几次零用钱，定期给予一定数额的生活费或零用钱的情况非常少见，所以强调抚养赡养义务人负担生活费缺乏现实情境支撑。结合韩国传统文化与家庭保护功能来看，制度界定的抚养赡养义务人范围还是比较贴合文化伦理。只有当义务人无法抚养赡养或回避抚养赡养时，再由国家出面提供最低保障符合文化传统与家庭观念。

---

① 金炳彻. 韩国国民最低生活保障制度受助人选定的现状和问题［J］. 社会科学，2009（1）.

关键是如何界定抚养赡养能力，这关乎家庭保护与文化传承的价值理念能否实现。制度规定抚养赡养义务人的收入超过申请家庭和其本身最低生活费之和的 120%，或者财产超过申请家庭和其本身家庭财产之和的 120%，则被认定为具有抚养赡养能力。这在执行中容易产生两个问题：一是如果抚养赡养义务人家庭不降低生活水平就无法抚养赡养受助人，二是如果财产超过了120%，没有收入就要变卖财产履行义务，同样没有实际可操作性。所以，实际上很多抚养赡养义务人不向受助对象提供抚养赡养费。同时由于抚养赡养义务人标准导致其他无法得到制度给付的最低生活费，从而陷入贫困。

5. 韩国瞄准机制的改进和优化

（1）优化最低生活费标准。生活给付从只考虑家庭规模调整为考虑家庭特征（主要是年龄）的方式。因为尽管同样是 4 人家庭，因其家庭成员年龄等结构不同，需求水平也不同，可以依据家庭的具体需求进行救助。同时，计算最低生活费以扣除医疗和教育等现金给付后的生活给付额为标准，教育与医疗可以另行给付。因为维持最低生活的最低生活费是一定的，而不管家庭负担的学费和医疗费如何。

（2）改善抚养赡养义务人标准。大部分福利国家不大重视甚至都没有抚养赡养义务人标准。有 200 万韩国人因抚养赡养义务人标准与财产标准限制而无法获得最低保障。尽管不能立即废止该标准，但可以在短期内采取缩小抚养赡养义务人范围、缓和标准等措施来减轻相关部门的调查负担，缩小最低生活保障制度中因抚养赡养义务人标准而产生的死角地带。对有抚养赡养义务人但因家庭关系断绝及其他原因实际上无法抚养赡养的情况，社会福利部门需要主动及时予以确认并制定相关补救方案。同时调整和缓和抚养赡养义务人的抚养赡养能力判断标准，对抚养赡养能力认定标准进行大幅提升。

（3）基本生计与专项救助给付分离，将相对贫困人群纳入专项救助体系。韩国社会救助政策瞄准的依据主要为是否有家庭支持以及收入是否低于最低生活成本，其基础生活保障待遇包含基本生计给付以及住房、医疗、教育、妇产等专项救助待遇。自 1999 年制度运行以来同样逐渐暴露出不少问题，一方面造成"叠加效应"，由于获得国民基础生活保障的家庭同时可以获得多项救助给付，容易产生福利依赖；另一方面也造成了"悬崖效应"，非基础生活保障的低收入者在享受救助政策上与基础生活保障对象存在巨大落差，会使低收入群体容易产生不公平感①。因此，2015 年韩国对国民基础生活保障实施了最新的改革措施，基本生计主要针对绝对贫困群体，并为其提供最基本的生活救助，而医疗、教育、住房等救助给付则是针对有需要的绝对和相对贫困人群。改革后，不仅使救助资源的使用更为科学合理，提高了社会救助的效率，而且将医疗、住房、教育等救助给付的覆盖面扩大至相对贫困人口，使得更多低收入群体受益，增加了社会救助的公平性。

6.1.2 日本

日本的社会救助制度一般称为生活保障制度，由于该制度属于政府行为，由国家进行出资救助，因此又被称为国家救济制度。日本在经济发展的同时也并未忽视社会发展，而是采取了经济发展与社会发展并重的策略。同时，日本现代社会救助制度是在东方儒家"家庭主义"与西方"民主主义"的碰撞和交融中构建的，尽管受到西方"离家出走"，崇尚个体自由的现代性冲击，但守望相助的家庭观念和孝文化传统仍然深刻地影响着制度的建构与发展。使用 2006 年东亚社会调查的家庭主题调查，发现现代化的进程并没有导致家庭功能的衰落，家庭凝聚力具有强大的抗逆力性和适应性，深厚的文化积淀超越了现代化的作用②。现代化进程并没有导致传统性的消逝，而东亚社会态度体现出的现代性与传统性的兼容并蓄，正是东亚社会政策发展的重要基石，也是延续家庭人文伦理价值和发展家庭福利生产功能的动力源泉。经全面修订后于 1950 年颁布实施的《生活保护法》，同时彰显了"家庭主义"和"民主主义"的东西方文化传统，在日本社会救助发展当中具有里程碑的意义，基于国家责任确立的平等原则、最低生活原则和补助性原则至今仍发挥着重要作用③。

---

① 张浩淼．韩国社会救助的最新改革及启示［N］．中国社会报，2016 – 03 – 07.
② 杨菊华，李路路．代际互动与家庭凝聚力——东亚国家和地区比较研究［J］．社会学研究，2009（3）.
③ 吕学静．日本社会救助制度的最新改革及对中国的启示［J］．苏州大学学报（哲学社会科学版），2016（3）.

1. 日本社会救助瞄准机制的主要做法

（1）开展"自立调查"。基于平等原则并根据法律规定，任何人均有请求保护的权利，只要在贫困线以下，一律是生活保护的对象。但是，救助的标准基于最低生活原则，且是"健康的、文明的"，而且得到生活保护的前提是个人已尽最大的努力，因此需要进行所谓"自立调查"。通过对当事人目前拥有的所有财产进行评估，判断其是否充分利用自身的能力与潜力以克服或改善目前的贫困状态。即除了收入在贫困线以下之外，对所拥有的财产必须变卖或进行估算，进而最终确定其是否在贫困线之下。实施生活保护必须由个人提出申请，只要在特殊情形下，即个人无法或无能力行使申请权时，才可由从上到下地实施生活保护。然而，由于需要对申请社会救助的家庭进行"自立调查"，容易产生污名化效应，特别是对一时遇到困难的申请者来说，可能会增加申请社会救助者的心理成本和负面影响，不利于彰显社会救助公平正义、应助尽助的制度价值。

（2）以家庭为单位。尽管受到西方现代性的冲击，但受到东方儒家文化的深刻影响，在日本家庭主义的观念依然深入人心。日本社会救助实施过程中，无论是在"自立调查"环节，还是在社会救助待遇给付环节，都是以家庭为单位进行调查和计算。家庭作为社会救助的具体对象和瞄准单元，这一理念和原则可谓是贯穿于整个社会救助链条之中，集中体现在最低生活费的标准是以家庭为单位进行核发，首先根据不同地方的经济社会发展状况通过分类分档设置差异化的标准，其次对同一地区不同结构的家庭对应着不同的最低生活费标准。例如，2014年一类地区第一档的三人家庭的最低生活费标准为165840日元，而同年三类地区第二档的三人家庭的最低生活费标准为134060日元。同时，综合考虑受助者年龄、居住区域、家庭组成情况、性别以及各类援助项目的基础上统一制定社会救助标准，对于那些特殊类型的贫困群体，又将其所在家庭分为三人家庭（33岁男，29岁女，4岁子）、高龄单身家庭（68岁女）、高龄夫妇家庭（68岁男，65岁女）和单亲母子家庭（30岁女，4岁子，2岁子）。一个日本家庭社会救助标准的确定公式是：最低生活费＝一类生活扶助＋二类生活扶助＋特殊家庭加算额＋必要的其他扶助项目－收入。一类生活扶助按照年龄细分为八个档次，主要是以食物和衣服为主的个人日常支出，二类生活扶助按照地区类别细分为六类，主要是以水电、煤气和取暖费为主的家庭日常支出，单亲母子家庭、残疾人、学龄儿童、住院人员则享受特殊家庭加算额津贴①。此外，依据受助家庭的不同需求而定的在生活扶助之外的其他七类扶助项目视为必要的其他扶助项目。然而，由于妇女地位逐渐提升，特别是女性婚后参加工作以及产后重新工作的比例明显提高，但专职家庭主妇仍居于主流地位，也使得家庭中非生产者对家庭的依赖感在经济社会风险日益增大的今天变得更加突出②。

（3）赡养扶养义务前置。赡养扶养义务前置既是日本社会救助家庭主义理念的重要体现，也是实践中以家庭为单位的延伸，是区别于西方多数发达国家社会救助制度的最核心特征。除了调查救助申请者的家庭状况之外，还需要对申请者的相关赡养扶养人的家庭收入财产状况进行核查，而且这一原则也在《生活保护法》中予以明确。即法律规定的赡养义务者的赡养扶养义务将优先于政府提供的社会救助，在对救助申请进行的家庭"自立调查"中，赡养扶养者的家庭收入应进行调查，同时对实际提供的赡养扶养费用进行计算，这一规定有利于促进赡养扶养人依法履行义务，也有利于降低对社会救助的依赖性。然而，由于社会救助机构尚无相应的执法权限，当赡养扶养义务人未能有效履行义务时，还是必须社会救助机构先行救助。同时，法律也赋予了地方政府的追责惩戒权利，对不履行赡养扶养义务的当事人征收部分甚至全部的救助金。对于家庭亲属赡养扶养者的范围，法律规定包括配偶、直系血亲以及兄弟姐妹，还包括特殊情况下，根据法院判决在上述范围之外的具有扶养义务的亲属。不难看出，家庭守望相助仍然被日本国家作为核心地位的文化传统，在社会救助乃至整个社会保障体系中都发挥着抵御风险、保障基本生活的基础性作用。

2. 日本社会救助瞄准机制的主要改革

进入 21 世纪，日本对社会救助制度进行了一系列的改革和调整，以期望实现制度健康可持续发展。这其中主要包含两个方面的驱动因素：一方面是金融危机给日本国内经济和财政带来了极大冲击，失业率剧增，非正规就业和老年人的就业环境严峻，而与此同时日本社会保障开支已占据日本全部财政支出的三分之一，约相当于同年度日本税收总额的 70%，使日本公共财政

① 日本厚生劳动省网站 . http：//www. mhlw. go. jp/wp/hakusyo/kousei/14 - 2/dl/08. pdf.
② 赵永生 . 家族主义下的日本社会救助制度述评 [J]. 日本学刊，2009（5）.

早已不堪重负①。另一方面，社会救助制度本身在实践中累积的问题日益凸显。通过与美国、德国、韩国等 OECD 国家的生活保障制度进行比较，发现2000 年以来日本的税收和社会保障政策并没有达到稳定就业、减轻社会贫困的预期政策效果，反而扩大了社会不公平，即实质产生生活保障制度的反作用。但这不是日本独有的现象，而是全球性问题，其中摆脱"男性养家模式"是破解这一难题的关键。然而，摆脱"男性养家模式"进展缓慢，这也不是日本独有的问题，而是在全球范围内均存在且会威胁到社会可持续发展和经济稳定②。

日本社会救助瞄准机制的主要改革措施包括：加强对"自立调查"的严格执行，同时对不正当领取社会救助金的行为进行严格惩戒，主要是通过实施在 2014 年再次修订后的《生活保护法》予以强化规制。③ 其一，加强了对地方政府调查权限的授予，更加明确生活保护申请者协助调查的义务，同时对不正当领取的行为明确处以 3 年以下有期徒刑并进行相应的罚款。其二，进一步强化工作激励和自立导向。为激励和支持社会救助对象积极参加工作，对因其就业而减少的救助金交由地方自治团体保管，当救助对象完全摆脱依靠救助金的困难生活时，这些减少的保护金将作为激励再予以发放，通过这样以提高有劳动能力的救助者提高劳动就业的积极性。其三，推进救助者自立，建立贫困协同治理体系。比如，将社会救助帮扶与社会福利措施、职业安定所项目进行协同，促进构建贫困者早期干预和就业促进平台，同时充分引导和利用专业社会组织和民间力量，围绕贫困者自立发展打造生活保护、职业训练和再就业等全方位的志愿帮扶体系。其四，为有效消除和打破贫困代际传递，实现社会公平和机会均等，加强对儿童贫困的早期干预和全面应对，以有效防止下一代再次陷入贫困。

---

① 中国证券报. 日本提高消费税难补社保基金缺口 [N]. 2012－07－04.
② ［日］大沢真理著，陈斌译. 日本生活保障制度的反作用研究——基于 2000 年后"治理"的国际比较 [J]. 社会保障评论，2017（3）.
③ 吕学静. 日本社会救助制度的最新改革及对中国的启示 [J]. 苏州大学学报（哲学社会科学版），2016（03）.

6.1.3　英国

西方国家社会救助改革从 20 世纪 80 年代开始，时至今日仍处于不断调整和改革之中，其中始终伴随着争议和不同的声音。可见，公共领域事关居民福祉的社会政策调整和改革绝非一朝一夕一蹴而就的，需要综合配套和循序渐进进行。无论是做加法还是做减法，都需要同时完善瞄准机制，调整瞄准对象和福利输送结构。同时需要明确社会救助等社会政策调整和改革的出发点，清楚社会支出与经济社会发展之间的逻辑关系，社会救助等公共支出是否只是经济发展的附加产品，公共支出是否只是纯消费型支出，经济增长速度下滑、竞争力下降是否与福利支出增长直接相关。社会救助制度及瞄准机制的改革是制度的内在属性所要求的，需要保持与经济社会发展变化的协调联系，对各种变化、风险和社会问题予以预判和应对。但改革的基础是需要充分认识和估计社会救助等社会政策的积极重要作用，保障社会救助作为民生和社会安全网最后一道屏障的风险兜底作用，塑造更加公平可持续的与经济社会文化良性互动的社会救助政策模式和瞄准机制，而不是以零和博弈相互割裂的思维理念来推动改革。否则，不仅对经济发展的效应有待进一步评估，而且随着保障范围缩小和政府投入减少，一些社会问题和社会风险未能得到有效兜底，一些亟需救助的社会群体因缺乏社会保护而导致生存发展难以为继。20 世纪 90 年代初，在全球化压力以及长期失业增加的背景下，英国迅速开始了整合社会救助与劳动力市场的改革行动，设计并实施了"从福利到工作"的政策，旨在鼓励人们从依赖政府福利转向工作的政策干预措施。其指导原则是强调就业和市场，平衡权利和责任，在这些原则指导下，英国把青年失业人口、长期失业人口和单亲母亲作为主要瞄准对象，实施了一系列干预措施，其中在 1996 年引入的求职人员津贴，主要是为了求职者提供基本生活保障，是把基于缴费的失业待遇和以家计调查为基础的救助待遇进行整合[①]。失业者不可以再申请社会救助，而是通过申领求职人员津贴，同时需要接受政府介绍的工作或培训，以尽快重返劳动力市场，否则面临相

---

① 孙洁. 家庭财产调查在英国社会救助制度中的功能及其启示 [J]. 学习与实践, 2008 (1).

应惩罚①。社会救助只针对老人、残疾人等无工作能力者。

家庭财产调查，也称为家计调查或家庭经济状况调查，是在社会救助制度中被用来考察救助申请人家庭收入等方面状况的一种做法，同时也是鉴定申请者是否具有领取某项服务或津贴的资格的必要环节。具体包括：个人申请、组织受理、开展调查、单位（社区）证明、公示批准。是否可以得到社会救助的关键是看申请者个人或家庭收入的人均收入能否低于政府事先确定的最低生活标准线（贫困线）。家庭经济状况调查是公民的权利和国家与社会的义务这一对法律关系是否可以发生的必要前提。这种待遇给付方式的最突出特点是其"选择性"原则和覆盖群体的针对性，一般针对某些特定的或者最困难的群体，它的运行原则之一就是能够保障社会救助经费能够真正恰好地用到最需要帮助的人身上。家计调查的正当性和必要性在于救助申请者可以有理由通过接受财产调查来合法合规、公正透明地证明自己的需要。家计调查型的补贴的主要功能是可以提供一份基本收入，或者补足低收入，或利用其他补贴来减轻贫困。这种基于家计调查的津贴可以用来弥补缴费型津贴的有限，把资源分配给最需要的人们，在较少增加政府支出的条件下，把经济资源从富人手中重新分配给穷人以缓解贫困。

家计调查以法律形式出现最早是在 1922 年英国《失业保险法》中以失业救助的形式提出。它的发展取代了旨在帮助那些保险制度不能满足其需要而实施的地方救助方案。虽然其调查程序具有规则性，但在很多方面人们对于当时失业救助委员会所做的财产调查"是十分讨厌的"。但是家计调查有着深远影响，早在 1938 年 10 月，1/3 的接受英国失业救助的个人或家庭由于家庭收入的原因而使得领到的补贴有所降低。由于战争期间很多人流离失所，导致家庭财产调查存在现实困难，不过在通常情况下还需要对家庭成员的财产进行估算。然而，在英国，家计调查从来没有消失过，特别是到了 20 世纪 70 年代以后，家计调查在社会救助实施中逐渐发挥重要作用。到 20 世纪 90 年代以后，基于家计调查的救助支出比例增长较快。1996 年英国保守党政府实施求职者津贴制度，政府提供缴费型救助津贴（失业保险）和非缴费型的求职者津贴，以此来应对不断增加的失业人口并缓解失业家庭贫困。

---

① Clasen, J. *Reforming European Welfare States: Germany and United Kingdom Compared*, Oxford: Oxford University Press, 2005: 15.

其中非缴费型求职者津贴则是要求进行比较严格的家庭财产调查和就业行为调查，突出强调救助者必须积极努力寻找工作。在 2000 年以后，把家计调查作为基础的收入关联型求职者津贴很快取代了收入扶持而成为英国非缴费型津贴中开支最大的津贴类型。从覆盖人口来看，英国家计调查型津贴覆盖的人口从 1974 年的 438 万人增加到 1994 年 1172 万人，20 年间增长了 1.68 倍。伴随着经济社会发展，英国的家计调查规范和内容在潜移默化之中发生着变化。当初一般以收入调查作为主要内容，现在将财产调查也纳入其中，尤其是将申请者的家庭资产，特别是储蓄状况纳入到限制性标准中。20 世纪 80 年代以来，为了鼓励失业者积极就业，还需要考虑申请者的就业状况和就业意愿，如果申请者没有与就业服务机构签订积极就业协议，以证明自己在失业后积极寻找工作、努力再就业，那么该申请者一样不具备领取资格。

1. 家计调查的改革完善

对家计调查的批评却始终伴随。批评者认为家计调查迫使家庭成员之间用微薄、不稳定的资源相互扶持。它不仅没有起到帮助家庭和睦的作用，而且也不鼓励诚实①。除此之外，家计调查还存在着侵犯申请人和家庭的隐私、申请率低、储蓄陷阱、贫困陷阱和道德风险、污名化等问题。①管理成本高。很多国家的家计调查需要有庞大的实施机构。信息化发展可以大幅减少有关的行政开支，但管理成本仍然很高。英国有 50 多种基于家计调查的津贴，每一种申请表格一般长达 20 多页甚至更多，而且相关规则每隔几年就要更新一定内容。如果申请不同的津贴救助项目，每年要多次接受家计调查，这些都增加了受助家庭和个人负担；②储蓄陷阱问题。作为英国支出规模最大的两种家计调查型津贴，求职者津贴和收入扶持津贴都规定了申请人的家庭资产不得超过 8000 英镑，否则就丧失了申请资格②，这必然会影响申请人的储蓄意愿。③贫困陷阱问题。由于与收入挂钩的补助是以政府规定的标准线为依据确定救助资格。贫困陷阱包括两种情况：一种情况是导致收入刚刚超出标准线之上的一部分家庭或个人丧失救助资格，但事实上他们仍然处于比较贫困的状态；另一种情况是尽管目前的救助者收入上调使得其收入超过规定的

① 孙洁. 家庭财产调查在英国社会救助制度中的功能及其启示 [J]. 学习与实践, 2008 (1).
② [英] 罗伯特·伊斯特. 社会保障法 [M]. 周长征, 等译, 北京: 中国劳动社会保障出版社, 2003: 82 – 83.

限额，但这种上调是微幅、比较不稳定的，这也会使他们丧失救助机会。④道德风险问题。早在 20 世纪 30 年代英国实施家计调查之初，部分人为了应付调查就把已经参加工作的子女从家庭中排除出去，以避免把他们的收入纳入家庭收入里面。如今人们更是会编制理由或者隐瞒家庭真实情况、瞒报兼职工作收入等以骗取救助资格获得救助。⑤污名化问题。申请者不但要向社会救助部门，而且还要向社区甚至社会上的其他人承认他们的经济条件低于规定的收入标准。失业和申请救助通过家计调查越来越成为一种"负面经历"。比如领取失业保险和之后的求职者津贴所要求的"积极求职"条件，则要求救助申请者必须向公共就业服务部门说明此前失败的求职努力。

2. 家计调查与目标群体定位结合日益密切

英国政府为实现帮助"最需要或最贫困的人"的目标，日益重视目标定位式的救助，即通过群体甄别，将那些最需要帮助的人，例如根据年龄（老年人、未成年子女）、性别、健康状况（伤残、病人）、经济状况、就业状况或家庭状况（单亲），将穷人、老人、妇女或儿童、失业者、患病、残疾等挑选出来，再通过家计调查或条件限定的方式确定"最贫困或者最需要的人"，仅对他们发放社会救助。目标定位与家计调查相同，都属于选择性福利的政策工具，有利于提高政策目标的有效性和资金的使用效率。目标定位的优点在于如果一旦确定政策瞄准目标，则可以减少相应的管理工作，减少一些中间环节，而且可以提高瞄准质量。而且由于采取的是针对某一群体的比较统一的标准，很少地关注每个申请者的个体情况，因而不会带来家计调查所带来的管理复杂、污名化等诸多问题。目标定位群体划分与经济社会变迁紧密联系。20 世纪六七十年代，英国的家庭结构急剧变化、离婚率上升以及非婚生子女数量增多。数据表明，从 1971 年到 1998 年，英国的单亲家庭数量占比从 8% 上升到 25%，在单亲家庭中生活的儿童占比从 8% 提高到 23%，未婚妈妈的人数也增加了 9 倍①。对应地，社会救助更多地考虑到单亲家庭、离婚家庭以及未婚家庭的需要进行制定相关政策。1979 年之后，面对失业增加以及非技能型人员工资的减少，同时非全日制和临时工作增加的背景下，英国政府突出强调工作激励导向，确立维持救助收入和工作收入间

---

① 统计表明英国单亲家庭占家庭总数的四分之一 [J]. 南方日报，2000 - 3 - 4.

的差距的福利政策主题。进入 21 世纪之后，英国政府在之前政策理念的基础上，倡导变消极福利为积极福利，把求职状况和就业状况与救助资格挂钩，将保障人口划分为未成年子女、工作年龄和超过工作年龄三种类型群体。工作群体的津贴具有较强选择性，而老年人和未成年子女都可以享受普惠型福利供给。

3. 英国应用家计调查的特点

作为选择性福利的实现手段，家计调查在英国社会救助中有其特点。在制度体系方面，建立多层次的救助体系框架，救助申请资格标准多样化，覆盖了所有最需要帮助和最困难的人口。随着英国社会保障制度改革的日益深化，对不同的项目规定了不同的资格标准，即使同一项目也有着多种要求和标准。例如，对于最低生活保障制度的收入扶持津贴，其给付依据分为三种：一种是根据家庭规模和家中孩子的年龄状况而变化的个人津贴；一种是发放儿童、残障人和 60 岁以上的等有特别需要的人群的额外津贴；三是住房费用的补贴。求职者津贴同样分为缴费型和家计调查型，各种津贴相互有交叉，但同时又保持独立。同时实行可重复收益的"通行证"式救助，实行规划化的分层次保障。倘若接受救助者已经获取一些与家计调查相关的救助资格，那么他们就可以自动获得申领其他项目救助的权利。前一种补贴为后一种补贴提供了权利的"通行证"，而对不该重复叠加获益的现象予以制止，避免欺诈。在制度理念方面，英国社会救助制度改革倡导工作福利理念，突出对求职经历和就业状况审查。同时不断加强社会救助立法，对重复收益的社会保障津贴从法律层面予以规范，避免执行中的随意性[①]。

4. 英国社会救助政策效果与改革举措

衡量政策效果的一个有效尺度是符合救助资格的人员的救助给付领取率。有学者认为英国的家计调查型补助经常在实现其目标方面没有效率。西方国家有关经验表明，福利程序越复杂，那么申请者也要公布更多的隐私，其中有部分符合资格的贫穷人口则会放弃申请打算。在英国，基于家计调查的补助领取率也从未实现 100% 全覆盖的目标。具体讲，对于诸如工人家庭和一些单亲家庭等特定群体的救助覆盖面不足，虽然其中一些人很穷，但并没有

---

① 孙洁. 家庭财产调查在英国社会救助制度中的功能及其启示 [J]. 学习与实践，2008（1）.

资格领取，而对于老年人等群体来说，申请率不够高一方面可能是不想因此蒙羞或者信息沟通不畅，供给方面的原因则是可能因为政府执行不当或歧视。据统计，每年大约有 30% 符合救助条件的人并未主动申请各种救助。对此，英国一方面进行程序简化。60 岁及以上老人以往需要填写和工作群体一样的表格，现在填写的表格只需要 12 页而不是 46 页。失业者或残障人士可以利用互联网填写电子表格申请救助，也可以由受过训练的工作人员代为申请。同时将收入评估改为年度评估，将在每年或者更长时间进行评估。

6.2 比较分析与变迁机制

社会政策本身还是一个政治过程，是一种政治实践。在不同的社会里，社会政策的制定、实施和调整的动因与节奏是不同的，如何恰当理解和评估这些原因和变化是福利体制比较研究领域里非常重要的问题①。理解不同国家社会政策的内容、策略和实施渠道等的差异，既是对不同福利体制内部国家行动的理念和干预方式进行深入解释的前提，也是为了更好地认识和发展完善我们自身的政策体系。社会救助作为社会政策的首要和核心领域之一，每一个国家的社会救助政策发展演变都有其特定的背景和推动因素，背后存在的客观规律则是社会政策发展有其成长和发展阶段性，均受到经济特征、政治理念和社会文化等本国国情所支配。进行比较分析需要合适的方法，通过国际比较关键需要历史纵向和结构横向的双重视角，除了关注制度目前是什么情况，而且需要从制度历史变迁和背后的主要推动因素总结出一般性发展规律。因此，可以采取的是一种动态、历史结构化分析方法进行全景式分析，需要关注"是什么"的问题，即掌握和比较各国制度具体内容和演变走向，也需要关注"为什么"的问题，分析支撑和推动制度演变的各种经济社会文化因素，同时关注"怎么办"，即各国在面对社会问题时采取何种应对和改革措施。进行分析比较的意义在于尽管各国面临的社会问题有其特殊性，但经济社会发展具有一定的客观规律性，一定时期的社会问题一定程度上都

---

① 熊跃根. 社会政策的比较研究：概念、方法及其应用 [J]. 经济社会体制比较，2011 (3).

是本国经济社会文化发展的客观反映，比如人口老龄化问题、经济全球化对各国经济发展的普遍影响等，但在各国不同情境下这些问题的表征和背景有着明显差别。比如作为社会救助需要重点面对的人口老龄化问题，在西方国家主要是社会福利支出增加、劳动力供给影响、福利依赖等，主要是一种对经济可持续发展和政府财政负担的影响。而中国人口老龄化同时伴随家庭规模和家庭结构核心化，经济也处于增量发展和结构优化、动能调整的阶段，同时在共享发展的政治理念下，社会救助等公共支出的规模和水平都在不断提升，人口老龄化同样也会对中国经济产生影响，但不同于西方国家通过降低覆盖面和保障水平，中国从现实国情出发，需要对整个社会救助理念和体系进行优化，在支持和鼓励家庭进行福利供给的同时，需要可持续地提升国家福利供给角色，并适当考虑加入激励因素。

6.2.1　文化情境对制度影响

社会救助的文化情境因素十分重要不容忽视。政治理念和社会文化因素对社会救助的制度选择和发展路径产生重要影响，决定社会救助瞄准机制关键在于政治抉择和理念导向，例如在新自由主义理念下，必然鼓励自由竞争和个人负责，社会救助的角色和政府力量则会弱化，尽管经济发展是社会救助发展的物质基础，但文化传统和历史因素扮演着不可替代的重要角色。比如，美国作为非常发达的国家，但在社会救助领域国家一直是以补缺者的角色出现，福利供给主要是通过个人自由竞争获取，政府所提供的社会救助只针对老人、儿童等特定群体。因此，社会救助的目标是帮扶弱者，如何界定弱者，有哪些主体通过什么样的途径和办法施以援手，其中都有文化因素在起作用。传统儒家文化崇尚的家庭美德，使得家庭一直是基本的福利单元，家庭成员之间的互帮互助以及代际间的抚养赡养关系都有力地降低了个人独自所面临的各种风险，而且这种抚养赡养关系也成为了法律规定的强制性义务。相比起来，西方则更强调个人隐私和独立，通过个人努力来提升自身的福利水平。所以，韩国、日本等国家社会救助瞄准对象是整个家庭的收入水平，同时也要考察具有抚养赡养义务人员的收入和财产，统筹合并考虑最后确定是否达到政府救助的标准。而英国等西方国家则是重视对个人经济、财产状况的核查和评估，主要把人口学特征作为瞄准对象，比如针对老人、儿童以及残疾人等，社会救助津贴发放也是根据不同个体的不同需要而分类计算和给付。

6.2.2　问题导向与制度演变

资本主义工业化和市场经济的发展是决定西方福利国家建立并维持的根本性因素，自 20 世纪 70 年代末以来，后工业化、全球化和老龄化深刻影响到全球，福利国家立国的工业化基础发生了变化，原有的代际契约被打破，资本主义市场经济的范围完全突破了民族国家的界限，不仅已有的风险增加，而且带来了新的风险①，一方面，产业结构从制造业向服务业为主的转型过程必然伴随劳动生产率下降的长远趋势，使得应对福利需求的资源更为有限②，作为"生产者"的劳动年龄人口比例降低，用于福利生产的资源也将受到更大限制，另一方面，社会阶层更加复杂，例如自我雇佣者、灵活就业者、社会照顾者等群体日益增加，阶层结构变化也对原有的社会团结提出了挑战③。

通过分析发现，英国的社会救助发展和变革主要针对的是某一项或多个比较突出的社会问题，诸如失业率居高不下、单亲家庭、离婚率高等社会问题，问题导向非常突出，并以解决相应的社会问题完善社会救助制度。韩国等国主要是以反贫困，通过收入扶持维持贫困群体的最低生活。这可能是因为在传统的发达国家，高福利带来的社会问题十分突出。韩国在当前则可能主要面对的仍是贫困问题，制度也不断扩大覆盖面和保障水平，从以往以年龄等人口学特征作为救助依据，改革为将收入贫困作为救助标准，主要的制度改革背景则是金融危机影响，经济增长下滑、绝对贫困群体增多，其中绝对贫困层的规模从 1996 年仅为全体家庭的 3.1%，2000 年急剧上升到 8.2%，

① 房莉杰. 平等与繁荣能否共存——从福利国家变迁看社会政策的工具性作用 [J]. 社会学研究，2019 (3).

② Taylor–Gooby, Peter. *New Risks, New Welfare: The Transformation of the European Welfare State* [M]. Oxford University Press, 2004.

③ R. 米什拉. 资本主义社会的福利国家 [M]. 郑秉文译. 北京：法律出版社，2003.

2003 年则达到 10.4%①。其中劳动贫困层规模不断增加，推算约占绝对贫困层的 50%。而根据另一项推算，韩国基本生活保障制度只覆盖了大约 50% 的绝对贫困层②。因此，提高覆盖面和救助水平是当下韩国社会救助的主要方向。

日本社会救助制度最早起源于 1929 年颁布的《救护法》，也标志着近代日本社会救助制度的确立。而现代日本社会救助制度则是二战后逐渐形成的，其中以 1946 年颁布的《生活保护法》和 1950 年修订后《生活保护法》为标志，遵循明确国家责任、无差别平等和保障最低生活水平为原则，对过去消极的社会救助理念和对社会救助对象的污名化进行了调整，只要通过家庭"自立调查"和履行法律规定的赡养扶养义务，家庭人均收入低于贫困线以下即可以领取社会救助。但进入 21 世纪受金融危机影响，日本经济和公共财政受到很大冲击，高额的社保开支预算早已不堪重负，在此背景下 2013 年再次修订的《生活保护法》令人瞩目，一是实施更加严苛的"自立调查"。针对社会救助失信行为实施更加严厉的惩戒措施，对不正当领取者除罚金外，还必须处以三年以下有期徒刑。二是强化自立理念和就业激励措施。《生活穷困者自立支援法》规定为有劳动能力的贫困人口提供全方位的自立支援。不难看出，面对经济冲击和高社保支出带来的挑战，在倡导无差别平等和国家责任的同时，为社会救助制度注入更多的效率和激励元素，成为日本社会救助改革的重要特征。

6.2.3　改革方向与路径比较

在改革之前，韩国的国民生活保护制度只针对无劳动能力的社会群体，把残疾、年龄等人口学因素作为瞄准依据，而改革后韩国国民最低生活保障制度，不再把是否具有劳动能力作为救助的依据，而是以是否能够维持最低生活作为唯一标准。显然，改革后符合制度目标的保障人数远比之前要多，体现出国家对于承担社会救助责任的积极导向。无论导致最低生活难以为继

---

① ［韩］余有真等. 分解贫困与不平等的动向及因素［M］. 韩国保健社会研究院，2005.
② ［韩］金渊明. 经济社会结构的变化与韩国社会福利政策的回应［J］. 社会保障研究，2007（2）.

的原因是什么，国家都愿意承担最后的兜底责任。通过改革，政府对社会救助体现出更强的责任意识和保障意识。而与之明显不同的是，英国进一步缩小了社会救助对象范围，将有劳动能力的社会人员排除在社会救助之外，只能通过领取求职者津贴，严格履行相关的培训义务，并重返劳动力市场。社会救助只针对老人、儿童等无劳动能力者。这两种截然不同的改革路径，充分反映出国家间不同的价值理念和需要亟须解决的问题。韩国本身属于东亚国家，受到儒家思想的影响深远，家庭一直是福利供给的主要来源之一，政府也一直是以补缺者出现，随着本国经济发展水平的不断提高，以及家庭结构、人口老龄化等带来的新问题，主要依靠家庭提供福利受到了一定挑战，政府也有相应的能力和意愿提高居民的社会福利水平，而且保障的水平是适度的，通过社会救助也产生减贫等积极的社会效用。日本长期以来注重家庭的保障功能，在明治维新之后经过东西方文化的碰撞交汇，社会救助制度逐渐形成具有西方民主主义和东方儒家文化的混合型特征，在强调国民平等的生存权利以及国家责任的同时，仍然重视家庭守望相助和赡养扶养义务。而英国作为历史久远的发达国家，奉行自由主义的价值理念由来已久，最初的社会救助也主要是通过教会承担，并未形成一种家庭抚养赡养的传统和理念，而官方的社会救助一开始则是有明确的惩罚和污名化的导向，即认为是由于自己懒惰或其他自己的原因导致贫困，因此政府只提供有限的救济并迫使接受接济的人员自力更生，去市场上寻求自立机会。

而由于第二次世界大战后相关国家出现的比较突出的社会以及家庭问题，以及经济的迅速发展作为支撑，纷纷走上了福利主义国家道路，为国民提供了普惠型、高标准、项目全的福利待遇，也导致出现了福利畸形现象，即"贫困陷阱""福利怪圈"等现象，比如工作收入反而不如各项福利所得、福利支出规模增加比例较高，特别在 20 世纪 70 年代石油危机之后，一些国家经济发展陷入滞涨，导致高福利带来的社会问题更为突出，也对经济产生消极影响。于是，从 20 世纪 80 年代开始，这些国家不约而同地对本国的福利模式进行改革，其中提高福利领取资格标准，减少福利瞄准对象，合并或缩减福利项目，引入工作激励和竞争机制是主要措施，如将降低失业率作为改革主要目标，将有劳动能力者排除在社会救助之外，通过强制性手段让其重返劳动力市场。所以讲，福利供给的模式与供给水平与国家的历史文化传统，以及经济社会发展的阶段和水平密切相关，福利模型既是动态变迁的，也是有历史和文化的价值理念可以遵循，尽管西方国家的福利发展水平走在了前列，我们可以借鉴其经实践证明的成功经验和做法，同时也不能忽视其背后的经济社会文化支撑因素，对其所产生的问题也要在中国情境下具体分析（见表6-1）。

表6-1　　　　　　　　英、韩、日三国社会救助改革比较分析

	主要改革方向措施	改革背景和因素	面对的主要问题
英国	①只向无劳动能力者提供救助；②引入求职者津贴，对有劳动能力者形成激励和约束；③合并缩减福利项目，降低给付待遇；提高救助门槛	①经济增长乏力，经济实力和竞争力下降；②政治力量交替；③移民因素，大量移民引起社会矛盾；④文化因素，济贫法等福利观念传统影响	①失业率高，就业意愿不足；②单亲家庭、老龄化等新社会风险增多；③福利异化，产生"福利陷阱"等问题；④福利支出规模和增长较快
韩国	①救助对象调整为各类贫困者，包括有劳动能力者；②瞄准机制比较完善，突出家计调查作用，明确家庭抚养赡养义务；③政府投入增加，受助人员增多；④将低收入人群纳入救助范围	①金融危机影响；②经济低增长，非正规就业开始扩散；③家庭规模缩小，家庭核心化；④传统家庭福利文化受到冲击；⑤就业结构分散，工资收入差距呈现两极分化	①绝对贫困阶层规模扩大，其中劳动贫困层的增加引人注目[①]；②急速的低出生、老龄化；③有生产能力人口急剧减少，老人抚养将成为严重社会问题；④传统的家庭作用得到削弱
日本	①强化自立调查，授予地方更多权限；②加强对不正当领取者的惩戒措施；③强化就业导向，进一步激励和支持贫困者就业；④加强对贫困者的早期干预和协同治理	①金融危机影响，经济增长受挫；②人口老龄化更加深化；③地震、海啸等重大自然灾害影响；④有劳动能力的年轻贫困人口增多	①社会保障支出比例太高，公共财政不堪重负；②非正规就业增多、老年人就业环境严峻；③不当领取者影响制度价值和公平性；④生活保护制度的反作用突出，引发新的社会不公平

资料来源：作者根据相关资料整理。

---

① [韩]金渊明．经济社会结构的变化与韩国社会福利政策的回应 [J]．社会保障研究，2007 (2)．

6.3 思考与启示

6.3.1 福利制度改革走向的基础与逻辑

选择何种福利模式，如何进行福利模式的调整和改革，要有具体的目标和价值导向，也需要相应的经济、政治、社会以及文化背景因素作为支撑，是问题导向和一系列主客观条件的辩证统一。即当经济条件、社会风险等情况发生变化，同时也出现新的突出社会问题，原有的福利模式所依赖的条件发生动摇或者变化，福利模式和制度本身也产生一些负面影响，而且对新变化也难以适应，对新问题也缺乏有效的解决手段，甚至导致福利模式的制度缺位、功能异化等现象。福利国家模式取得成功的条件之一是经济政策与社会政策之间能实现正面的相互作用①，自第二次世界大战结束到 20 世纪 70 年代后期之所以被认为是福利国家的"黄金年代"，主要原因是当时的福利安排与社会环境高度契合。然而，自 20 世纪 70 年代末开始，西方福利国家经济社会环境发生了根本性变化，已有的制度安排与外部环境之间的有机互动面临可持续危机。进入 21 世纪以来，希腊债务危机、叙利亚难民危机等事件再次将福利国家推上风口浪尖，引发了一连串反思与质疑②。尽管认为福利刚性导致福利国家财政危机、市场竞争力下降、助长懒惰的基本观点并未完全过时，但是其并未反映福利国家危机的深层动因和演化逻辑，也未对在新的历史条件下为福利国家摆脱危机，实现包容性发展指明理性的道路。与之相反，在新自由主义推波助澜下，福利国家在政治上倾向极权，必须回归市场、实行私有化、减税、减少管制③，企图将"守夜人国家"在理论上"进

① 考夫曼，弗兰茨·克萨维尔. 社会福利国家面临的挑战［M］. 王学东译，北京：商务印书馆，2004.
②④ 李筠. 论西方福利国家危机的政治逻辑［J］. 当代世界与社会主义，2019（6）.
③ ［德］克劳斯·奥菲. 福利国家的矛盾［M］. 长春：吉林人民出版社，2006：3－8.

化"为"最低限度的国家"①，然而新右派改革并未如期革除弊病，反而导致经济问题复杂化、政治矛盾尖锐化④。究其根本，在于福利国家本质上是一种国家形态，而不仅是增加福利功能，福利国家的形成是一个结构性转变的过程，其最根本的特征和逻辑是市场经济的政治化与政治的市场经济化互相交织⑤，倘若仍然以古典自由主义的观点对国家的职能进行定位，割裂福利国家形成、发展过程中产生的国家与市场的互嵌互动关系，则无益于福利国家走出危机。

詹姆斯·奥康纳将福利国家危机的主要表现之一——财政危机归因于财政投入社会化与社会剩余私人占有之间的矛盾，⑥在18世纪下半叶，英国学者托马斯·佩恩在其所著《人的权利》一书中就已描绘了福利国家的基本内容，他认为在一个文明的国家里，政府可以通过税收的方式来救济或将财富再分配给穷人及其家庭，这样就保证了那些处于劣势的人群在社会中可以获得基本的生存和教育权利。同时，佩恩明确指出，救济或国家财富的再分配不是一种慈善而是公民应获得的权利⑦，随着公民权利和代议制民主发展，国家扮演着发展经济与供给福利的天然角色，因此福利的财政投入社会化就成为必然，但福利国家不能改变私有财产权制度，财政入不敷出酿成危机则成为必然。从国家自主性的角度，克劳斯·奥菲提出"去商品化"和"行政性再商品化"的概念，国家通过为人的"去商品化"提供福利的同时，利用行政手段尽可能使更多的人回到市场，因此市场经济与国家相互渗透⑧，然而作为同一主体——国家面对着迥异的政策工具和运作逻辑，以及国家行政管理过程中存在的自利性和自我膨胀，导致福利国家产生"危机管理的危机"，即意味着"资本主义体系不能与福利国家共存，却又不能没有福利国家"⑨。

纵观英国这一西方国家以及韩国、日本等东亚国家，福利制度的建立和

---

① ［美］罗伯特·诺齐克. 无政府、国家与乌托邦［M］. 北京：中国社会科学出版社，2008.

⑤ ［德］克劳斯·奥菲. 福利国家的矛盾［M］. 长春：吉林人民出版社，2006：160－161.

⑥ James O'Connor. *The Fiscal Crisis of the State*，New York：St. Martin's Press，1973.

⑦ Paine，T. *The First Welfare State?* in C. Pierson and F. G. Castles（eds.），The Welfare State：A Reader，London：The Polity Press，2000.

⑧ ［德］克劳斯·奥菲. 福利国家的矛盾［M］. 长春：吉林人民出版社，2006：19－23.

⑨ ［德］克劳斯·奥菲. 福利国家的矛盾［M］. 长春：吉林人民出版社，2006：7.

改革调整都是着眼于问题导向，随着经济社会发展变化而带来的问题的演化变迁而调整，英、德等国在社会保障体系建立之初都是按照"古典福利国家"来设计，当时人口结构比较稳定、工业化快速发展也带来了较低的失业率，所以此时社会保障制度的重点在于降低和防范工业化生产中的工伤以及社会生活中存在疾病风险等，主要目的在于保障工业化大生产。第二次世界大战结束后，由于家庭遭到破坏、伤残人士和孤儿增多、人口数量以及劳动力减少等，成为社会面临的重要问题，因此在此背景下，社会保障由促进工业化大生产的同时也更加重视家庭，直接向家庭提供较为全面的福利，以实现家庭延续和发展，福利国家便逐步得以形成，其最显著的特点在于向家庭提供的福利项目齐全、保障水平高，以儿童等人口学特征作为制度的瞄准依据，具有较强的普惠性。而从 20 世纪 70 年代以来，由于石油危机爆发，一些西方国家经济陷入滞涨阶段，经济增速放缓，同时政府福利支出增加，失业率上升以及人口老龄化等因素，这种高标准的普惠型福利模式自身产生激励不足、"失业陷阱"等问题，而外部经济条件支持也受到增长乏力的挑战，随着相关国家政府更迭，新执政的政府由于现实以及理念等因素，开始对福利制度进行改革，通过缩减合并福利项目，降低待遇标准提高给付门槛，缩小目标群体，只对无劳动能力群体提供社会救助，以解决失业率上升、福利支出规模过大等问题，但对改革后的政策实施效果存在争议，比如形成工作贫困等新的社会问题。由于劳动力市场存在的排斥现象，在福利国家劳动力由"去商品化"再到"商品化"的过程中，导致一些就业人口由于低工资或被迫只能工作有限时间而陷入低收入的风险，即"在职贫困风险（In-work poverty risk）"升高①。

韩国在 20 世纪 70 年代与 80 年代，具备高增长、低失业、高出生率以及老年人口较少等条件，生活保障制度把年龄和是否残疾作为救助标准，而随着亚洲金融危机开始，进入 21 世纪后，韩国经济进入低增长，而且非正规就业增加，劳动力市场结构也发生深刻变化，人口结构同时出现老龄化和低出生率，引发了所谓的向后工业化社会过渡的"新社会风险"。韩国在 2000 年 10 月开始实施国民最低生活保障制度，把收入保障作为社会救助的核心，通

---

① ［日］大沢真理著，陈斌译．日本生活保障制度的反作用研究——基于 2000 年后"治理"的国际比较［J］．社会保障评论，2017（3）.

过扩大覆盖面，不仅向收入贫困人口也向低收入阶层提供生活补助。但是，这种以收入扶持为核心的福利政策能否适应经济社会发展的新变化，能够降低或解决"新社会风险"，仍有其明显的局限性，对于这种全方位多形态的系统化的"新社会风险"，仅依靠事后的收入扶持以维持基本生活显然不能够充分发挥社会福利政策的多元化、复合型功能。韩国的社会福利政策改革更多需要从市民社会压力与党派政治的现实需要出发，维持政党积极发展社会福利和社会津贴项目的热情除了受到新自由主义思潮和外部环境的影响，还在不同政党内部也产生了政策主张的分歧，同时来自市民社会的压力更多体现为底层人士和劳工阶层的需要，使得社会政策改革的社会整合目标难以完全实现①。日本受益于战后经济快速发展，在社会救助制度无差别平等原则推动下，只要家庭所得低于健康、文明的最低生活限度即可具备社会救助资格，近年来出台了不少社会救助改革举措但仍然坚持这一原则，在此基础上加强违法惩戒和自立支援，然而对于缓解高额的社会保障支出压力，有效应对少子化、人口深度老龄化和非正规就业规模不断增加的社会挑战，制度改革的实际效果还有待进一步观察。

如果仅仅把社会政策的形成与发展视为经济改革的产物是不全面的，社会政策实践本身是一个国家政治活动或政治发展的产物，而且在一定时期也是阶段性的产物②。一方面，福利制度有其内在的稳定性，即它是对与其紧密相连的经济社会背景的适应和促进，良好的福利制度不但可以起到社会稳定安全网的作用，而且可以与经济政治文化形成良性互动，促进经济扩大再生产和文化价值理念的发展。福利模式和福利制度既不能滞后于经济社会发展变迁，对当前主要的发展态势和社会问题视而不见，也不能超越当前的经济社会发展条件，脱离福利制度赖以生存的环境和支撑条件。另一方面，福利制度也有其动态调整的必然性，它只是对某一时期或某一阶段的经济政治文化的适应，以及对某些特定社会问题的回应和介入。而随着经济社会变迁，以及新的社会矛盾和社会问题的出现，都需要福利制度和福利模型进行适当的调整。例如，作为典型福利国家，北欧福利模式展现了比自由主义模式更

---

① 熊跃根.社会政策的比较研究：概念、方法及其应用［J］.经济社会体制比较，2011（3）.
② 熊跃根.中国福利体制建构与发展的社会基础分析——一种比较的观点［J］.经济社会体制比较，2010（5）.

低的基尼系数。德国代表着保守型福利体制，处在中间位置，然而在过去几十年里显示出日益加剧的不平等，造成这种现象的原因是单身家庭和单亲家庭的增加以及工会力量的减弱和集体谈判覆盖面的下降①。

因为福利模式和制度具有稳定性和动态性的双重特征，调整和变革福利制度都具有现实而深远的意义，所以它的发展和调整是稳健的循序渐进式的，既需要充分考虑眼下的基本条件和面对的主要社会问题，同时也要有对未来的预判和前瞻意识。促发福利制度和福利模式调整变革的根本动力在于福利输送的模式与社会治理模式不相适应，福利供给的项目和水平与居民生活发展需要存在总量和结构性的矛盾，制度关注的突出社会问题发生了演变和更替，外力则包括政府主导、社会推动以及政策学习的影响等。进行福利制度和福利模式变革的逻辑则是以问题为导向，明确制度价值理念和实施目标，确定制度保障范围、保障项目和保障水平，理顺治理模式和供给机制。从根本上讲，包括社会救助在内的福利制度是一项基于公平正义理念的再分配制度，同时也是一种基于政府职能转变促进社会健康持续发展的治理工具。既体现了经济发展水平和市场结构，也体现了政府的政治抉择以及治理能力、治理理念，同时也可以从中看出社会的文明发展程度。事实上，发展和调整社会救助等福利制度，从广义上系统角度出发，更大程度上是对瞄准机制的优化和调整，因为在制度改革中的重点就是对救助范围、救助水平和要解决的社会经济问题进行调整，而这正是瞄准机制的核心要素，主要通过调整瞄准机制来实现制度改革优化的目标。

6.3.2 超越现代性与家庭主义：社会救助理念的交融互鉴

现代化是一个"离家出走"的过程，故现代社会科学也表现出远离"家"而拥抱个人主义的倾向。事实上，"家"从未离开西方的学术和实践。在中国，无论是在传统儒家文明还是在近代以来文明重塑进程中，"家"虽时有变动但亦未脱离其在社会和文化—心理结构中的总体性位置②。普遍主

① ［德］沃尔夫冈·施罗德，塞缪尔·格里夫. 德国经济发展与保障体系建设：历史经验与未来方案 ［J］. 社会保障评论，2019（1）.

② 肖瑛. "家"作为方法：中国社会理论的一种尝试 ［J］. 中国社会科学，2020（11）.

义比理性主义更适合韦伯对现代资本主义的界定。作为普遍主义的对立面的特殊主义的宿主是作为自然状态的"家"，如何理解和处理"家"，影响一种文明的性格和同现代资本主义的距离。在儒教文明中，"家"独占文明建构和维护的总体性地位，从经济、政治到信仰、法律和伦理都依其逻辑而运行。总之，一种文明只要将"家"保留在其公共领域的核心地带，其经济生活就必然被内外有别、亲疏远近的特殊主义而非普遍主义伦理支配①。

东亚国家深受儒家文化影响，自古"以家为天下，躲进小楼成一统"的家本位文化在东亚社会政策的建立发展过程中，一直都作为重要的文化传承要素和制度核心价值。尽管受到西方现代性的不小冲击，但是事实证明，家庭主义仍然具有强大的抗冲击力和旺盛生命力，根据经济社会文化变迁而进行调适、重构和修复。即使在许多西方国家，曾经受到现代性和工业文明的影响，个人主义和自我意识迅速蔓延，同时受福利多元主义理念影响，包括社会救助在内的社会政策纷纷呈现出"去家庭化"特征，这种"去家庭化"和西方国家劳动力"去商品化"交织在一起，同时在政党政治、党派斗争的推波助澜之下，造成了福利责任畸形、国家和政府被赋予越来越多的福利供给责任，而家庭的福利供给和互助共济功能遭到了忽视和削弱，福利供给责任的失衡导致福利资源配置效率低效，甚至导致企业竞争力下降、个人进取意识消退、社会活力下降等负面问题。

更为严重的是，随着工业时代的来临和社会风险加剧，加之金融危机带来的极大冲击，这一失衡的福利供给体制更是难以应对人口老龄化、非正规就业以及新技术带来的种种挑战，近年来无论是在西方国家还是东亚国家，都开始审视"去家庭化"和劳动力"去商品化"带来的种种弊端，也逐渐反思西方自由主义和个人主义完全替代家庭功能的很大危害。人类文化因多样而美丽，因包容而和谐、因交融而共生，由于社会救助等社会政策本质上具有鲜明的文化基因和价值内核，应当首先在弘扬发展本土化、本民族的优秀文化价值，在此基础上吸纳和借鉴其他国家的有益经验和成功实践。在全球化趋势不可逆转的今天，社会救助政策的理念价值也需要在中西方交流借鉴中不断得以融合互补，同样需要摒弃零和博弈思维，既要重视和巩固发展

① 肖瑛. 从"家"出发：重释韦伯的文明比较研究［J］. 清华社会科学, 2020, 2 (01).

"家庭化"福利理念，积极鼓励和引导家庭成员进行共济互助，也需要为个人发展创造积极条件。因此，面对后工业化社会和风险社会冲击，走出金融危机和新冠疫情对全球经济社会发展带来的深远影响和不确定性，社会救助作为民生保障的兜底性制度安排，需要发挥的作用和承担的责任不可同日而语，从构建人类命运共同体和公共政策国际间学习角度，社会救助制度改革不是在"家庭化"或"去家庭化"之间取舍或摇摆，也不是以福利多元主义而忽视或模糊各自主体的责任和作用边界，而造成在福利生产领域的低效无序的"混沌"结构。与之相反，而是重视和维护人类共同的情感关怀和亲情联系，守护人类与生俱来的家庭纽带和社会网络，将家庭主义守望相助的特殊性与个人追求全面自由发展的普遍性有机结合起来，夯实社会救助作为兜底困难居民基本生活，守护人类独特文明价值的最后一道防线。

6.3.3 应对"新社会风险"：中国社会救助面临的新挑战

国外社会救助瞄准机制发展变革可谓是"一波三折"，在第二次世界大战后到 20 世纪末，短短几十年社会救助发生了许多重大的调整和变革，不同的国家比如英德与韩国等国家，改革的方向甚至是相向而行的，一个是缩小覆盖面降低保障水平，一个则是扩大制度的保障范围，而且也难以用"前进"或是"倒退"来衡量和评估，因为没有一种社会救助制度以及瞄准机制是普适的，是一成不变的，也不存在所谓绝对的好或者不好的制度和机制，只要符合国情和社会需要，能够充分适应经济社会发展情况，可以促进社会健康发展和可持续地增进社会福利水平，那么这种制度和瞄准机制则是会实现经济和社会良性互动发展。而且，除了制度本身外，瞄准机制的执行能力和执行效率也会对制度目标实现产生重要影响。需要指出的是，同欧洲福利国家福利体制和社会政策改革所出现的反复甚至倒退所不同，中国在政党政治上保持的连续性和一贯性，促成了经济稳定增长与社会福利发展之间的良性紧密互动，福利发展体制始终朝着经济发展与增强社会稳定的包容性、持续性目标前进，而这可以使中国在一定时期内有效避免西方福利国家已经出现的政治、经济与社会道德困境。

毫无疑问，同其他国家相比，中国的福利体制与社会政策的实践策略都是较为独特的，它们具有很明显的内在性，即它的本质是一种自我维系和基于自身条件与环境而进行变革的体制，同时也是在全球化背景下进行自我适应和策略调整的产物①。简言之，社会救助制度和瞄准机制与每个国家的经济社会发展是息息相关的，目前中国社会救助模式是以收入保障为核心，瞄准机制以收入贫困的家庭和人员为瞄准对象，把维持收入贫困群体的最低生活需要作为制度首要目标。尽管就当前的保障项目和给付水平看，并不会像西方国家那样产生功能和理念异化，加重国家财力负担，影响经济正常发展以及削弱家庭意识和责任观念，但是也面临着和韩国等国家相对类似的挑战，例如"新社会风险"以及具体的制度执行情境复杂等问题，这些问题需要瞄准机制通过调整完善予以回应。

一个国家或地区实施的社会政策在很大程度上与其福利体制或福利制度密切关联。在理念、政党结构、社会动员与资源配置机制、政策决策与实施机制、福利再分配模式等方面，福利体制对具体的社会政策会产生决定性和持续性的影响，而很大程度上社会政策的决策与实践又是福利体制的生产或再生产。在社会救助及其瞄准机制中，政治因素是不容忽视的重要因素，在促进实现共同富裕的历史背景下，中国共享发展理念和精准扶贫精准脱贫战略都对社会救助瞄准机制提出了新要求，即需要明确和突出反贫困和兜底保障功能。当前社会救助瞄准机制尚不能适应对其的定位和要求，也对"新社会风险"尚未充分适应和瞄准，系统前瞻性设计也相对不足。有效实现反贫困目标，需要系统思维和全面干预，通过人力资本投资、自立能力培养、基本生活保障等多种救助手段统筹协调使用，需要在消极的救助理念中嵌入发展型积极的救助理念，需要从全生命周期角度提供针对性的救助。实现兜底保障功能则需要充分考虑和预测各种突出的社会问题和社会风险，不仅通过及时救助让难以自立的困难群体获得稳定的生活来源，而且通过机制设计来提高社会困难群体包括低收入群体有效防范和抵御社会风险的能力。

---

① 熊跃根.中国福利体制建构与发展的社会基础分析——一种比较的观点[J].经济社会体制比较，2010（5）.

第7章
风险社会与社会救助应急体系建构

德国社会学家贝克在 1986 年率先提出人类社会正走向风险社会，认为这将是一种前所未有的新社会形态①。20 世纪末期尤其是 21 世纪以来，社会风险的发生频率和巨大影响已超过历史上任何时期，人类面临前所未有的巨大风险考验②。突发的新冠肺炎疫情对应急管理和风险治理提出了严峻挑战，需要反思的是法律作为风险管理工具是否符合现代社会的风险逻辑。依照贝克的观察，传统工业社会转入现代工业社会后，风险发生的逻辑与社会的主题均发生了深刻的社会变迁。传统工业社会以短缺为特征，社会的主题是财富生产，相关的法律制度以漠视风险为代价换取财富的增加。而现代社会则出现过剩，社会主题由财富生产转为风险防范。随着技术的发展、工具理性的主导，风险的发生越来越无法确定、无法预测并且日益呈现出脱域和人为的特征。传统的建立在确定性基础上的风险控制技术和制度已经无法应对不确定的现代风险③。

社会救助与风险可谓是一对孪生兄弟相依而生，早期历史上的社会救助就起源于因灾害、战争等突发事件而进行的紧急救济，此时风险的发生频率、波及范围和危害程度不可与今天同日而语，同时在传统的"家庭主义"福利供给体系主导下，社会救助的风险治理意识和治理体系尚未得到足够重视。

---

① 贝克. 风险社会：新的现代性之路［M］. 张文杰，何博闻，译. 南京：译林出版社，2018.
② 苗大雷，夏铭蔚. 风险社会中的污名现象研究——基于新冠肺炎疫情时期"湖北人"污名的分析［J］. 中国农业大学学报（社会科学版），2021 (2).
③ 李建新. 疫情风险治理的风险逻辑与法律因应［J］. 北方法学，2021 (3).

而随着工业化时代的到来，工业社会的风险频率和危害大大超出了一般家庭所能承受的水平，国家通过政府建立的社会救助体系来防范更大规模风险发生，为遭受风险损害而难以立足的群体提供帮扶。而时至今日，"后工业化社会"的风险更加密集，充满着不确定性，灵活就业人员不断增多，新技术在广泛应用的同时所带来的问题和挑战，全球化带来的风险呈现交织叠加态势，风险的不可逆性、广泛集成特征以及深层次性进一步对社会救助提出了更高要求。因此，社会救助可视作为应对风险的一种制度性安排，治理风险应是其最为本质的实践目标，而且其形成发展、变革与风险的特征、规模和危害紧密关联。风险社会是现代性的新常态，那么社会救助的完善发展、提质升级则是适应这种新常态的必然之举。风险治理是风险社会背景下社会救助最鲜明、最核心的特征和能力要素，构建适应风险社会的社会救助体系，根本在于提升风险治理意识和风险治理能力，将风险治理贯穿于整个政策设计与救助实践之中。

7.1 风险社会与瞄准机制

风险社会亟待加强社会救助体系建设，而首先则是加强瞄准机制建设。只有充分有力、精准高效地识别风险，才能有的放矢提高社会救助质量和救助效率。然而，风险社会中风险发生的广度之广、烈度之强和破坏力之大，对社会救助瞄准机制提出了不小的考验。表面看，社会救助瞄准的是因各种原因导致基本生活难以为继的弱势群体，进而对其进行收入补助等帮扶，而实质上这个过程属于贫困风险的事后干预和下游干预，是贫困风险治理的组成部分。中国目前社会救助体系更多呈现出静态化、定点式、单一化的治理特征，重点在于解决"谁需要救助""当下怎样救助"的执行末端问题，而对于"为何需要救助""如何高质量救助"的上游干预和系统治理尚不完善。一旦社会救助的风险治理能力无法有效匹配风险社会需要，那么贫困风险则会发生外溢或转移扩散，影响到民生事业发展大局和社会长治久安。近年来，中国社会救助水平和给付标准不断提升，弱势群体的获得感、安全感也不断增强，那么对潜在贫困风险的及时关注和对既有对象的可持续帮扶，成为实现社会救助事业迈向更高质量发展的关键。

　　贝克认为现代风险具有"系统性""不确定性"和"全球性"三大特征。新冠肺炎疫情作为当前风险社会的注解，虽仍显露出与以往社会风险的共性，但也出现了前所未有的新向度，即风险爆发的非技术选择性、风险延宕的社会体制性、风险外延的跨区域性①。作为兼顾公平与效率、追求保障水平与经济社会发展相适应的再分配政策，社会救助实现可持续的预期治理绩效，防范泛福利化和养懒汉，关键在于强化风险治理意识，提升风险治理能力。如上所述，现代社会风险的系统性、跨区域性、全球性等特征，作为承担兜底之责的社会救助需要深化改革与加快转型。从横向来看，社会救助瞄准机制不仅聚焦在特定地区或特定群体的基本生活困难现状，更需要在更广地理空间和包括不同社会群体进行风险识别，以有效防范贫困风险在不同区域、不同群体之间的转移扩散，其政策意涵在于提升社会救助统筹层次，丰富社会救助体系结构层次，适度延展社会救助对象范围，同时跟踪关注域外风险扩散所带来的挑战。从纵向来看，社会救助瞄准机制不仅需要关注风险带来的危机与结果，也需要关注风险结构与风险演化机理，准确全面地分析潜在风险构成并科学评估风险发生后的不利后果。作为一项社会政策，尤其需要注意防范风险的次生危机和长期影响。此外，因风险系统性日益凸显，针对个体或局部单元的风险预防与应对，恐难以实现标本兼治、持续巩固的治理效果，需要将空间治理与个体化干预结合起来，将事中帮扶、事后跟踪与事前介入结合起来，将动态过程追溯与靶向治理结合起来。

7.1.1　强化风险治理：应对新冠肺炎疫情实践的理论认识

　　人们通常将灾难视作一种例外状况，而贝克强调在风险社会中"例外状况也将成为常态"②。卢曼认为，风险是现代性的内生现象，源于人的决定和行动，"人们知道的越多，便越知道人们不知道什么，这才造就了风险意

---

　　① 刘成斌，黄宁. 风险社会的新向度：新冠肺炎疫情的理论透视［J］. 吉林大学社会科学学报，2020（6）.

　　② Ulrich Beck, Risikogesellschaft: Auf dem Weg in eine andere Moderne, Frankfurt/M: Suhrkamp, 1986, S. 31.

识。人们计算得越理性，开启越复杂的计算，眼前便有越多边边角角涉及未来的不确定性，并因此存在风险"①。新冠肺炎疫情在全球范围内的爆发与蔓延，成为第二次世界大战以来人类面临的最为严重的全球公共卫生突发事件，也成为风险社会时代人类集体面对的重大挑战与考验。新冠肺炎疫情不仅对经济社会发展带来不利影响，更是对居民生活就业带来明显冲击，一方面不仅造成一部分中低收入者滑入贫困，产生新的贫困群体。另一方面，原本贫困家庭因脆弱性和风险抵御能力更差，遭遇疫情冲击更是雪上加霜。例如，依靠打零工、从事餐饮服务业等灵活就业的低收入群体因疫情导致就业收入中断，因社会资本匮乏和医疗服务可及性不足导致家庭健康风险和照顾负担加重。同时，由于社会弱势群体的自我保护和风险管理意识相对欠缺，专业知识以及信息获取和处理能力不足，不利于有效防范和应对疫情，而且疫情对劳动力市场带来的冲击而引起的市场供需变化，对其社会融入和家庭发展会造成不小影响。因此，有效应对和防范疫情带来的系统性和次生性不利影响，社会救助的地位角色不可或缺，且需要发挥更加充分、更加坚实和更加积极的作用。社会救助不仅是兜底保障的"稳定器"，通过适当扩面提标、施以援手保障基本生活；更是防范和化解风险的"缓冲器"，维护社会稳定和国家安全；也是疫后经济社会恢复提升的"推进器"。

目前，关于突发事件的治理研究主要包括三种视角：一是风险管理视角，即要求积极主动应对风险发生；二是危机管理视角，强调对危机的过程管理；三是应急管理视角，以紧急事件为标靶，强调"非常态属性"。比较而言，风险管理视角重视针对突发事件潜在风险的提前干预和源头治理，将风险视为"常态化存在"并进行日常管理和持续关注，属于"系统论"。危机管理视角则是对风险发生的实然客观形态进行过程干预，以最大限度降低危机造成的损失，强调"过程论"。而应急管理主要强调对紧急事件的快速响应，突出"控制论"特征。通过分析不难发现，突发事件风险管理视角更加契合风险社会的基本特征与治理需要。这次新冠肺炎疫情，对人类的生命健康和发展带来了空前的巨大挑战，有学者将其视作为是一场跨越政治、经济、社

① 卢曼. 风险社会学［M］. 孙一洲译，南宁：广西人民出版社，2020.

会等多领域的跨界危机①，不仅反映出公共卫生体系和社会治理等方面的弱项，也凸显出福利体制风险治理理念与危机管理体系建设存在短板。

事实上，福利体制不但可以应对各种不确定性风险②，还可以降低这些风险对个人、家庭、市场以及国家的冲击与破坏③。然而，改革开放以来，中国社会保障制度建立和完善过程中具有鲜明的应急特征，尽管政府在促进社会公平和社会发展中的角色被重新认识，建立和完善社会保障制度的决心和实际努力都明显加大④，但受制于政策制定的初始条件限制和路径依赖、政策内嵌的应急特征以及科层制的决策体系制约，以风险管理为导向的政策体系和治理体系尚未完全构建起来，而过多地强调应急可能会忽视福利体系的内在规律和稳定结构而不利于长期可持续发展，也无法充分展现福利体系在风险管理和突发事件中的地位和功能。例如，新冠疫情的严重冲击不仅使原本的贫困人口生活更为艰难，也使得贫困边缘人口即低收入群体，甚至一部分中等收入群体陷入生活困境，救助需求陡然增加对福利资源供给提出考验，而通过非常规的应急治理将一部分社会成员纳入救助体系之中，则有可能偏离政策原本的价值目标而产生泛福利化等消极影响。因此，需要强化社会救助风险治理理念，更加注重对贫困风险的源头治理，重视对边缘群体和特殊群体的日常介入，从系统角度对造成贫困或影响自立发展的制约因素进行关联性治理，有效打造包容与重点兼顾、预防与应急兼容、过程管理与突发事件处置并举的贫困风险治理体系。

7.1.2 弹性规制：社会救助识别体系标准化及其应用限度

工业社会在所有人的活动领域中都追求标准化，而且试图或追求为所有

---

① 郑彬睿，韩克庆. 如何协同福利体制与应急体系？——新冠肺炎疫情跨界危机中的制度衔接 [J]. 公共行政评论，2020（3）.

② Starke, P., Kaasch, A. & Hooren, F. *The Welfare State As Crisis Manager：Explaining the Diversity of Policy Response to Economic Crisis.* London：Palgrave Macmillan，2013.

③ Spicker, P. *Arguments for Welfare：The Welfare State and Social Policy.* London：Rowman & Littlefield Publishers，2017.

④ 张秀兰，徐月宾，方黎明. 改革开放 30 年：在应急中建立的中国社会保障制度 [J]. 北京师范大学学报（社会科学版），2009（2）.

行为和行动确立标准。标准是理性的代名词，反映了理性和证明了理性，在对合理性的判断、识别和评价时，人们首先想到的其实是合乎标准，认为合乎标准的就是具有合理性的。然而，20世纪后期以来，风险社会及其高度复杂性和高度不确定性也越来越显现出对应用标准的拒绝，政府也努力通过改革去探索因为标准应用失灵的社会治理替代方案①。风险社会在差异化程度方面达到了极高水平，社会的高度复杂性和高度不确定性本身就意味着这个社会的一切存在都必须放在差异性的视角下去认识。而且在高度复杂性和高度不确定性条件下，我们所看到的是流动的和具体的差异②，这意味着风险社会中的行动者在外在性标准失灵的情况下必须寻求自我的内在标准去填补空场。

近年来，社会救助发展水平提升和运行体系健全的一大显著特征就是规范化、标准化。通过统筹层次提升、财权事责合理划分和相关政策行政规制的完善，一方面，社会救助的标准体系不断建立健全，以家庭收入（财产）为核心标准的识别体系在实践中得到了广泛应用，尤其是瞄准体系从配额走向认证，真正以合乎理性与科学的标准去识别所有符合救助条件的社会成员，在严格执行标准的基础上做到应助尽助，标准及其标准化成为衡量社会救助绩效和彰显公平正义的重要砝码。另一方面，充分利用先进技术治理手段，比如大数据和人工智能等技术，为标准及其标准化的执行提供了可靠、高效、纯净的技术路线和运行环境，同时监督体系和监督技术的强化运用，使得标准通过标准化执行而得以顺利落地，有效地规制和缩减执行变通等自由裁量空间。从实践意义上看，社会救助标准及其标准化，有利于克服长期以来地区区域之间碎片化、参差不齐以及自由裁量空间过大的弊端，通过标准化形成牵引力和推动力，促进一些地区社会救助规范化水平不断提高。

然而标准化并不完全等同于科学化，标准也不尽然是理性的全部意涵。面对风险社会风险常态化特征，瞄准于已有风险和事实后果而不断总结形成的标准体系，无法对未知的、突发性的和系统性的风险进行有效规制和干预。例如，新冠肺炎疫情作为突发特别重大公共卫生事件，对社会居民就业、基本生活带来了跨区域、系统性的挑战，来源于既定贫困风险的社会救助标准

---

① 张康之. 在风险社会中看标准及其应用问题［J］. 江苏师范大学学报（哲学社会科学版），2021（3）.

② 张康之. 论终结于风险社会的普遍主义［J］. 河南师范大学学报（哲学社会科学版），2021（3）.

体系难以适应这一突发性的重大变化，导致标准失灵现象即无法实现社会救
助应助尽助、兜底救助的价值目标。一方面给相关部门和社会救助经办人员
带来巨大考验，另一方面由于不少家庭和人员与既有标准"擦肩而过"，而
实际上则已陷入基本生活困境，亟待调整救助模式，拓展救助范围以提高救
助可及性，同时需要提高救助标准以及简化程序，提高经办和给付时效性。
通过以突破常规性标准、强化应急特征的标准再造，提升对突发事件下社会
救助供需剧烈变化的适应性和行动力。

　　风险社会下社会救助理性仅具有标准及其标准化，还不能完全适应风险常
态化、突发性、跨界性的特征，标准及其标准化应当有其限度和适用时空范围。
第一，需要系统梳理和归纳风险产生及其演化机制，在标准制定完善过程中强
化风险治理逻辑，提升标准对风险的回应性和干预力。第二，嵌入差异性视角
认知和评估标准及其标准化的适用限度。建立标准过程中需要系统识别、科学
评估差异性要素的作用与影响，将差异性与目标导向、问题导向结合起来，并
从中总结和归纳出核心命题和关键问题，进而将其吸纳到标准体系之中。第三，
突出例外原则和应急治理要素，将常规性标准与应急治理手段结合起来，打破
标准的封闭化、静态化管理与运行，提升标准的开放性、兼容性和延展性，根
据突发事件应急治理需要，及时有效地调适非常规状态下的标准体系。

7.2　风险社会与社会救助应急体系

　　一方面，现代社会作为风险社会，风险的密集性、广泛性以及复杂性、
跨界性超过以往历史上任何时期。在这种背景下，风险治理在强化潜在风险
提前干预同时，对突发事件或突发状况等危机管理与应急治理恐难以完全避
免，需要针对风险造成客观后果进行过程管控和采取非常规措施，以将风险
造成的损失和危害尽可能地降低。因此，构建社会救助应急体系，虽顾名思
义是作为应急之需，但实质上是社会救助治理体系不可或缺的常态化组成部
分。另一方面，福利体制与应急管理或者危机治理体制密不可分①。福利制

---

　　① Goetz, B. On the Frontlines of the Welfare State: How the Fire Service and Police Shape Social Problem. London: Routledge, 2017.

度在危机管理，其至是国家整体安全中具有不可替代的功能。福利体制可以与应急管理体系合作形成非常态社会安全网，有效应对突发事件对国家政治、经济和社会的负面冲击。一般成熟福利国家已经构建起了一套与其福利体制相适应的应急管理机制①。根据一些福利国家的经验，如英国和加拿大，福利体制与应急管理体制相融合，可以有效应对突发事件对国家政治、经济和社会的负面冲击②。因此，风险社会下跨界危机治理与福利体制可谓是"完美搭档"，既可以缓冲和减弱"黑天鹅"事件风险冲击，保障个人和家庭基本福祉，也可以通过相应的政策工具有效应对给经济社会发展带来的不利影响。社会保障作为福利体制的核心组成部分，其初衷和核心要义就是通过体系化的制度安排，以化解和抵御风险对个人、家庭与社会的冲击。作为社会保障体系中被赋予兜底之责的制度设计，社会救助更是作为抵御风险的最后一道"安全阀""防护网"。

从风险管理的意义上讲，社会救助体系既是福利体制的组成部分，也是风险应急管理的重要内容，有必要实现二者的有机整合即建立社会救助风险管理应急体系。倘若社会救助仅聚焦于常规性风险和分散性风险进行干预，一旦遭遇非常规风险和系统性、跨界性、跨域性风险的冲击，则会产生制度失灵，而使得一部分弱势群体游离于社会保护体系之外而带来次生灾害危机。相反，如果风险应急管理仅强调运用非常规手段进行风险控制，则有可能忽视或者淡化对风险受众群体的福利支持与社会保护。只有有机整合应急管理和包括社会救助在内的社会保障体系，才有助于实现以人为本、可持续、综合效益突出的风险管理目标，才能形成以人民为中心，体现新发展理念的复合型、多面向的危机治理体系。

7.2.1 常规与应急兼备：统筹社会救助瞄准体系建设

贝克强调在风险社会中"例外状况也将成为常态"，具有重要的现实意

---

① Castles, F. Black Swans and Elephants on the Move: the Impact of Emergencies on the Welfare State. *Journal of European Social Policy*, 2010, 20（2）: 91-101.

② Rocan, C. Challenges in Public Health Governance: The Canadian Experience. Ottawa: Invenire Books, 2012.

识和政策意涵。作为风险治理和突发事件应急管理的组成部分，社会救助瞄准体系不仅需要着眼于常规时期零星化、分散化、个体化的贫困风险，更重要的是应对突发事件等非常规时期的密集性、系统性和群体性的贫困风险及其衍生风险。常规时期由于贫困风险具有较强的预测性和管控性，社会救助瞄准体系的任务导向和目标导向较少地受到外在风险干扰，瞄准体系的运行环境相对平稳，即使存在风险也更多地来自政策本身和过程执行环节，主要表现为错助、漏助、救助不及时、不精准等问题。这些问题近年来通过技术治理强化和监督机制健全，已经得到明显改善。

从应急管理嵌入福利性和保护性的角度看，这次新冠肺炎疫情凸显出社会救助应急管理体系及其能力亟待加强的紧迫性，在非常规、突发性事件所造成的不利局面下，常规性的社会救助瞄准体系存在不相适应甚至部分失灵的情况，难以及时兜底保障遭受疫情冲击而突发陷入生活困难的社会成员。具体表现在：供给侧方面，因疫情防控需要，限制性人员流动则会导致一部分社会成员滞留在外，而当前主要以户籍地作为基本生活救助门槛而导致其无法及时得到生活救助，同时限制流动也对家计调查和动态管理带来较大影响，也给申请救助者带来诸多不便。需求侧方面：一是从规模来看，救助需求非常规性密集增加。由于低保、特困群体大多以灵活用工形式工作，且多从事受疫情影响较大的服务业，而由于疫情防控需要导致收入中断，基本生活困难加剧。同时一部分中低收入群体也因新冠肺炎冲击而造成暂时性生活困难，也需要给予适当救助。二是从空间分布看，人员流动较为密集的地区和城市，由于疫情管控导致滞留在当地，同时又无法正常工作，导致这些地区和城市的救助需求陡然上升，给当地公共财政和社会救助经办体系与经办能力带来压力与挑战。疫情发生以来，武汉市为 12.9 万低保对象、特困人员增发生活补助 1.2 亿元，并新纳入低保对象、特困人员 1044 人。广东省新纳入低保对象、特困人员 36931 人，临时救助 4400 余人次[①]。三是疫情导致生活成本上升和救助需求结构扩展，需要提高救助标准和扩展救助项目才能有效发挥兜底功能。

不难发现，受到疫情冲击，社会救助需求侧与供给侧在数量、结构上明

---

① 民政部：从三方面加大力度救助受疫情影响的困难群众. http：//health. people. com. cn/n1/2020/0410/c14739 - 31669409. html.

显呈现不匹配的特征，供给侧供给能力受到常规性政策局限和疫情影响而无法充分发挥作用，导致供给能力缺位严重，而需求侧无论是在数量、结构上都呈现明显扩展趋势，这一张一弛造成供需失衡而不利于在突发事件期间发挥社会救助的兜底保障作用。破解这一悖论和难题的关键在于提升社会救助瞄准体系的应急能力建设，在社会救助领域建立"一案三制"的应急管理体系，在此引领下加强社会救助应急管理的制度建设、资源配置水平和经办能力，例行性开展突发紧急事件下救助训练、素质提升和行动协同。同时实现社会救助与应急管理"双向交叉、双向融入"，将困难居民急难救助纳入突发公共事件相应工作预案，根据不同层次的响应机制制定相应的应急期社会救助政策措施和紧急救助程序，确保各类因突发公共事件而陷入困境的社会成员都能及时得到有效救助，从而在常规期和应急期都能充分实现社会救助兜底保障功能。

7.2.2　聚焦主责与合作兼容：构建社会救助应急协同体系

社会保障应急供给协同机制尚未建立。目前，武汉市不同的社会保障应急措施仍处于碎片化状态，没有建立统一、高效、精准的社会保障应急供给协同机制。社会救助应急措施未能及时纳入应急响应范畴，没有行程对应的响应机制①。实际上，无论是应急管理、公共安全管理，还是福利体制建设，其主体在很大程度上都是重合的——都包括国家、企业、社区、家庭和个人②。风险社会风险常态化和跨域性特征，依靠单一的民政部门和仅依靠社会救助单一运行，难以实现应急治理目标和兜底保障目标。同样，应急管理部门仅从应急和控制事件出发，缺乏社会救助等福利体系的支撑，则可能导致次生灾害和民生保护缺位。

透过新冠肺炎疫情这一特别重大突发公共卫生事件来看，突发事件不仅对政治、经济等领域产生不利影响，而这些不利影响的根本在于对居民生活

---

① 张明武．突发重大公共事件下的社会救助应急机制研究——以新冠疫情防控期间武汉社会救助为例［J］．长江论坛，2021（1）.

② 顾昕．走向互动式治理：国家治理体系创新中国家－市场－社会关系的变革［J］．学术月刊，2019（1）.

发展和生命财产带来的巨大冲击，应急管理的实施绩效除了科学化的处置和
应对之外，民生保障在过程处置和后续工作中的地位十分重要。只有社会救
助等福利体系全程介入、深度融合到整个应急体系之中，才能有效发现和防
范民生保障的风险点、薄弱点，进而针对居民的福利需求而采用非常规性的
保障措施。突发重大公共事件会对社会生活、人民生命、财产安全带来极大
危害。被赋予兜底保障之责的社会救助应该且能发挥稳定剂、压舱石的作用。
因此，需要聚焦主责与合作兼容，构建社会救助应急协同体系，一是在应急
治理体系上加入民政、医疗保障、人力资源与社会保障等部门，科学及时地
评估对基本民生的冲击，研判基本民生保障的需求。二是在应急预案和处置
干预措施中纳入民生保障措施，与其他应急措施同布置、同执行、同考核。
三是加强应急协同体系的能力建设和资源配置，通过日常性、规范化的演练
协同以及科学化的情景模拟与政策仿真，有效预测风险情境下社会救助需求
和救助方式，强化风险管理思维和应急政策制定水平。

7.2.3　风险对冲与兜底保障结合：推进社会救助目标科学化

现代社会是一个风险社会，造成这种风险的深层机制在于财富增长的逻
辑与风险增长的逻辑不匹配①。风险分配的逻辑沿着收入水平自上而下地转
移，低收入群体聚集风险更多，同时规避风险的能力与资源又十分缺乏。同
时，不同职业间的风险分配也是不平等的，受教育程度低和收入低下的职业
更易遭受到更多风险冲击。因此，兜底保障作为社会救助核心价值和首要功
能，实现持续稳固的兜底必然需要进行风险治理，否则本就具有明显脆弱性
的贫困群体更易受到风险的强大冲击，同时造成风险损失和治理成本也更大，
尤其是一些次生灾害和衍生风险恐带来更加长期深远的消极影响，显然不利
于贫困群体自立发展和打破贫困代际传递。实质上，兼具公平效率地实现兜
底保障，需要将风险管理作为基础和前提条件，仅针对既有风险产生的后果
进行事后补救只能取得事倍功半的效果，随时新的风险突发和风险跨界影响
都会让单一的事后干预显得力不从心。

---

① 张庆熊. 反思现代风险社会中的危与机［J］. 哲学分析，2021（2）.

因此，推进社会救助目标科学化，其根本是将风险系统化、周期性管理作为基石，从而实现贫困风险管理科学化。针对贫困风险进行源头治理，并结合风险在不同阶段的特征表现进行上中下游协同应对。更重要的是，针对贫困风险产生的深层次原因和结构性矛盾，需要进行精细化治理和系统治理。实现风险对冲和兜底保障相结合的目标，首先需要转变社会救助理念，即有"救"到"助"，由"他助"到"自助"，再由"自助"到"自主"的转变，兜底保障既是救助目标之一，也是实现根本救助价值的基础和条件，最终通过兜底保障与一系列发展型社会政策推动，最终使贫困群体识别风险、抵御风险和化解风险的能力水平实现可持续提升。

7.3　结论与讨论

福利制度在危机管理，甚至是国家整体安全中具有不可替代的功能。福利体制可以与应急管理体系合作形成非常态社会安全网，有效应对突发事件对国家政治、经济和社会的负面冲击。跨界危机治理与福利体制的结合，是进一步提升国家安全的重要举措①。经过多年来的快速发展，中国社会保障发展已经进入"系统集成、协同高效"的新阶段，我国社会保障体系建设已解决了"有"与"没有"的问题，正步入追求"好"与"更好"的阶段②。强化社会救助风险治理，可谓是实现社会救助迈向更高质量发展的必由之路和重要举措，这其中包括两个方面含义：其一，强化对贫困风险的瞄准和治理，即加强对贫困风险上中下游的系统协同应对；其二，强化对社会救助过程的危机干预和应急治理，即提升对突发事件和例外情况的反应力和应对处置水平。

习近平总书记在主持中共中央政治局学习时强调要总结疫情防控的成功

---

① 郑彬睿，韩克庆. 如何协同福利体制与应急体系？——新冠肺炎疫情跨界危机中的制度衔接 [J]. 公共行政评论，2020（3）.
② 郑功成等. 从战略高度完善我国社会保障体系——学习习近平总书记关于完善社保体系重要讲话精神 [J]. 社会保障评论，2021（2）.

做法，完善我国社会保障针对突发重大风险的应急响应机制。① 这意味着跨界危机治理与福利体制的有效衔接，有机整合应急治理与福利体制，已经引起决策注意力分配并上升到国家顶层设计。社会保障尤其是社会救助在这次新冠肺炎疫情中所发挥的兜底作用，特别是针对贫困群体、新的贫困人员拓展保障模式和提高救助标准，对贫困边缘群体和低收入群体进行监测预警，一旦发生基本困难即时予以救助，同时对滞留当地的人员通过集中安置和现金补助等方式予以急难救助。在疫情当中社会救助为协同应急治理进行卓有成效的改革创新，充分彰显社会救助保基本、救急难、守底线、促公平的制度价值。2020 年 8 月中共中央办公厅、国务院办公厅印发《关于改革完善社会救助制度的意见》，关于有序推进持有居住证人员在居住地申办社会救助；逐步取消户籍地、居住地申请限制，探索由急难发生地实施临时救助。以及积极发展服务类社会救助，形成"物质 + 服务"的救助方式。种种这些改革措施既体现新时代社会救助高质量发展的新要求、新特征，同时也是针对新冠肺炎疫情当中社会救助有益做法的经验推广与制度化。

逆境中的政策制定与执行、风险防控与应急管理已成为常规或常态化的决策和管理方式，而不仅仅是非常态时期之所需。从全球风险的特征切入，提出应对新冠肺炎疫情等"黑天鹅"事件的决策关键在于提高领导者的科学决策能力，应对突发公共危机事件的重要抓手在于风险评估，即把未来的风险转换为现实治理的对象，消除国际国内两个舆论场的信息不对称现象，并加强人类命运共同体意识的构建②。简言之，实现社会救助兜底保障功能，首要之义在于提高瞄准质量才能有的放矢，而提高瞄准质量不单是针对静态、单一的风险后果进行治理，而是需要嵌入风险管理视角，对直接导致或者间接引发贫困的各种类、各阶段的风险进行系统集成治理。一是从风险管理角度辩证看待风险与兜底的关系，在此基础上深刻把握兜底所应具有风险管理含义。二是在政策设计方面，强化风险治理与兜底保障的有效结合，打通贫困治理的上中下游环节以及提高对关联性风险的管控。三是加强风险治理能

---

① 《习近平在中共中央政治局第二十八次集体学习时强调完善覆盖全民的社会保障体系促进社会保障事业高质量发展可持续发展》，人民网 . http：//politics. people. com. cn/GB/n1/2021/0227/c1024 - 32038342. html。

② 刘倩 . 提升风险治理水平［N］. 中国社会科学报，2021 - 04 - 12.

力，主要体现为提高预防预警能力、应急管理能力和舆论引导能力。四是强化科技赋能风险治理，通过大数据、人工智能的系统集成与模拟应用，依靠先进科技对风险进行可预测、可追溯的过程化管理，提高治理介入和危机干预的精确度和有效性。

| 第 8 章 |

社会救助瞄准机制：一个系统性框架

公共产品以及公共服务的精准匹配和精准投向是社会政策领域的基本要求，只有在此基础上实现精准救助达到应助尽助，才能实现和维护公共正义的理念价值和实践目标。但是当前，在社会救助以及相关领域，对救助的精准性存在诸多讨论，学术界也作了大量具体研究，总体上认为中国的社会救助瞄准效果良好，但同时也发现和得出了瞄准偏差不同程度地存在，并形成了归因于政策设计有待完善、政策执行不当以及社会情境复杂等三种主要解释。根本上讲，建立瞄准机制和精准救助是社会政策永恒的话题和目标，需要不断地探索和解决社会救助执行的简约性要求和社会现实复杂性之间的矛盾。无论是采取普惠型福利或者补缺型福利，还是过渡阶段的适度普惠型福利制度安排，要想实现制度的可持续发展，需要统筹兼顾公平效率的有机统一，同时培育健康向上的福利文化防止道德滑坡、家庭观念和责任心下降等负面问题，实现经济社会发展与居民福利增长相互促进。提高社会救助的瞄准效果，需要正视瞄准执行的复杂性，同时需要考虑成本效益的综合评估。需要运用国家治理理念和系统思维，全面回顾和确立社会救助在国家治理体系和保障改善民生中的理念目标，功能地位和改革实践路径。即在根本上建立更加精准可持续的社会救助瞄准机制，需要建立系统化、机制化的政策设计和实践路径。建立以增进全体居民福利，共享发展成果为根本瞄准导向的，融入国家治理体系和治理能力现代化的社会救助瞄准机制。此外，建立科学有效的瞄准机制，其中一个前提则是正视瞄准偏差的客观存在，需要将相应的主动发现、主动识别机制和权利救济、应急救助等事后补救机制，纳入到系统化的瞄准机制中来。

以兜底保障为目标，置身于国家治理能力和治理体系现代化的社会救助，需要对瞄准机制进行系统化转型升级和流程再造。系统化的瞄准机制，在整个社会救助体系中起着中枢作用，不仅有着过去强调福利供给和输送的精准匹配，确保执行层面的应救尽救，降低错保漏保，而且在整个社会救助的价值理念、目标安排、制度设计和运行机制上都需要跳出以往维持型、碎片化、随意性、从属型的思维和设计，真正有效把社会救助作为基础性、持续性、事关全局性的国家基本民生制度的关键一环，充分发挥社会救助除维持生命尊严、保障生理所需外，还促进社会阶层正常流动、给予美好希望和公平的发展机会，阻断贫困代际传递，有效应对新旧社会风险，与政府和社会治理能力提升和经济发展形成良性关系和紧密互动。需要充分认识社会救助的价值和作用，坚持社会风险兜底和社会问题导向，体现社会救助对社会问题的防范和应对，将提升社会文明程度和促进社会和谐，营造和延续传统优秀文化的功能纳入社会救助目标中来。同时，提高瞄准效果，关键在于处理福利供给、福利输送和福利需求三者的关系，需要建立有保障、可持续、规范化、多渠道的救助投入机制，有效解决在一些相对落后的地方存在的救助需求与供给能力之间的矛盾，避免客观瞄准偏差之外的道德风险和逆向选择问题。而且社会救助瞄准不仅是一个供需精准匹配的简单问题，离开双方的信息不对称和技术工具治理不完善等因素，地方政府决策偏好以及政绩考核导向等主观因素也会直接影响社会救助的瞄准效果。事实上，构建以兜底和反贫困为目标的社会救助瞄准机制，并不只是简单地通过社会救助的规模和水平来衡量政策强度和实施效果，在兜底保障适度规模的救助对象的基础上，还需要综合衡量救助人员的能力提升和自立发展等综合性指标，以及对相关社会问题的关注和应对，把发展型、可持续的指标和救助规模水平一同作为社会救助瞄准机制的理念实践导向。

8.1 目标系统：方向定位

如同射击考核一样，衡量社会救助瞄准效果的前提首先应当明确瞄准所要达到的考核目标，再以考核目标的完成情况来有效衡量瞄准效果。当前社会救助被赋予了兜底保障功能，党的十九大报告提出全面实施全民参保计划，而社会救助作为整个社会保障体系的最后一道制度保护安排，其兜底保障的目标也应当全覆盖无死角，避免救助漏洞发生。同时从效率产出角度看，也需要避免偏离于瞄准目标之外的效率损失，如因识别不准对非贫困群体进行不必要救助等。但是不同于射击瞄准考核目标和瞄准效果的显性化、数量化和标准化，即不需要太高的执行成本则可以确定实践瞄准效果，社会救助瞄准原则上虽要求实现对贫困群体的全覆盖，但不同于射击瞄准的目标前置，社会救助瞄准过程事先并无法确定具体瞄准目标，进行瞄准的过程同时也是发现和确定目标的过程，而且瞄准目标依赖于瞄准过程不具有独立性和显性化特征，这事实上对瞄准执行质量评估和量化目标考核带来很大难度，而且瞄准实践中容易产生"反向调节效应"，即执行过程中因考虑成本因素和风险因素，在成本约束条件下和低风险偏好双重作用下，越重视和强调提高瞄准效果则有可能在执行中尽量缩小救助目标以规避风险。当前关于瞄准效果的研究，基于瞄准量化目标的直接考核比较少，更多是通过对执行过程是否规范适当等间接手段进行碎片式个案化考核，更倾向于追求一种程序正义和过程公平：一方面是根据总体性的救助投入力度、救助标准以及救助规模等情况进行一般性评价，另一方面是通过瞄准实施之后有关部门常规性的内部监督或重点专项检查，以抽查或检查是否存在执行违规情况作为衡量瞄准效果的主要依据之一，缺乏具体瞄准目标以及对瞄准效果进行全面量化评估。因此，建立社会救助瞄准的目标系统对于实现全覆盖兜底保障目标以及提高瞄准执行规范化和公平性尤为关键。作为一项瞄准性社会政策的目标系统，对其进行建构需要把握两个方面，其一是目标系统的上层建筑，即需要充分考虑目标体系内嵌的价值理念和外在的执行导向；其二是充分考虑目标系统与治理模式、执行方式的适应性。

8.1.1 目标导向

社会救助作为兜底性的制度安排，它的目标不仅也不可能停留在较为单一的收入扶持上面，这种兜底不仅具有维持家庭生存延续，促进社会公平正义的功能，也具有扩大消费需求和进行人力资本投资的经济功能，同时也具有传统家庭文化延续以及积极社会文化理念的生产培育功能。所以讲，社会救助目标是体系化、多层次的，根本上是根据经济社会变化产生的不断演变的社会问题进行全面及时有效的干预，把反贫困和反社会排斥，促进发展共享和社会正常流动作为总的目标。具体讲，社会救助瞄准机制目标的首要之义是提高瞄准效果，尽最大限度避免错保漏保，这里包括两个层面含义：一是救助精准覆盖问题，即能够将突出的多种类型的贫困群体都纳入救助范围之内；二是救助力度问题，即救助的项目和保障的力度能够满足目标对象的最低生存所需，也同时兼顾发展自立所需。可以看出，同时具有执行精度和问题导向的双重要求，在目标体系中应需要考量关注和解决哪些社会问题，在社会救助标准制定中应当嵌入问题干预导向，在社会救助执行过程中需要保持对相关社会问题的敏感度。同时，社会救助瞄准机制的目标是多维度、多层次的，体现在制度目标和执行目标的内在统一。瞄准机制的首要制度目标是托住民生底线，保障困难居民基本生存需要，有效改善弱势群体的生活状态以及积极维护公平共享权利，其在执行层面的主要目标则是实现应救尽救，有效降低和持续治理瞄准偏差，筑牢织密民生安全的最后一道"防护网"，这本质上体现的是社会救助瞄准机制的社会治理目标。不仅如此，社会救助瞄准机制兼顾效率目标以及文化延续与产出目标。效率目标是指瞄准机制的标准及保障项目水平需要充分与经济社会发展水平相适应，依靠完善科学的机制设计建立起社会救助与经济社会发展有效呼应和良性互动。

文化延续与塑造也是社会救助瞄准机制的重要目标之一，如何界定贫困和弱势群体，如何识别瞄准对象，如何确定救助力度以及怎样进行救助等问题，不仅考量治理体系、治理能力以及经济社会发展情况，而且需要从社会文化和社会心理角度去审视。比如社会公众对于贫困有着怎样理解，未来贫困现象及其特征有何变化，家庭在社会救助中扮演何种角色以及这种角色未来会如何调适，救助瞄准是否存在污名化效应以及如何从文化角度理解争当低保户的行为，等等诸如此类问题。社会救助瞄准机制的文化目标除了关注、阐释以及回应这些问题，还在制度规定和治理过程体现和尊重社会文化和风俗习惯，增强瞄准机制的文化内涵属性。同时，把握经济社会发展对社会文化的深刻影响，例如对贫困认知的变化，家庭规模和结构、居住空间及居住方式、生活观念等对家庭扮演救助角色的影响，一方面是确立社会救助瞄准机制的文化导向，对承载其文化延续的载体和行为给予必要支持；另一方面主动适应这种文化变迁，积极引导和培育与经济社会发展阶段相适应的新型社会救助文化体系。

8.1.2 理念导向

某种意义上讲，决定社会救助瞄准效果的关键不只是政策设计与资源保障，更不完全取决于执行质量。兜底保障目标下的社会救助瞄准机制，提高瞄准效果筑牢兜底基础，首先需要明确哪些社会群体和人员可以接受社会救助，以及通过社会救助所要实现的目标，确立社会救助治理过程包括受助对象、政府及社会等多方主体的权利义务关系，这些都需要社会救助理念解答和明确。社会救助理念是瞄准机制的灵魂，公平高效精准的瞄准机制离不开社会救助理念的指引。对社会救助瞄准机制整体效果的检验，根本依据是看对社会救助理念的倡导和实践水平。作为一项社会主义市场经济条件下的一项重要的再分配政策，在促进实现共同富裕的历史阶段，公平是社会救助核心理念之一，尤其是兜底保障那些缺乏必要的能力条件，依靠自身无法实现基本生存的困难居民以及其他弱势群体。同时，社会救助也需要体现出效率理念，国外社会救助领域的相关改革实践给中国社会救助改革发展带来一定启示，社会救助效率理念体现的是一种协调、可持续理念，塑造的是一种积极向上、自立进取，打破贫困代际传递和促进阶层正常流动的健康福祉文化。社会救助理念的确立根本上需要处理好公平与效率的关系，既要坚持托住底线，保障基本生存陷入困境的社会成员的基本生活，根据经济社会发展从补缺型福利向适度普惠型转变，适度扩大救助范围和适度提高救助水平，同时体现出与经济社会的协调可持续发展，关注人的全面发展。

1. 厘清制度价值理念

社会福利概念处于不断的发展变化过程，随着经济社会文化发展的主客观条件、现状和环境发生变化，社会福利的内涵和外延也会随之发生变化。波多克认为，包括全球化的冲突观点、后结构主义和后现代主义、通信技术和新信息技术发展，以及 20 世纪 80 年代以来的新社会运动、社会排斥理论在不同方面和不同程度上影响着人们对于社会福利的认知和需要。而现有社会福利政策已经落后于相关理论的发展①，对社会福利政策的实践和研究需要回应社会发展情况和环境变迁，需要深入探讨发展变迁和社会福利政策之间的互动关系。理念优于制度，制度优于技术。社会救助理念直接决定着制度目标、路径选择和技术工具运用。社会救助等社会政策已纳入国家治理体系，成为国家治理工具，因此社会救助理念和价值需要适应国家治理的客观需要和新要求。按照社会救助兜底和反贫困的目标导向，按照中央对民生政策尽力而为量力而行，合理引导预期的基调，社会救助的价值和理念应当是多维度、多取向的，不单是适应经济发展情况，还需要回应政治、社会、文化以及全球化带来的深刻影响，同时需要考虑制度的延续性和前瞻性。在这种框架下，社会救助不只是扶危济困的政策工具，更是具有多维价值理性。

具体来说，社会救助价值是对社会环境变化的一种综合反映，体现出国家、公民和社会组织等多方主体的合作与博弈。在社会救助制度供给、潜在对象需求以及救助输送等环节，都离不开价值理念导向。第一体现治理价值，即政府通过社会救助安排和实施推进政府治理能力的提升，不能简单片面地认为只是政府对生活困难群众的一种经济援助，而是体现政府在全球化和信息化等新的社会背景下履行治理职责，转变职能角色和提供公共服务的能力。因为在政府职能转变的进程中，政府的公共服务职能无疑是重中之重，如何提升社会救助的瞄准效果和综合政策效果，仅靠过去传统的眼光和做法恐难以取得预期成效。

第二是体现文化价值。社会救助具有显著的文化属性和文化特征。任何脱离了与其相依存的历史背景和文化土壤，都难以实现精准救助目标。社会救助不仅与之相应的文化因素相适应，即要具有文化适应性，同时也具有生产和延续文化的产出功能，社会救助作为与居民生活密切相关的制度安排，既是国家治理安排，也是具有浓厚的"乡土气息"，提高救助的瞄准效果不能脱离于文化背景，文化因素应该内嵌于制度规定和操作程序之中，尽管国外现代社会救助改革发展历史相对较长，但其中文化因素和文化力量的推动不可忽视。在社会救助中需要把涵养和继承传统优秀文化作为治理工具，也

---

① J. Baldock, N. Manning and S. Vickerstaff, Social Policy (third edition), New York: Oxford University Press, 2007.

同时作为制度目标，为优秀文化的传承发展提供外部条件和有力支撑。例如不同于西方国家，家庭文化在中国改革发展中具有十分重要的角色，家庭作为救助福利的供给角色能够促进和延续尊老爱幼等传统美德，社会救助需要重视家庭的作用，作为一种协调者和兜底者的角色出现，针对例如单亲家庭、失独家庭等家庭福利功能弱化或缺乏，及时全面救助以促进实现家庭福利功能和文化产出。

第三，体现经济价值。主要是包括维持基本生存、共享发展和与经济发展的关联效应。产生社会救助瞄准偏差的一个重要原因则是救助本身带来的经济利益较大，无论是出于怎样的考虑，通过"福利捆绑"带来的福利叠加效应，使得拥有社会救助资格的人员可以享用众多经济待遇。而这些在一些方面已经超出了保障基本生活的范畴。因此，提高社会救助的瞄准效果，需要把握维持基本生存的内涵和外延，特别是对于直接的经济或物质的救助不宜过于笼统或者范围过大，标准过高，需要紧扣维持基本生存的需要，根据地区经济发展水平和物价水平，以及结合地方风俗习惯等因素，统筹考虑家庭结构、规模和支出需要，进而确定合理的经济物质给付标准。以兜底和反贫困的发展型社会救助不仅在于通过经济物质直接给付满足基本生活，更重要的是在此基础上为贫困人员提供共享发展的机会和平台，即通过服务供给和制度供给，完善公共服务均等化，消除数字鸿沟，提升贫困人员的信息获取、就业能力和社会适应能力。

近年来，社会救助与经济发展的关联效应在西方一些国家特别是福利国家引起了越来越多的关注，主要背景是经济增长乏力，社会救助等公共福利支出占比较大，经济竞争力下降，以及国内社会矛盾激发、国内政治走向趋于保守、保护主义抬头等情况，尽管社会救助与公共支出增长对经济发展的关系各方意见不一，学术理论界也未得到较为一致的答案，但在实践上，大多数国家不约而同地通过削减社会救助等公共支出，降低给付水平缩减保障范围，提高给付门槛等途径，来降低政府财力负担，激励就业和促进经济增长，但是随之而来带来的是不稳定的低质量就业带来的工作贫困，以及未能得到社会保护的贫困群体引起矛盾激化甚至出现悲剧。在坚持兜底线、保基本的政策框架下，通过对贫困群体及时予以救助以帮助他们维持生活，既有利于拉动内需促进消费，也通过恰当的制度设计和激励机制帮助有一定发展潜力和劳动能力的贫困人员重新自立重返劳动力市场，可以扩大就业人口提升劳动力素质，这都有利于经济社会发展。即使从防止产生福利依赖的立场出发，仍不能以此作为理由将有需要帮助的贫困人员拒之救助门外，尽力而为仍然是社会救助的首要价值目标，增加激励约束导向的制度设计和实施环节也需要把保证困难人员应保尽保作为基础，不能简单地"一刀切"。无论调整救助门槛抑或降低给付标准，都需要保障单亲家庭、残障家庭、失独家庭或其他自立能力匮乏家庭的基本生活，即在兼顾经济效率的导向下需要牢牢托住困难家庭生存生活之底。

第四，社会救助应当体现文明价值。木桶定律认为一只水桶能装多少水取决于它最短的那块木板有多长。对社会困难群体的帮扶程度和帮扶水平也在一定意义上影响着整个社会的文明程度。提高社会救助瞄准效果，实现应保尽保，降低和规避错保漏保，使得不管因何种贫困而导致生活困难的社会成员都能及时、有保障有尊严地获取社会救助，有利于提升整个社会的良好风气和文明形象。能够给予有自立愿望和发展潜力的贫困人员提供支持，帮助他们实现自立和正常社会流动，帮助他们提升社会资本和社会融入，让每一位困难居民生活有尊严、有获得感，则可以彰显社会救助的文明价值。决定社会救助文明价值实现程度除了救助覆盖面需要实现应保尽保外，救助的输送方式、操作程序以及实现路径也会直接影响，比如缺乏人性化和尊重隐私考虑的操作所可能带来的污名化效应除了自身执行的不文明外，还不利于提高瞄准效果。另外，社会救助的实施主体包括政府人员、社会组织等，其道德素质、知识修养以及工作经验等都会通过救助实施的规范文明程度来影响整个社会救助的文明价值。

社会救助理念其一是公平正义理念。正义的原初内涵，体现于得其应得，其与权利无法相分。更为现实的取向是在"得其应得"之外，引入"得其需得"的观念，获取社会资源的资源不再仅仅是个体拥有的权利，而是需要本身[1]。改革开放以来，中国的社会政策范式经历转型与变革，"人类需要本位"的要素开始出现并逐渐成为社会政策范式演进的重要基础[2]。因此，社

---

[1] 杨国荣. 重思正义——正义的内涵及其扩展 [J]. 中国社会科学, 2021 (5).
[2] 岳经纶, 方珂. 从"社会身份本位"到"人类需要本位"：中国社会政策的范式演进 [J]. 学术月刊, 2019 (2).

会救助需要保障居民基本生存权利以实现"得其应得"，这恰恰也是底线之维的正义，而在此基础上可以逐步实现公平正义的实质内涵即"得其需得"，以仁道、体恤关怀和共享之维超越单一的权利甚至工具之维，从社会发展角度从"人类需求本位"出发，不断提升对弱势群体的多层次多维度帮扶。维护社会公平正义是政府一项关键职能，作为一项重要的公共社会政策，社会救助更是需要充分体现公平正义理念。在反贫困和兜底保障的救助导向下，实践公平正义理念则是尽可能将因社会或家庭个人因素使生活陷入困境的所有社会成员纳入救助体系。这意味每一位社会成员都有均等的得到救助的机会，只要符合救助要求和条件，即生活陷入困境则都可以得到及时有效救助。这一理念下，需要完善社会救助瞄准机制，降低瞄准偏差和建立补救机制，确保应救尽救。在政策执行过程中提高主动性和敏感度，把实施救助不能看作是一项一般性的事务工作，而是视作为事关社会发展稳定大局的重要事情进行谋划。其二是可持续理念。这里包括两个方面含义，一方面是经济社会可持续发展，另一方面是一部分救助对象可以实现自立可持续发展。提高救助瞄准效果，主要是做到反贫困和实现兜底。社会救助的方式、规模和水平与经济社会发展密不可分，两者是相互促进相得益彰的关系。完善社会救助瞄准机制需要置于可持续发展理念的框架之下，既是实现困难人员的生活维持、潜力开发以及自立发展，也是预防和消除各种贫困，提升经济社会共建共享发展水平，从而推动经济良性循环和可持续发展。其三是促进发展理念。包括社会救助在内的社会政策随着党和政府高度重视，以及经济社会发展水平不断提升，普遍推动了居民对于福利政策的预期。因此，可以预见的是，未来中国社会救助等社会政策将会保持较为稳定的扩张发展态势，社会救助的政策支持力度将会稳步增强，同时也被赋予了更加综合系统全面的功能要旨，与经济社会发展环境联系更为密切，社会救助与其他政策制度的融入衔接也将更加突出。例如，被赋予兜底和反贫困功能目标的社会救助，显然远远超出仅是对最低生活难以维持的家庭或社会成员施以援手的维持型目标。当前来讲，兜底角色如果仅是选择一味地维持基本生活，那么在转型期新旧社会风险交叉相互影响的背景下，以及居民福利意识和福利预期不断增强的情况下，同时会增加保障救助规模和救助水平，这不仅对政府财力支持带来考验，也对政府的治理能力和治理体系带来更大挑战。特别是在救助水平日益提升的情况下，如果政策能力和相应的监督约束机制尚未健全，则更容易产生福利依赖等负面影响。同时，反贫困功能更是凸显社会救助必须嵌入发展理念，诺贝尔经济学奖得主阿马蒂亚·森认为，致使贫困的主要原因是人们可行能力的匮乏，因此反贫困不仅是依靠外力维持生活，更主要是通过赋予公平的发展权利，创造公平的发展机会，消除不公正的制度歧视和推进公共服务均等化，来提升贫困人员的发展意愿和发展能力。国内大多数学者认为中国并不存在福利依赖，相反是认为贫困人员都比较勤劳，具备自立精神和摆脱贫困的意愿，所以促进发展理念不仅是政策制度本身的新要求，也符合贫困群体的诉求。特别是在当前中国社会救助对象中，具有一定劳动能力的比例相对较多，为其提供基本的发展资源促使他们实现稳定脱贫，对于实现政策目标和制度的可持续发展意义非常明显。

2. 导入发展型视角

兜底保障目标下的社会救助瞄准机制建设需要在理论建构和实践回应两个层面展开。理论建构层面的核心概念包括贫困理论、贫困产生机理以及与经济社会发展互动关系分析。现代贫困理论主要起源于西方，从古典自由主义将贫困归因于个人懒惰强调对贫困者的"惩戒"，到后来形成贫困文化理论、贫困代际传递、收入贫困、消费贫困以及资产贫困等理论，对贫困原因日益延伸至更加深刻、宏观的历史、文化和经济结构分析。研究视角也从经济视角日益扩展到文化视角、政治视角以及社会视角。随着社会文明进步和居民福祉权利意识增强，对贫困理解日渐嵌入人文关怀和具体情境因素，对致贫原因的复杂性与贫困表征的多面向认识逐渐加深，多维贫困理论成为当前贫困理论发展研究前沿。阿马蒂亚·森关于人的可行能力剥夺的贫困理论认为，致贫原因不只是收入贫困，而且涵盖健康、住房、教育以及享有公共服务情况等其他面向的贫困。中国精准扶贫、精准脱贫战略攻坚的总体目标即"两不愁 三保障"，在实践层面突破侧重于经济物质方面的帮扶救助，积极构建一种与多维贫困理论较为契合的综合指标体系，推动着具有新时代中国特色贫困理论建构和贫困治理实践发展。

被赋予兜底保障职责的社会救助，相比过去将更加紧密地与贫困治理联系在一起，不断提高制度对贫困治理的深度融合和协同参与，才能有效夯实兜底保障基础。在国家决策意图和行政力量的推动下，农村社会救助与精准扶贫、精准脱贫加强了理念融合、政策衔接和治理协同，因此精准扶贫实践中体现的多维贫困治理理念也需要相应地落实在社会救助理念制度设计之中，而从统筹城乡社会救助体系的要求出发，城市社会救助也需要加强制度的贫困治理导向。综上所述，社会救助瞄准机制需要适应于治理理念和治理目标的新变化、新任务，综合施策提高对贫困的全面治理水平，保障贫困居民基本生活构筑持久巩固的贫困风险防御机制。这就需要社会救助在确立以多维贫困为瞄准"靶心"的前提下，把事后维持型单一化救助转变为进行上游干预和综合施策，提供体系化全周期的一揽子解决方案。根据多维贫困理论，结合微观因素和具体情境分解和设计多维贫困指标，准确识别涵盖多维贫困表现的各种贫困群体，同时针对贫困群体的多维致贫原因和具体贫困深度，以提升发展能力强化持久脱贫为目标，提供个性化、多样化、多层次和动态跟踪的帮扶救助。以完善社会救助体系为重点，着眼于多维贫困风险防范治理，从发展视角和全生命周期视角构建体系化的预防性社会政策，尽早及时预判多维贫困风险，通过系统整合性的服务支持和帮扶介入，以赋予和保障个人自主实现社会参与的基本权利。

8.1.3 强化问题导向

在当前中国向现代社会转型的过程中，新旧社会风险并存并且新社会风险逐渐显现并日益扩散，需要深刻全面认识新的社会情境对社会救助政策的影响，也需要进一步探讨如何改善相关的政策制度，来提升社会救助的瞄准效果和福利效应。只有坚持问题导向，有效关注当下并合理科学预测未来的中国社会环境和人们现实生活，才能够真正实现制度维护社会公平正义，兜底保障民生的根本目标。社会救助是社会政策的一项重点内容，是社会公共领域一项基础性、持久性关键制度安排，也是实现国家治理能力和治理体系现代化的重要方面。社会政策在于有效实现兜底功能，促进社会公平正义，为经济社会发展创造良好健康环境。在国家精准扶贫精准脱贫战略推进中，社会救助也被明确赋予兜底功能，作为反贫困各项综合措施的最后一环。因此，从根本上讲，社会救助的功能和定位是缓解消除贫困，促进贫困家庭人员经济社会参与，共享经济社会发展成果。

但当前以静态末端的贫困链条表现即收入匮乏作为社会救助瞄准依据，只是抓住贫困问题其中一个主要表征，缺乏对贫困问题的全面审视和系统化回应。仅通过对收入匮乏进行补差，以维持家庭最低生活，那么一方面对制度可持续性以及可能产生的各种影响需要进行科学评估，另一方面则是从反贫困这个根本目标来看，显然这种维持型模式会出现瞄准偏差，对提升贫困家庭自立发展摆脱贫困的支持相对有限。提高社会救助瞄准效果降低瞄准偏差，从当前以及社会救助未来发展逻辑和路径来看，需要全面抓住贫困的各种原因和表象，不仅关注收入经济贫困，还需要看到健康贫困、精神贫困以及能力贫困、文化贫困等，将贫困产生、演变、强化、退出视作一个动态、有机过程，加强对起始源头和上游干预。同时，将有效估计和处理贫困问题与一些社会问题的交叉和互相影响。贫困具有多面向的主客观统一体，不仅是一个经济物质范畴，还包括主观心理以及社会事物因素。例如单亲家庭、残疾人家庭发生贫困概率相对较高，而人口老龄化、劳动力市场两极分化、就业用工方式日趋多元化灵活化等情况，导致老年贫困或暂时性贫困、技能贫困等新问题。

近年来，重大疾病已经成为普通家庭致贫的主要原因之一，成为贫困人口脱贫路上最大的"拦路虎"。因病致贫不仅造成家庭收入减少甚至中断，导致家庭收入贫困，同时相对高额的医疗费用支出负担会挤占家庭能力投资、社会交往等支出，影响家庭正常社会阶层流动和代际发展，导致贫困问题加深固化。因此，降低社会救助瞄准偏差，提高社会救助政策效果，提升在反贫困中的兜底作用，实现制度可持续发展，关键在于把贫困问题作为不可分割紧密联系的瞄准依据，不仅是割裂地把收入匮乏等一部分贫困表象作为救助对象，而且是对贫困问题需要整体性把握、综合预判和全面治理。对容易产生贫困的各种因素，包括人力资本不足、疾病以及文化情境等因素都可以纳入瞄准体系中来，其一对尚未进入贫困的家庭个人及时干预，提供具有针对性的经济帮助和服务支持，其二对已经走入贫困的家庭个人除经济扶持外，根据瞄准机制发现的不同致贫原因而相应采取针对性的帮扶措施，从而有效达到缓贫减贫作用，实现社会救助反贫困目标。社会救助作为一项基础性、兜底的社会政策安排，关注社会问题理应成为其根本上的瞄准目标。当前对社会政策的理解比较集中在传统社会政策界定的主要社会问题，包括贫穷、疾病、肮脏、失业与无知①。

中国当前社会救助主要是关注低收入问题，即政策重心和救助依据主要是根据家庭人均收入水平，而无论是从理论抑或实践角度，低收入仅是经济贫困具体表象之一，与反贫困的政策目标相去甚远，缺乏对贫困系统化、分类型和全周期的关注和应对。同时，兜底不仅仅意味着是补足收入以维持社会一般的生活所需，还需要在确保生理基本需要的情况下，托住和促进贫困人员正常发展和社会流动，为经济发展提供动能，避免消极福利依赖，促进家庭文化和积极进取的社会风气。贫困问题实质上可以看做是社会救助所关注的社会问题的中间环节，比如单亲家庭、人口老龄化、居住方式变化以及灵活就业、新业态就业等社会现象，都容易引发贫困或甚至造成贫困代际传递，因此，在按经济收入和财产指标衡量救助资格时，对这些特殊群体和社会问题予以适当倾斜和收入豁免。统筹采取家庭特征、人口学等瞄准机制，救助手段、内容和目标不局限于经济扶持，同时针对具体、个别的社会问题予以差别化、针对性的救助。总而言之，既需要对各种直接容易造成贫困的各种风险予以提前预判提前救助，对已产生的社会问题系统瞄准并持续跟踪。提高社会救助瞄准效果，主要是侧重评估其对主要社会问题的政策回应和干预效果。实现兜底功能，建设保障全面、牢不可破的"安全网"，既需要社会救助的全面性，也需要社会救助的韧性。

8.2 保障机制：动力输出

提高社会救助瞄准效果，需要有与之相适应的资源投入和条件保障，通过量的方面稳定可持续供给及结构方面的优化整合，建立起适应于新时代社会救助瞄准治理角色需要的保障机制。兜底目标下社会救助既面临救助覆盖面的适度延伸和保障水平的适度提升，也面临提升瞄准精度的更高要求，因此需要保障机制提升资源配置能力。一方面可以完善规范化、稳定可持续的资源投入机制，拓展资源来源渠道，丰富"资源池"类型结构，力争实现供

① 岳经纶，颜学勇. 走向新社会政策：社会变迁、新社会风险与社会政策转型 [J]. 社会科学研究，2014（2）.

需有效匹配下的应救尽救，使得困难居民及时共享经济社会发展成果。另一方面建立协同、高效、精细的资源投入治理结构，在提升瞄准效果的同时，也需要最大限度地提升资源使用效益，实现社会救助瞄准质量的内涵集约式提升。

8.2.1 制度体系

当前制约社会救助兜底瞄准效果的关键所在，即是在瞄准机制的制度体系构建方面存在缺失、呈现碎片化机制整合不够以及城乡之间制度供给不平衡不充分等问题。集中地表现在三个方面：①制度供给总量不足，尚未有效形成以提高瞄准治理质量为导向的制度体系。当前社会救助瞄准的制度建设基本上仍处于推动执行更加规范的阶段，属于"提质增效"的前一阶段即如何进一步提高执行质量，因此瞄准制度供给重点在于不断地出台和完善瞄准执行过程管控的流程文件，而"提质增效"的后一阶段即增强瞄准效果相关的制度导向和体系建设相对不足。实际上社会救助瞄准本身是"力度"和"效度"的结合体，需要面向提高瞄准效果为导向统筹制度供给。②政策设计精细程度尚未能充分适应实践特点和执行需要。政策设计和实际瞄准执行存在空隙甚至"两张皮"现象，比如针对低保救助家计调查中的抚养赡养费等问题，尚未在全国统一层面出台明确统一的计算办法和支付模式。③制度供给不平衡问题突出。社会救助暂行办法颁布实施以来，在国家层面为社会救助瞄准实施提供了原则依据和统一遵循，尽管作为中央与地方共同承担的事权，但以地方管理特别是市县管理为主的执行模式下，由于存在较多地方和区域异质性因素影响，当前城乡之间、区域之间的社会救助瞄准制度发展呈现较为明显的不平衡。综合来讲，经过多年社会救助实践发展，社会救助瞄准相关的制度体系框架已经基本建立。国家治理体系和治理理念的转型升级，以及技术层面的日新月异在"软实力"和"硬条件"等两个方面，为社会救助瞄准制度体系的整合与创新提供了有力支撑。面对新时代社会救助兜底保障制度目标，需要加强以结果导向和绩效评价为靶向的社会救助瞄准制度体系。一是从流程和体系化入手，统筹和明确瞄准制度清单，规范和标准化关键执行节点，完善瞄准执行的评估考核制度建设，特别是完善瞄准监督制度，通过利用技术手段进行过程监督治理，以及多方主体协同参与、过程实时公开透明等途径，将以事后为主、被动式、抽查式的监督治理逐步提升到与瞄准过程同步进行和及时识别预警。二是提高瞄准制度对实践的反应和指导能力。当前地方瞄准实践经常依靠瞄准制度体系之外的地方情境和风俗习惯，排除精英俘获干扰因素之外，这种方法也具有执行简便、居民认可度较高等特点，而且从对多维多类型贫困的兜底保障出发，还可以从侧面提高兜底保障的覆盖面和包容性。实际上很多地方在进行社会救助瞄准识别时，一般结合当地实际创新瞄准执行工具。因此，建议在统筹制定具有规范指导性和强制约束力的瞄准制度体系时，可以适当研究吸纳具有推广作用和积极价值的传统风俗和社会伦理价值，使得社会救助瞄准政策既有统一高效的执行力，也保持有风俗文化的传承和人文关怀的"温度"。

8.2.2 资源体系

当前社会救助瞄准对贫困人群的覆盖仍有很大提升空间。制约当前瞄准效果的因素除了制度自身的瞄准标准比较单一外，救助资源的筹措机制和投入规模结构也在很大程度上直接影响瞄准效果。尽管社会救助的实际识别过程受到多维度贫困标准的影响，即使在多维标准下，仍有 80% 以上的贫困人口没有被低保有效覆盖。而且按照多维贫困标准，中国农村的贫困发生率也有较大幅度上升，即便社会救助瞄准率有所改善，仍有超过一半以上多维贫困人群应该得到却没有得到社会救助①。兜底目标下社会救助瞄准机制的一大出发点和落脚点是提高瞄准效果，确保应救尽救，尽力解决好瞄准公平性偏差问题，让符合救助条件的家庭和成员都能获得保障性的生活扶持。同时需要处理好瞄准效率性偏差问题，及时准确识别不符合救助条件的申请者，最大限度把有限的公共救助资源精准分配给真正需要社会救助的家庭和个人。

兜底目标下社会救助不仅需要关注收入贫困维度下实现瞄准效果"质"的提升，从经济社会发展和制度改革进程来看，结合精准扶贫、精准脱贫战

---

① 朱梦冰，李实. 精准扶贫重在精准识别贫困人口——农村低保政策的瞄准效果分析 [J]. 中国社会科学，2017（9）.

略实践对中国特色贫困理论的发展深化，还需要逐步应对多维贫困理念下救助对象的多层次、多样性需求。简言之，兜底目标要求社会救助不仅全覆盖地精准识别出符合救助条件的家庭和个人，同时高效地甄别出不符合资格条件的申请者，再通过针对性地帮扶稳定其基本生活，视情况提供基础的自立与发展支持。因此，新时代社会救助体系依靠瞄准机制实现兜底目标，需要有与之目标相匹配、与之机制相适应的资源投入保障体系。一是进一步明确支出责任。作为中央与地方的共同事权，中央财政近年来以前所未有的力度加强对社会救助的财政投入力度，与此同时很多省级及省以下政府尚未明确各自支出责任，还未能充分形成责任明确、分担合理、规范可持续的社会救助财政投入机制。二是构建多元资源筹措机制。出台专门优惠政策鼓励慈善捐赠，整合社会力量对贫困人员等弱势群体的帮扶资源，进一步规范管理统筹纳入到社会救助"资源池"。探索利用市场机制成立全国或地方性的社会救助公共基金，在确保安全、坚持公益属性的同时，通过谨慎监管进行合理投资实现基金保值增值。三是优化资源投入结构。精准匹配贫困家庭和个人在生活发展等方面的基本需求，在稳定收入扶持和物质投入以保障其基本生存外，加强服务供给。

8.2.3　法规体系

社会救助具有覆盖对象广，项目种类多、财政资金支出刚性等特点，近年来在兜底保障困难群众基本生活、缓解贫困、救急难等方面发挥了重要作用。与社会救助发展需要和作用发挥不相匹配的是，中国社会救助领域的法律建设滞后，难以适应社会救助制度转型升级和未来贫困治理的需要，也不利于有效解决当前社会救助多头管理、部门职能分工交叉重复和碎片化问题[1]，因此，亟须推进社会救助立法，以推进社会救助治理更加公平正义，保障社会救助运行更加高效有序，切实维护和实现困难群众的社会救助权利。

---

① 杨立雄. "一揽子"打包，还是单项分类推进？[J]. 社会保障评论，2020（2）.

8.3 核查机制：搜索定位

核查机制是瞄准机制的重要组成部分，通过标准规范、动力输出、资源保障等机制协调，依靠执行核查机制，产生高质量的核查结果，最终为提高瞄准效果奠定基础。狭义上的社会救助瞄准机制几乎等同于核查机制，家计调查以及代理家计调查等程序也基本等同于瞄准执行，但从广义视角，构建系统化、整体化的瞄准机制来讲，从更好实现兜底保障目标的要求来看，核查机制更应该是整个瞄准机制中的执行环节，起着承前启后、运转枢纽的作用。在社会救助瞄准的理论预设、标准制定、动力和资源保障确定之后，一方面为核查机制嵌入规范性和约束性并存的理念价值，为其执行瞄准指明方向；另一方面也为核查机制执行提供资源保障。

8.3.1 构建系统化的核查机制

贫困多面向、阶段性演变特征加之社会救助具体瞄准情境的复杂性，客观上使得单一的核查办法难以实现精确瞄准。由于存在信息不对称及发生道德风险的可能，单向的自上而下的核查方式不足以完全调动居民参与核查的积极性。另外，基层经办人员或委托社区（村）人员进行核查，中间过程缺乏外部参与和监督。在信息化条件下，一些地方经办人员将目光转向于核对系统平台等工具的运用，未能很好地兼顾利用入户核查、邻里走访等有着自身特点优势的办法。地方情境知识和风俗习惯通过集体评议等方式在兼顾多维贫困、克服信息不对称等方面有其一定实践价值，但尚未形成规范一致的操作办法和执行程序。在进一步提升社会救助瞄准效果，落实精准救助理念的背景下，建立系统化的核查机制既是实践执行的客观需要，也是社会救助领域提升治理能力和治理体系现代化的必然要求。

其一，基于民众日常生活中情感、利益与道德的地方性和多样化特征，加强社会救助民间治理资源的开发利用，尊重村（社）民约和理俗规范，可以将经实践检验而具有瞄准指示意义的一般性知识经验，可考虑通过规范程序将其融入和体现到显性化的瞄准机制和制度体系中来。其二，进行程序梳理和流程再造，强化瞄准程序公正和执行过程公平，明确每一种核查手段的适用情境、核查内容、核查方式、核查效力以及结果运用。整合不同核查方式构建系统化的核查机制，明确每一项核查方式的核查重点并充分发挥其特长优势，上下游流程相互联系互为印证形成整体建构，最终形成既有质性材料，也有数据信息的全面、准确、客观的核对报告，提升核查机制环节对兜底瞄准的精度支撑。其三，加强社会救助瞄准实践的情感治理与弹性治理，在依照既定程序、通过技术工具进行科层化治理的同时，加强与居民的情感沟通、关系协调，增进尊重理解，充分维护尊重基层居民在社会救助瞄准实践中的主体地位，将社会救助的瞄准规则与居民基本生存现实需求结合起来，将科层化的行政过程与居民民生诉求表达、治理互动参与结合起来，积极提升和彰显基层居民在社会救助福利供给中的治理角色，充分发挥基层非正式制度的治理优势。

1. 家计调查

家计调查是社会救助瞄准核查机制的枢纽环节，决定着整个瞄准核查的效果质量。通常是指基层执行人员在收到居民救助申请或通过主动识别对特定对象进行救助时，通过制度规定的核查内容和流程要求，在获得居民委托授权后采取入户等多种方式对其家庭收入、家庭财产等相关信息进行调查核实，并把调查结果作为判断是否符合救助条件的主要依据。完善的家计调查包括内容预设、流程规范和结果运用等三个方面，社会救助瞄准实现兜底保障目标需要在这三个方面不断完善和优化。

在家计调查环节产生瞄准偏差有三方面原因，其一，家计调查本身的制度标准导致覆盖面较窄，不能较好实现兜底保障目标，比如只针对收入贫困，在调查中重视家庭当期收入情况，尽管在最后的瞄准选择中经常受到其他地方性知识和多维贫困影响，但这些并无反映到规定的调查项目当中，既造成兜底目标下的实质瞄准偏差，也影响家计调查的严肃性和参谋作用。在实践中家计调查存在重流程、轻内容、结果运用不到位等情况，甚至一些地方通过集体评议等手段简单盲目取代家计调查的地位和作用，都对制度实施的公平公正产生不利影响。其二，基层治理理念和治理水平直接影响家计调查质量。在家庭收入信息不对称、相关信息数据平台尚不完善无法全部实现跨地区跨部门及时交换分享，并且外部监督机制尚不健全的条件下，基层执行人员容易产生精英俘获等寻租行为，而通过对家计调查等进行有意的"包装"或"掩盖"，使其在纸面上的调查结果能够"配合"其寻租行为。其三，家计调查尚需注入人文关怀和柔性力量。

为了提高政策瞄准精度，在很多国家家计调查、评审公示、定期回访等制度设计被广泛采用，然而这些制度本身在客观上增加了接受救助者的污名化和羞耻感。而且，地方实践中由于人力不够、调查任务重等实际，也和执行人员自身工作方法和专业训练有关，在家计调查中缺乏细节把控和心理调适，可能会加剧这种污名化效应，降低贫困居民获取救助的主观福利。

增强瞄准效果实现兜底保障目标，需要加强和完善家计调查。尽管家庭经济状况核对平台等信息化条件不断加强，可以有效降低信息不对称和寻租腐败风险，但多维贫困导向下的调查内容和指标并不能依靠信息化工具就可以完全掌握。同时作为一项有温度、有关怀、有持续发展目标的社会政策，"面对面"地与社会困难群体保持良好的沟通互动，提升贫困居民的心理福利，本身也是制度供给的内容之一。同时，也需要适应新时代对社会救助的新任务和新要求，兼顾信息化迅猛发展对家计调查以及其治理流程体系的深刻影响，完善和调查家计调查的重点内容和执行流程。一是将多维贫困指标纳入家计调查之中，将当前把家庭收入作为主要调查内容调整为重点关注家庭的实际生活状况，在教育、医疗等方面的大宗大额支出负担以及未来发展方向，通过信息化核对系统准确掌握家庭收入信息。通过赋予各项指标不同权重，进行量化和结构化的多维贫困结果呈现，最终根据客观测评结果确定救助对象。将过去实践中存在的由执行人员主观支配的地方性知识和多维贫困理念通过量表形式进行显性化、透明化，保证调查同一标准同一尺度，确保调查结果满足兜底需要。

需要说明的是，因为当前城乡家庭收入结构差异明显以及家计调查信息化水平尚不平衡充分，准确掌握农村家庭收入信息相对更加困难，考虑农村家庭收入与土地数量、家庭规模、劳动力数量、受教育水平有关，而且支出型贫困现象突出，可以更加侧重于对收入间接性指标和家庭负担水平进行考察，同时也可以更好地适应和衔接农村精准扶贫、精准脱贫战略需要。二是家计调查流程程序既体现公开公正，也需要兼顾尊重救助对象的权利意识、心理需要和家庭个人隐私，降低救助产生的污名化和不适感，为贫困居民自立发展，更好融入社会网络提供支持。完善流程责任清单制度，加强过程内部控制。通过中间过程公开透明和执行及时有效监督，将监督中心前置和风险防范前移，合理选择信息公示工具和公示范围，加强公示期管理。在保障居民知情权、监督权的同时，尊重救助对象的隐私。

2. 代理家计调查

所谓代理家计调查，是在制度规定的瞄准指标和瞄准流程程序之外，通过运用一些执行成本较低、便于直接衡量以及符合地方性知识的指标进行补充或者代替，根本上对执行要求的简约性与执行情境复杂性矛盾的调适，缓解单一收入型贫困识别与多维多面向贫困情境的不适应，平滑政策供给瞄准与居民福祉需求平衡。因为现阶段掌握第一手准确的家庭收入信息的基础平台建设、治理体系流程以及社会观念认识等还不完全具备相应的条件保障，代理家计调查在实践中发挥着十分重要的作用，而且代理家计调查的经验做法和成效能够集中体现地方在社会救助瞄准领域的思路突破和工作方法创新。

更重要的是，与家计调查直接进行家庭收入指标和家庭财产等限制性指标的识别掌握不同，代理家计调查不仅体现的是一种权变理念，而且通过家庭基本规模结构、支出消费情况、未来发展潜力等体现全面历史多维度指标和家庭纵向发展角度，判断和评估家庭实际生活水平和自立发展需要，因此其体现的更多是涵盖多种贫困类型并且关注贫困家庭长远发展，这对实践层面践行多维度贫困理念，支持兜底保障目标下的家庭可持续发展具有积极意义。在精准扶贫、精准脱贫战略行动中，已经将多维贫困指标运用于对贫困户的认定和建档立卡工作，一些地方根据经验总结出"五看"："先看房，次看粮，再看学生郎，四看技能强不强，五看有没有重病残疾卧在床"等评定程序。这不仅增强瞄准流程的可操作性，也便利于在多维贫困理念下有效识别谁是最需要帮助的人，即通过瞄准程序正义、执行情境适应、识别过程公开最终实现瞄准的实质公平。

当前代理家计调查主要是通过依据具体执行情境和地方性知识，由具体经办人员自由裁量、自主选择代理指标进行瞄准识别，不同地方风俗文化差异甚至同一地方不同社区、村落之间因为主要的经济结构、发展水平、贫困现象不同，造成在代理指标选择上也存在明显差异。社会救助瞄准偏差归因分析中，对于基层自由裁量权过大的争议很大部分上是因为对代理家计调查指标选取缺乏统一明确标准。而且，尽管通过代理家计调查进行瞄准识别在实践中比较常见，但目前尚未在制度或执行文件上明确统一的代理指标、权重设置以及识别程序。产生瞄准偏差既源于瞄准依据缺乏多维度和包容性，一部分除收入贫困外的其他类型贫困被排除在制度规定层面的保护体系之外，也和对实践中代理家计调查缺乏统一指导，容易产生寻租腐败有关。

综上所述，现阶段下实现兜底保障目标下的社会救助瞄准目标，需要重视和发挥代理家计调查的作用，但同时不可偏废家计调查在家庭收入和家庭财产核对方面的作用，二者可以逐渐形成相互补充、互为联系、共同支撑的综合性瞄准程序。一是明确代理家计调查的定位和功能。代理家计调查重心在于识别与家庭日常生活和未来发展息息相关的多维指标，掌握和了解家庭真实生活状况和实际生活困难，有效识别除收入不足外家庭在基本生存和未来发展方面的其他脆弱性因素。同时促进家计调查对家庭收入的识别并互为印证。此外，代理家计调查重点在于摸清家庭教育、医疗等大宗大额支出以及家庭劳动力数量、家庭内部赡养抚养扶养负担等关系未来发展的代表性指标。二是完善代理家计调查的支撑条件。需要将代理家计调查与家计调查共同纳入制度化、标准化的瞄准识别体系中来，解决代理家计调查在规则上、制度上的"身份认同"问题。明确代理家计调查的关键指标、评价体系和结果运用，解决代理家计调查随意性、模糊性问题。三是规范代理家计调查的流程程序。采取定性分析和量化评价相结合的方式，在详尽收集家庭资料信息的基础上，一方面对家庭困难情况进行"画像"，全面反映家庭的生活现状、困难分布以及未来发展潜力，采用 SWOT 法深入分析家庭发展面临的机会与挑战。另一方面从家庭生活、教育、医疗以及其他发展性支出等维度构建家庭困难指数和家庭发展指数进行综合量化评价，最终依据定性分析和量化结果确定救助对象。

8.3.2 完善政府购买公共服务

学术界对于政府购买服务的内涵已经形成了较为一致的认识，政府购买服务是指政府将其职能范围内的一部分公共服务，以出资购买的方式转移给社会，形成一种"政府承担、定向委托、合同管理、评估兑现"的新型公共服务提供方式[①]。政府在其中的角色由"划桨人"向"掌舵人"转变，由单一主体供给公共服务向多元主体共同供给转变。政府购买服务在转变政府职能、提高服务质量、节省行政成本方面具有优越性，成为公共部门改革中有效的政策工具与制度安排，受到世界各国政府关注。

中国政府购买服务实践始于 20 世纪初的上海，起初主要集中在居家养老服务领域。2003 年《中华人民共和国政府采购法》的颁布实施，政府购买服务的规模和范围随之不断扩大，购买方式也趋于多样化，购买效果日益显现。民政部 2011 年发布《中国慈善事业发展指导纲要（2011－2015 年)》要求建立和实施政府购买服务制度。2012 年第十三次全国民政会议要求，政府的事务性管理工作，适合由市场和社会提供的公共服务，可以通过适当方式交给社会组织、社区、中介机构等基层组织承担。2013 年国务院发布《国务院办公厅关于政府向社会力量购买服务的指导意见》要求在公共服务领域更多地利用社会力量，加大政府购买服务力度。党的十八届三中全会通过的《中共中央关于全面深化改革若干重大问题的决定》，将"公共服务"界定为地方政府的首要职能。提出推广政府购买服务，原则上凡属事务性管理服务都要引入竞争机制，利用合同、委托等方式向社会购买。2015 年财政部、民政部和工商总局共同出台《政府购买服务管理办法（暂行)》进一步规范与细化了政府购买服务的内容、方式和程序。

社会救助领域完善政府购买服务，既是适应国家治理体系变革和治理能力提升，推动政府职能转变，加快构建服务型政府的必要要求，也是适应社会救助发展新形势、新阶段，适应社会救助新任务、新角色，进一步提升社会救助内涵式、精细化、可持续发展的客观需要。作为社会救助运行机制的核心环节，瞄准机制建立健全事关社会救助整体治理水平和运行效果。瞄准治理体现出一种综合性、多面向、复杂性的治理过程，是价值理性、技术工具理性以及科层理性与具体瞄准情境相互交织、共同作用的过程，同时，瞄准过程也是防范精英俘获行为，抵御道德风险发生的关键环节，需要建立健全完善的监督和应急管理机制，需要投入大量的行政资源和治理成本。然而，

---

① 赵立波. 完善政府购买服务机制　推进民间组织发展 [J]. 行政论坛，2009（2）.

在基层治理中有时存在着政府投入越大，治理效能越低的悖论，其中一个重要原因则是包办式治理和施舍式治理抑制了基层治理活力，增加了治理成本①。将与居民福利与民生发展密切相关的公共服务通过政府购买委托具有相应资质和发展绩效的社会组织和社会服务中心承办，可以提升政府资源投入使用效率，增进社会效益。

党的十九大报告提出，打造共建共治共享的社会治理格局，提高社会治理社会化、法治化、智能化、专业化水平。新时代社会救助治理水平提升的着力点之一就在于不断完善政府购买服务的相关工作机制，强化政府购买服务的效能和水平。民主治理的核心在于人民群众或公众的诉求在这里得到重视和体现②。对社会救助瞄准机制而言，其要义是社会贫困成员诉求是否能够或者在多大程度上在政策中得到体现并在实践中得到落实。通过政府购买服务引入外部视角和第三方力量为社会救助民主治理和满足贫困人口的福祉需求开辟一条有效途径。通过将政府购买服务与社会救助治理水平提升紧密结合起来，把政府购买服务作为社会救助理念转型和治理过程优化的重要措施。完善政府购买服务及其实现机制，推进社会救助协同治理、民主治理水平。一是加强社会救助领域政府购买服务的制度和流程体系建设，明确和规范政府购买服务的程序、种类和实现过程，确保政府购买服务规范公正透明。二是完善政府购买服务的评价考核体系。建立完善第三方遴选、监督评价程序。明确政府购买第三方服务的功能定位与作用形式，加强第三方评估结果运用。三是加强对第三方的绩效评估体系。将社会救助治理目标与第三方工作重点进行精准对焦，尊重第三方专业性和保持一定独立性的同时，完善相应的过程评价和反馈机制，加强跟踪指导。在社会治理现代化的要求下，社会工作因其可以提供更加个体化、精细化和多样化的专业服务，全方位满足人民在追求美好生活愿望过程中的情感需求，进而适应情感治理现代化转向，最终实现现代情感治理的社会功能和综合效果。情感治理既是提高社会救助瞄准效果的重要手段，也是增进政府与居民间的情感信任，体现社会救助公平道义、促进社会和谐的重要方面。因此，可以通过政府购买公共服务，引

---

① 申建林. 高效能治理的逻辑、困境与出路［J］. 人民论坛，2020（20）.
② 陆汉文，梁爱有. 第三方评估与贫困问题的民主治理［J］. 中国农业大学学报（社会科学版），2017（5）.

导和支持公益社会组织和专业社会工作者为社会救助对象主动发现、条件识别和个性化救助需求满足等方面，嵌入情感因素进行精准治理与柔性治理。

8.4　标准机制：确定方位

标准机制是社会救助瞄准机制的"牵引器"和"指挥官"，不仅决定瞄准的对象和规模，还直接影响社会救助的支出水平和综合效益。在整个社会救助瞄准机制中，标准机制在理念价值机制与执行监督等机制中发挥着承上启下的中枢"大脑"作用，其重要性不言而喻。倘若缺乏与制度目标、价值理念与具体情景、居民诉求相适应的标准机制，则使得社会救助的制度效果大打折扣。实现应救尽救的制度目标，提高社会救助的兜底效果，首先依靠科学的标准机制来精准识别所有需要社会救助的社会成员。

当前社会救助标准机制在标准架构和执行层面尚存在进一步优化完善空间。标准架构层面：一是标准体系尚不完善。当前依靠瞄准机制的社会救助项目主要是以城乡最低生活保障标准为依据，这种单一标准叠加模式容易产生诱导效应引发道德风险，也不利于标准机制调整的灵活性与适应性，可能会造成部分贫困群体的生活兜底保障缺失。二是城乡最低生活保障标准制定对多维贫困理念和技术的嵌入运用不够。大多地方制度设计只重点关注居民家庭收入水平和家庭财产状况，支出型贫困以及家庭资产等发展型指标尚未纳入标准体系，同时需要进一步统筹优化制度的公平效率关系。三是社会救助标准机制的统筹水平相对较低，标准制定和资源配置可以进一步规范和精细化。标准执行层面：一是社会救助标准机制的简约性要求与数据化呈现，在面临具体执行情境时难以准确、及时和全面掌握；二是在具体实践执行过程中，由于信息不对称和调查计算核实难，一线经办人员经常结合地方性知识采取替代性标准，通过增强程序公正和过程公平的方式进行瞄准。社会救助标准机制无论是在制度架构层面还是执行层面，本质上需要结合兜底保障目标，适当融入多维贫困理念进而确立多层次、多维度的标准体系。

8.4.1 完善救助标准体系

兜底保障目标下的社会救助瞄准着眼于贫困全面综合治理。实现这一目标首先在瞄准标准上尽可能地涵盖多类型多维度贫困。除设置家庭收入贫困标准外，可以将家庭资产和收入相结合，家庭规模结构与家庭支出相结合，收入贫困与支出型贫困、发展型贫困相结合。相对于单一的收入标准，多维指标下社会救助的瞄准效果可以有较大幅度提升，而且在实践中社会救助的识别过程实际上受到多维度贫困标准的影响。虽然瞄准执行过程综合考量了多种贫困类型和多维贫困标准，但是由于目前制度上仍然以收入贫困作为主要的瞄准标准，使得实践操作中对多类型贫困和多维贫困缺乏统一明确的界定细则。有效实现兜底保障目标，夯实民生保障基石以及防范和治理社会风险，推动提高经济社会发展共享水平，需要加强有关多维和多类型贫困的理论和方法研究，在中国特色社会主义政治经济学的引领下，逐步探索尝试将多维贫困理论应用于指导社会救助瞄准实践。在精准扶贫、精准脱贫的国家攻坚战略中，对精准脱贫的标准突破单纯以收入作为衡量标准的做法，对贫困户的识别认定充分利用民主程序和多维度考察，而对扶贫绩效评估和脱贫验收标准也采用了涵盖收入指标在内的多维指标体系。

《中国农村扶贫开发纲要（2011－2020 年）》提出，到 2020 年中国扶贫开发针对扶贫对象的总体目标是："稳定实现扶贫对象不愁吃、不愁穿，保障其义务教育、基本医疗和住房"。精准扶贫、精准脱贫战略中"五个一批"工程的大力实施，明确社会保障体系的兜底功能，作为整个社会保障制度体系中最后一道防线，社会救助的兜底责任和效用发挥无疑将是十分关键。政策明确统筹协调农村扶贫标准和农村低保标准，贯彻落实习近平总书记关于"按照国家扶贫标准综合确定各地农村低保的最低指导标准""实现'两线合一'"的重要指示。民政部等部门《关于做好农村最低生活保障制度与扶贫开发政策有效衔接的指导意见》，明确二者在政策、对象、标准、管理衔接等方面的规定。过去社会救助侧重于维持困难家庭最低生活，而扶贫政策则是以消除贫困为目标，严格意义讲上之前二者的理念预设并不完全一致，在实践中基本处于独立运行。而精准扶贫、精准脱贫战略明确农村社会救助承担扶贫的兜底制度责任。此外，由于当前扶贫针对是农村地区，而城镇社会救助未来发展也将逐步强化反贫困的功能。

所以，社会救助着眼于反贫困实践和制度未来发展路径，需要突出反贫困场域下的兜底功能，贫困标准认定和脱贫评估指标应当加强与精准扶贫、精准脱贫政策的衔接。其一，科学参照扶贫标准不断完善和丰富社会救助瞄准的标准体系，将家庭收入因素、财产因素、支出因素、家庭生产生活条件以及公共服务利用情况统筹纳入标准体系，并设置不同权重形成结构化的量化指标体系。其二，在各指标的定义、核算范围和计算方法上需要进一步统一和明确。满足社会救助兜底保障的治理目标，瞄准标准体系除了不断完善自身技术性因素和加强相关政策衔接统筹外，标准制定的行政模式和治理过程也显著影响着瞄准实质效果。当前社会救助标准统筹层次尚未实现省级统筹，正逐步由区、县统筹向市级统筹过渡，总体上看统筹层次较低。因此需要提高社会救助标准制定的统筹层次，逐步过渡到省级统筹，减少省际区域内部差异。在经济社会发展水平相近的省份和区域，可以逐步缩小社会救助标准差异。在中央层面加强对各省份、地区救助标准的指导评估。

8.4.2　提高社会救助可及性

从上文对可及性的定义来看，对社会救助瞄准机制具有良好的启示作用。提高社会救助可及性有利于提高社会救助瞄准效果，可以从可及性的嵌入视角建立和完善社会救助瞄准机制，在社会救助可获得性、可达性以及目标救助对象对救助水平和救助方式的可适合性、可承受性以及可接受性。提高社会救助可及性，实际上与系统化机制化的瞄准方案设计理念不谋而合，也是实现兜底和反贫困的政策目标和制度公平可持续发展的实践路径。

具体从五个维度分解来看，可获得性则是指社会救助的资源、服务数量、类型和质量与目标求助群体的需求关系；可达性表示救助资源和服务的传递输送途径和过程；可适合性是指救助对象能否适应和认可救助内容和供给方式；可承受性是指社会救助实施过程中是否会产生额外成本和负面影响，比如污名化和福利依赖等；可接受性是指社会救助经过瞄准机制实施救助后的效果和满意度。社会救助可及性的五个方面同样是建立完善社会救助瞄准机制的内在要求，提高社会救助可及性可以较好地回应和解决两个问题。一个是瞄准偏差问题，无论是应保未保，抑或是错保，最终导致的是需要救助的人得不到及时有效救助，同时造成救助失灵和公共资源投入使用微效，但仅从执行环节或归因于情境复杂等不足以解释这一现象。另一个是机制薄弱、可持续性发展问题。提高社会救助的可及性需要系统设计，在目标导向约束激励下将社会救助各个环节有机衔接统一起来，仅依靠技术治理和执行强化不能够很好地解决问题。

综上所述，提高社会救助的可及性与建立良好的瞄准机制可以实现内在统一和实践融合。在可获得性方面，可以建立稳定可持续的救助资源投入保障机制，充分贯彻和体现尽力而为又量力而行。同时建立以救助目标导向和关注的问题导向对救助群体需要进行全面化、精细化、个性化的评估，提高供方资源供给的数量和种类能够准确符合和满足需方的生活发展需要。就是坚持社会救助福利的供给侧改革，关注各类贫困群体的各种需要，优化供给结构提高人文服务意识，即提供物质现金救助，也需要提供服务、信息资源等其他非物质的发展资源。可达性包括两个方面，一个是社会救助输送方式选择，一个是递送过程，精确瞄准精准确定救助对象之后，如何高效便利地将贫困群体最关心最迫切需要的救助送到他们手中，解决社会救助关键的"最后一公里"问题，对于实现救助目标意义非同寻常，这不仅涉及方式选择，还关乎过程把控。具体包括救助资金的下拨、发放需要及时、规范，因为现实中一些贫困家庭认知能力差或者行动不便，领取救助经常委托他人或社区代办，对这些委托代办事项可以建立相对公开规范透明的操作程序，确保针对贫困家庭的福利能够惠及到人。另外，政策的可达性也是重要方面，与主动救助、社会参与的理念融合，灵活采用多种方式，积极调动社会力量，全面精准地将有关政策传递输送到每一个贫困家庭。

可适合性方面，主要是指救助的方式和内容能够得到救助对象认可，这实际上是社会救助可及性的核心命题，体现社会救助人文关怀和以人为本的根本导向，无论救助内容和方式如何变化，都需要把获取救助对象的认可作为出发点。那么获取救助对象的认可需要真正有效地关注和帮扶他们的生活，了解他们的贫困现状、心理状态、救助诉求和社会以及家庭发展需要，精心打造量身制作一套适合每户贫困家庭特殊情况需要的救助方案，采取更具针对性、更加长远、可持续，更加尊重贫困家庭意愿的一揽子救助方案。可承受性同样包括两个方面，一个是救助供给方面的可承受性，另一个是救助对象即需方的可承受性。社会救助是一项公共资源的社会再分配，规范公平有序的再分配能够促进经济社会以及家庭、文化的良性发展，如果分配不当，则可能导致资源配置低效造成浪费，甚至会带来福利依赖以及引发矛盾风险等，实现社会救助的公平正义则是需要把救助资源高效地递送到真正有需要的贫困人员手中，否则可能不仅造成资源浪费，也会导致整个社会效率损失。既然应保尽保已经作为制度目标，供方的可承受性就在于确保供给的可持续性和富有效率，降低瞄准偏差而带来的效率损失和社会成本。需方的可承受性与供方密切相关，瞄准机制的规范系统运行能够准确识别贫困群体以及家庭需要，从而采取有保障有针对性的帮扶，降低因瞄准偏差而导致救助不足造成家庭生活发展陷入困境的风险。

同时，一些柔性措施和人文关怀，以及区别于行政干预的社会力量参与，可以有效降低瞄准过程可能存在的不适感。可接受性在于重视救助对象的获得感和满意度，这也是评估制度和机制绩效的核心内容。社会救助需要与贫困人员一起算账，需要发挥贫困人员的主体作用，兜底和反贫困目标下的社会救助，不局限于一时一事的经济物质救济，不囿于贫困人员的被动接受，不采取供方单向的宽口径输送，而是把贫困人员作为制度和机制系统的不可或缺的参与者、实施者和推动者，全程参与到社会救助各个环节。除了把救助水平、救助标准作为绩效评估的内容之一，更要把兜底和反贫困的功能实现、贫困家庭风险治理水平、发展意愿和发展能力提升、社会融入和正常流动等持续性发展型指标纳入评估体系，不仅关注贫困人员的物质保障程度，也越来越重视关注其自我发展和共享发展的获得感和满意度。

8.5 监督机制：督促制约

提高瞄准效果消解瞄准偏差，只强调先进技术工具运用强化技术治理恐难以达到预期效果。作为一项有着严格瞄准导向的公共资源再分配政策，需要扎牢"监管的笼子"，让瞄准执行在阳光下运行，确保瞄准过程公开公正透明，确保所有真正贫困群体能够得到及时全面救助。监督机制构建需要同时发挥督促和制约两个方面作用，即通过治理体系优化和工具创新，促进瞄准效率和瞄准质量提升，也通过监督体系完善对不规范甚至腐败行为进行强有力制约。当前瞄准偏差除归因于技术工具不完善和信息不对称外，来自基层执行方的道德风险和精英俘获也在许多研究中得到证实。因此，实现兜底保障目标，需要将监督机制纳入社会救助瞄准机制范畴。

监督机制构建体现在两个对象：一是"物"，强化监督先进技术工具治理，最大程度地降低信息不对称带来的不利影响，提高违规成本缩减寻租空间，通过技术工具便携性、低门槛和透明化的植入和推广，降低监督成本提高监督成效；二在于人，规范基层执行行为需要建立开放透明的治理机制，提高瞄准全流程的公众参与，保障公众知情权，维护公众建议权和监督权。同时，监督机制构建还需要加强三个方面。一是内部监督与外部监督相结合，加强外部专业力量合作，在执行过程和瞄准成效等多阶段、多环节引入第三方专业评估。因为虽然内部考核机制一直存在，但受到关系理性的影响容易出现考核形式化的问题，而独立的第三方评估可以降低关系理性的影响①。二是重点抽查与全面检查相结合，通过瞄准流程信息化提升和档案资料电子化，提高日常监督检查的覆盖面，以检查监督兜底推动瞄准目标兜底。三是瞄准过程与监督过程同步进行，强化过程监督。将监督时间节点前移，改变过多依赖事后监督和应急性追查等手段，强化监督过程实现执行与监督同频共振，最大限度降低监督成本提高监督成效。

8.5.1 完善技术治理方法

1. 加强大数据运用

信息技术蓬勃发展和广泛应用已经深度融入到经济社会发展的方方面面。社会救助瞄准产生偏差的根本矛盾即执行简约性要求与社会现实复杂性的矛盾，依托大数据信息和高效先进的集成处理平台，能够很大程度上治理这一矛盾推动瞄准机制完善发展。一方面是海量数据不断地生成，为瞄准和决策

---

① 殷浩栋，汪三贵，郭子豪. 精准扶贫与基层治理理性——对于 A 省 D 县扶贫项目库建设的解构［J］. 社会学研究，2017（6）.

提供了前所未有的数据信息来源，另一方面是数据信息处理平台和集成系统得到了快速普及和深入发展，推动政府职能转变和服务能力提升。

2. 比对信息平台互联互通

完善社会救助瞄准机制重在实现全面数据信息的共建共享。社会救助家庭经济状况信息核对平台在提高瞄准效果，降低因信息不对称带来的瞄准偏差方面发挥着显著作用。同时也可以避免人为操作带来的误差以及人情干扰、精英俘获等问题，促进瞄准过程公平公正。但是当前家庭经济状况核对平台在两个方面还可以进一步加强。一方面是针对当前收入贫困家庭识别还存在薄弱环节，地方平台建设的进度和力度存在差异，具体的系统规格和信息交换方法不尽一致，比如平台接入或与银行系统联网，一些地方是直接与人民银行系统联网，一些地方则分别与相关银行签订数据交换协议，还有地方则是针对性提供救助金领取情况以此判断评估是否符合救助资格。另一方面则是包括区域内部省市两级平台以及全国性系统平台自由"漫游"，平台互联互通和数据信息实时交换尚未全面实现，跨省跨地域数据信息采集比较困难。此外，以兜底为目标的瞄准机制，家庭经济状况比对平台除了实现判断是否具有救助资格的功能外，还需要采集困难家庭更系统、更全面、周期更长的信息数据，以便对每户家庭进行针对性评估，不仅确保救助对象识别精准，而且能够为救助对象脱贫发展提供完整数据信息实现精准帮扶。建立适应于更高要求、更多需要的家庭经济状况信息比对系统，依赖于信息技术发展和公民个人信息系统完善，从技术角度看，比对系统更像是一个数据集成和分析评估系统，为贫困家庭"画像"出具家庭情况评估报告，从而为制定兜底和反贫困措施提供精准依据。从行政过程看，依靠公开透明的信息数据能够提高行政效率，规避寻租行为，减少救助申请和实施的中间环节，降低门槛提高社会救助可及性水平。

8.5.2　构建整体性治理格局

在信息技术迅猛发展之际，整体性治理以强调整合、协调、信任以及耦合化组织结构重构，着眼于推进政府、私人部门、混合组织和公民等多元主体之间的制度化治理体系和整合性供给服务。整体性治理需要多维层级的政府部门、私人部门与第三方组织之间的整合协调，采取目标—手段协同、强化信息技术运用以及优化整体性整合策略，从而帮助政府实现公共目标。同时也需要引入诸如适应性管理、系统理论、靶向理论等来完善丰富整体性治理。整体性治理的核心建构路径需要涵盖以下内容，包括信任的环境、完善的信息系统、强烈的责任感以及科学的预算。它需要一定的基础条件，包括思想氛围营造、利益平衡机制、社会经济条件以及遵守法律的环境等①。

着眼于实现兜底保障目标，提高制度机制瞄准效果，需要构建整体性社会救助治理新格局。其一增强技术治理水平和贯彻协同治理理念，对社会救助流程体系进行整合，完善"一站式服务"和提升电子办公水平，利用信息化平台推进信息公开，完善监督机制。其二充分发挥有关部门广泛参与的联席会议、专项协调机制等渠道作用，从标准测算、预算编制、人员配置、执行监督、应急管理等全流程角度进行系统设计和统筹布局，进一步提升社会救助治理的系统性与整体性。其三积极引导和有效发挥社会组织和专业人士的过程参与和智力支持。

8.6　风险应急管理机制：预警跟踪

基于对社会主要矛盾转化和风险社会的深刻理解，社会救助需要更加突出风险防控，聚焦于以需求为导向、以风险防控为主线，同时应致力于增加社会服务、突出精神文化需求的满足，推动社会救助精准化识别和包容性、均衡性供给。兜底保障目标下社会救助瞄准机制的核心命题是贫困风险治理，通过健全瞄准机制提高瞄准效果降低贫困风险的不确定性损失。也就是说瞄准机制的客体对象是风险和不确定性，但如同商业保险等市场化业态的风险治理机制，社会救助瞄准机制也需要在治理体系内部加强内部风险防控。特别是按照兜底保障刚性约束条件下，因内部治理体系不健全造成瞄准偏差可能会影响政策公信力。而且，由于社会政策执行的简约性与社会情境复杂性的根本矛盾存在，客观上导致一些偏差风险难以通过末端执行质量提高来全

---

① 张璇. 国内外整体性治理比较研究［J］. 湖北社会科学，2016（12）.

部消解，所以要求在瞄准机制内部和瞄准治理过程强化瞄准偏差风险的预防和应对。

近年来，随着中央对民生领域的持续关注和重点支持，一些因腐败或执行不力造成的错助、漏助等瞄准偏差现象，经常成为舆论和社会关注的焦点。在"骗保""人情保"的话语背景下，社会对最低生活保障制度产生偏见、低保污名化①，这种对社会或群体造成某种负面、紧张的现象通常被称为公共危机②。风险社会中的污名现象表现出突发性、内隐性和单向性等突出特点，社会风险及其不确定性带来的恐慌、信任危机以及风险意识的形成和传播等因素共同导致了污名的产生和扩散③。因此，加强社会救助瞄准机制建设，在客观对待和综合施策降低瞄准偏差并提高瞄准效果的基础上，也需要针对瞄准偏差风险进行公共危机治理，构建系统化、协同一体的应急管理体系。结合风险社会特点和社会救助科学化、精细化等更高治理要求，通过政府、专家、媒体和公众的合作治理，持续改善和提升社会救助预防风险和治理风险的能力。

构建社会救助瞄准偏差应急管理体系，首先需要对因瞄准偏差产生的公共危机进行来源分析。从近年来农村社会救助瞄准领域的公共危机事件来看，主要分为三种：一是政府在社会救助瞄准中不作为或行政失当，从而引起公众对政府行为规范公平性的质疑；二是政府并未直接导致危机的行为，但一些生活存在一定困难但因并不严格符合救助瞄准条件依规不能获取救助的个案家庭，因公众不掌握相关政策而感性同情从而引发联想和质疑；三是因瞄准政策与实践情境尚不能充分适应互动，离脆弱性贫困群体多维度多面向需求存在差距，政府社会救助瞄准政策的决策能力和程序成为公众关注焦点。

针对三种主要的社会救助瞄准领域可能产生的公共危机，不仅侧重于加强危机之后的行政问责，更重要在于构建瞄准偏差风险的提前预判和综合应对。应急管理需要危机预防和事后问责与制度健全完善三者紧密结合齐头并进。危机预防加强执行资源配备和能力建设，推进瞄准治理过程公开公正透

① 杨立雄. "一揽子"打包，还是单项分类推进？[J]. 社会保障评论，2020 (2).
② 张海波，童星. 公共危机治理与问责制 [J]. 政治学研究，2010 (2).
③ 苗大雷，夏铭蔚. 风险社会中的污名现象研究——基于新冠肺炎疫情时期"湖北人"污名的分析 [J]. 中国农业大学学报（社会科学版），2021 (2).

明，提高社会专业力量参与和保障公众知情权，引进外部专业瞄准效果评估和监督。危机过程治理在强化执行问责的同时，强化问题导向和归因分析，从建立长效机制和规范治理过程角度出发，对瞄准政策、制度配套以及背后的治理结构和价值理念进行系统梳理，形成危机过程治理整体性框架。危机预防与过程治理的落脚点和归宿在于通过危机干预调整和重塑社会救助价值理念，准确掌握和了解公众政策关切和期待，强化政策决策更加科学专业，推动社会救助瞄准政策机制发展完善。

| 结　论 |

　　党的十九大报告提出，按照兜底线、织密网、建机制的要求，全面建成覆盖全面、城乡统筹、权责清晰、保障适度、可持续的多层次社会保障体系。统筹城乡社会救助体系，完善社会救助制度。这既明确了社会救助的职责定位和目标方向，也指出了改革发展的实践路径，是思考和分析社会救助的出发点和总依据。具体到本书研究主题，社会救助瞄准机制是社会救助制度机制的核心环节，完善社会救助制度，建立良好运行机制，托住底线促进公平正义，建立与总目标和总任务相适应的瞄准机制十分重要。通过实践调查、文献分析、实证检验以及国际比较等方法，总体上认为中国目前社会救助取得了良好的瞄准效果，可以较好地识别制度规定的收入贫困人口，有效地帮助城乡贫困人员维持基本生活。2020 年随着全面建成小康社会，中国实现了现行标准下农村绝对贫困人口全部脱贫的伟大战略成果，其中被赋予兜底保障的社会救助发挥出十分重要的减贫作用。不过，如果将当前的社会救助瞄准机制纳入国家治理体系和治理现代化的视阈之中来考察，对照兜底保障和风险治理的重要任务，以及有效回应社会和居民的基本民生需求，社会救助依然需要进行更好地发展完善。当前存在的一个关键性问题就是瞄准制度尚不够机制化和系统化，机制的顶层设计和系统设计相对不足，重视执行和技术工具运用，缺乏瞄准偏差预警和综合治理，兜底重视维持而发展性帮扶不足，贫困重视收入物质贫困，其他类型贫困以及致贫原因的分析与治理尚需跟进。当前随着国家精准扶贫精准脱贫战略深入推进实施，贫困人口和贫困发生率逐步降低，社会救助的救助规模也在发生变化，也对制度的转型和机制调整提出了新要求，特别需要对瞄准机制进行理论建构和机制重塑，以此来解决政策意图、居民期待与制度机制供给总量和结构之间的矛盾。

社会救助瞄准机制对于整个社会救助发展变革起着牵一发而动全身的作用。因为作为一项民生政策和兜底制度安排，最终的落脚点是政策的覆盖面和福利供给水平，而这只有通过恰当的瞄准机制运行来实现。然而，社会救助作为一项供给贫困人员福利，同时增进社会整体福利的再分配制度安排，不同于一般意义上的公共资源转移支付，它与国家意图、政治抉择以及社会心理、主流价值文化以及经济发展同时有着复杂交叉融合的关系。具体讲，研究和建立符合国家治理需要，适应治理能力、资源配置等情境条件，有效回应居民福利期待的社会救助瞄准机制，需要规范深刻认识相关议题。第一，社会救助与经济发展的关系，需要从历史角度和辩证思维全面看待，英国的社会救助从旧济贫法到新济贫法，再到第二次世界大战后的福利国家建立，时至今日的福利改革，社会救助瞄准机制始终与国家经济发展和社会治理需要紧密相关，二者不是零和博弈而是联动促进的关系，无论认为是工具性、生产型福利建构抑或是基本稳定可持续的制度安排，社会救助瞄准机制与经济社会发展的调节适应是客观存在并不断发展的，社会救助增量扩容与经济发展的内在张力是紧密结合的，尽管存在福利黏性和政策滞后效应，但总体上社会救助与经济发展是良性互动关系。第二，社会救助瞄准机制统筹公平与效率，但对西方福利国家一些学者所讲的福利依赖概念和现象需要在中国情境下具体分析。因为，从根本上来说世界上没有哪一个国家的国情和发展道路与中国完全一样，作为根植于本国国情，适应于本国居民期待和经济社会发展的社会政策，需要从本国历史文化和实践当中汲取丰富营养，建立符合中国特色，适应新时代需要，满足人民对于美好生活的期待，是社会救助作为一项民生政策的根本价值理念所在。

当前中国社会救助同时在理论建构和实践操作方面仍有着广阔的改革发展空间。中国进入精准脱贫攻坚期面临的最大挑战除了不平等程度的上升导致经济增长的减贫效应下降，瞄准问题的存在也降低了政策减贫效果[①]。尽管中国社会救助历史源远流长，但是建立现代社会救助体系的时间并不长，

---

① 汪三贵. 在发展中战胜贫困——对中国30年大规模减贫经验的总结与评价 [J]. 管理世界，2008 (11).

刚开始大多由地方试点并逐步成为一项全国性制度安排，并且由城市逐步扩散到农村，由相对发达地区推广到欠发达地区，近年来，社会救助制度体系不断丰富完善，救助水平不断提高，但存在着理念相对滞后，适应于新时代民生发展需要的社会福利理念尚未完全塑造起来，碎片化条块分割特征明显、给付待遇、制度规定以及执行瞄准等方面存在明显的区域、城乡差异，统筹层次低、治理水平亟须提升的问题比较突出。党的十九大报告提出，中国社会矛盾已经转化为人民日益增长的美好生活需要和不平衡不充分的发展之间的矛盾。人民美好生活不仅对物质文化生活提出了更高要求，而且在民主、法治、公平、正义、安全、环境等方面的要求日益增长。社会救助的完善和发展既是保障社会弱势群体的基本生存发展需要，也是促进社会公平正义，创造文明、健康、团结、互助社会文化和精神风尚的重要路径。建设人民美好生活，需要建立一套具有中国特色的社会福利体系，而其中以瞄准机制为着力点，建立系统化科学化的社会救助瞄准机制，对于整个福利体系构造起着支撑作用。

研究社会救助瞄准机制问题，需要用历史眼光辩证看待，一分为二地分析和评估当前瞄准机制存在的历史依据和客观需要，分析存在的薄弱环节和制约因素。如同当前中国经济社会处于快速转型时期，步入了中国特色社会主义新时代，中国社会救助体系趋于形成并不断完善。但新时代具有新特征，新时代具有新要求，增强改革力度和加快体系转型成为社会救助面临的一项重要任务。特别对于瞄准机制来讲，构筑民生兜底基石和稳固持久的反贫困屏障，维持以收入贫困为主要保障对象的瞄准机制，在巩固脱贫成果提升低收入人群可持续发展方面存在诸多局限。实现巩固脱贫攻坚成果与乡村振兴有机衔接，需要坚持问题导向和实践需要，嵌入发展型和可持续视角，全面审视贫困产生的机理机制和各种面向，有效回应新旧社会风险和相关社会问题，以上游干预有效预防、风险管理全生命周期应对，统筹措施全面帮扶以及充分调动多方治理的理念和方式方法来建立和完善社会救助瞄准机制。

首先是社会救助瞄准机制的理念价值建构。作为一项社会政策，价值理念是核心起着导向作用，然而价值理念不是空中楼阁无源之水，它扎根于一国的国情和未来发展之中。制度设计和实践执行只是技术和操作层面问题，福利标准、救助水平和制度门槛也不完全仅由经济条件和经济因素主导，政治制度、政府意图以及政策偏好在福利体系设计中发挥着主导作用。中国的社会救助理念从平均主义、大锅饭的计划经济时代针对极小部分特殊社会群体的有效救助，在改革开放后随着向市场经济转型和开始国企改革，失业待业工人增多生活非常困难，率先在全国探索建立最低生活保障制度。随后在全国推广并于2007年建立农村最低生活保障制度。这一阶段主要是一种生产型、维持型的救助理念，应对的是从计划经济向市场经济转型，从传统社会向现代社会转型的各种风险和矛盾，政府经济增长绩效导向一定程度使得社会救助等福利政策依附于经济增长政策，社会救助福利理念转型升级发展未能紧跟世情国情变化，对转型期"新社会风险"的估计和应对相对滞后。传统的社会救助供给角色比如家庭，面临人口老龄化加剧、家庭规模核心化、传统孝道文化受到外来思潮影响以及人口流动频繁等因素制约，抵御风险和福利供给的能力和可持续性受到挑战，困难家庭多样化、个性化的福利需求依靠政府和家庭供给也难以达到预期效果。同时，关于西方国家所谓的福利依赖的争论和讨论也一直没有停止。然而，新时代坚持以人民为中心的发展思想，使得全体人民能够共享经济社会发展成果，党的执政理念和政策意图明确把增进人民福祉作为发展的出发点和归宿，积极构建人民福利与经济社会发展共享共生的紧密和谐关系，即回答了经济发展与福利供给是良性互动关系，政府可以通过制度供给和财力保障更加主动积极有力地投入到福利体系机制的完善运行之中，确立公平正义共享作为社会救助的根本价值理念导向，社会救助的作用边界和力量强度都可以扩张延伸和强化，社会救助的瞄准机制需要充分地适应和满足这种新任务、新要求和新变化，过去以收入贫困为主要保障对象的瞄准体系需要适当增量扩容，对家庭福利供给提供多方面支持，社会参与亟须纳入瞄准机制中来发挥治理、服务以及监督等多种角色作用。

党的十九大报告提出保障和改善民生既尽力而为，又量力而行，坚持人人尽责、人人享有、坚守底线、突出重点、完善制度、引导预期。这为社会救助瞄准机制的发展完善确立了根本理念价值遵循，指明了制度改革和机制完善的方向路径。社会救助瞄准机制首先需要清晰界定新时代民生兜底目标下社会救助所承担的角色功能，进一步统筹公平效率关系。以此为逻辑起点，本书主要讨论三个问题，一是在新的发展阶段和历史背景下，社会救助在社会治理和民生兜底等方面如何定位，相应的瞄准机制如何调整。二是对当前社会救助瞄准机制架构、实践运行及瞄准效果进行分析评价。三是作为一项基础性的民生制度安排，以发展的眼光探讨未来一定时期内社会救助瞄准机制的历史走向。在与经济社会发展相适应的情况下积极体现共享发展理念，落实以人民为中心的发展思想，可以建立开放包容、可持续、综合效益明显的社会救助瞄准机制。结合当前社会救助瞄准实践分析，从系统角度将瞄准机制作为社会救助体系核心，把社会救助相关模块进行有机衔接和机制整合，尝试勾勒出整体性、协同化的广义瞄准机制，以更好地满足于兜底目标和基本民生保障要求。

参考文献

[1] 胡联，汪三贵. 中国建档立卡面临精英俘获的挑战吗？[J]. 管理世界，2017（1）.

[2] 朱梦冰，李实. 精准扶贫重在精准识别贫困人口——农村低保政策的瞄准效果分析 [J]. 中国社会科学，2017（9）.

[3] 刘喜堂. 建国60年来我国社会救助的发展历程与制度变迁 [J]. 华中师范大学学报（人文社会科学版），2010（4）.

[4] 高世楫. 社会性开支是免费午餐：重新认识社会政策的经济影响 [M]. 张秀兰，徐月宾等. 中国发展型社会政策论纲. 北京：中国劳动社会保障出版社，2007：248 - 260.

[5] 安格斯·迪顿.《逃离不平等》[M]. 崔传刚译，北京：中信出版社，2014.

[6] 理查德·蒂特马斯.《社会政策十讲》[M]. 江绍康译，吉林：吉林出版集团有限责任公司，2011.

[7] 关信平. 我国低保标准的意义及当前低保标准存在的问题分析 [J]. 江苏社会科学，2016（3）.

[8] 民政部. 关于进一步规范城乡居民最低生活保障标准制定和调整工作的指导意见.

[9] 徐月宾，刘凤芹，张秀兰. 中国农村反贫困政策的反思—从社会救助向社会保护转变 [J]. 中国社会科学，2007（3）：40 - 53.

[10] 国家卫生计生委家庭司. 中国家庭发展报告2016 [M]. 北京：中

国人口出版社，2017.

[11] 徐丽敏. 国外福利依赖研究综述 [J]. 国外社会科学，2008 (6).

[12] 迪肯. 福利视角 [M]. 上海：上海人民出版社，2011.

[13] 关信平. 中国综合型社会救助制度发展战略研究，引自郑功成主编. 中国社会保障改革与发展战略（救助与福利卷） [M]. 北京：人民出版社，2011：61-77.

[14] 郑功成. 中国社会保障30年 [M]. 北京：人民出版社，2008.

[15] 彭宅文. 最低生活保障制度与救助对象的劳动激励："中国式福利依赖"及其调整 [J]. 社会保障研究，2009 (2).

[16] 杨穗，高琴，李实. 中国城市低保政策的瞄准有效性和反贫困效果 [J]. 劳动经济研究，2015 (3).

[17] 褚福灵. 灾难性医疗支出研究 [J]. 中国医疗保险，2016 (3).

[18] 吕力. 案例研究：目的、过程、呈现与评价 [J]. 科学学与科学技术管理，2012 (6).

[19] 彼得·什托姆普卡. 默顿学术思想述评 [M]. 林聚任译. 北京：北京大学出版社，2009.

[20] 周雪光. 运行型治理机制：中国国家治理的制度逻辑再思考 [J]. 开放时代，2012 (9).

[21] 纪莺莺. 文化、制度与结构：中国社会关系研究 [J]. 社会学研究，2012 (2).

[22] 高尚涛. 关系主义与中国学派 [J]. 世界经济与政治，2010 (8).

[23] 李芊蕾，秦琴. 试论中国人的"关系理性" [J]. 中共浙江省委党校学报，2008 (3).

[24] 吴忠民. 社会公正论（上卷） [M]. 济南：山东人民出版社，2012：113-118.

[25] 吴忠民. 普惠性公正与差异性公正的平衡发展逻辑 [J]. 中国社会科学，2017 (9).

[26]《马克思恩格斯选集》第3卷，北京：人民出版社，2012：261、484-485、480.

[27] 李强. 怎样理解"创新社会治理体制" [J]. 毛泽东邓小平理论研

究，2014（7）.

［28］胡思洋．最低生活保障制度的功能定位、实践错位及政策优化
［J］.公共行政评论，2017（3）.

［29］殷浩栋，汪三贵，郭子豪．精准扶贫与基层治理理性—对于 A 省
D 县扶贫项目库建设的解构［J］.社会学研究，2017（6）.

［30］薛立强，杨书文．论政策执行的"断裂带"及其作用机制—以
"节能家电补贴推广政策"为例［J］.公共管理学报，2016（1）.

［31］费孝通．乡土中国［M］.北京：北京出版社，2004：92.

［32］王雨磊．数字下乡：农村精准扶贫中的技术治理［J］.社会学研
究，2016（6）.

［33］李迎生，李泉然，袁小平．福利治理、政策执行与社会政策目标
定位—基于 N 村低保的考察［J］.社会学研究，2017（6）.

［34］周国雄．地方政府政策执行主观偏差行为的博弈分析［J］.社会科
学，2007（8）.

［35］陈家建，边慧敏，邓湘树．科层结构与政策执行［J］.社会学研
究，2013（6）.

［36］周雪光．基层政府间的"共谋"现象——一个政府行为的制度逻
辑［J］.社会学研究，2008（6）.

［37］吴小建，王家峰．政策执行的制度背景：规则嵌入与激励相容
［J］.学术界，2011（12）.

［38］刘凤芹，徐月宾．谁在享有公共救助资源？——中国农村低保制
度的瞄准效果研究［J］.公共管理学报，2016（1）.

［39］（法）卢梭．社会契约论［M］.李平沤译．北京：商务印书馆，
2011.

［40］钱穆．中国历史研究法［M］.上海：三联书店，2013.

［41］杨伟国，格哈德·伊林，陈立坤．德国"哈茨改革"及其绩效评
估［J］.欧洲研究，2007（3）.

［42］艾斯平·安德森．转型中的福利国家［M］.杨刚译．北京：商务
印书馆．

［43］［英］罗伯特·伊斯特．社会保障法［M］.周长征等译．北京：中

国劳动社会保障出版社，2003：82-83.

　　[44] [韩] 余有真等. 分解贫困与不平等的动向及因素 [N]. 韩国保健社会研究院，2005.

　　[45] [韩] 金渊明. 经济社会结构的变化与韩国社会福利政策的回应 [J]. 社会保障研究，2007 (2).

　　[46] 岳经纶，颜学勇. 走向新社会政策：社会变迁、新社会风险与社会政策转型 [J]. 社会科学研究，2014 (2).

　　[47] 赵立波. 完善政府购买服务机制 推进民间组织发展 [J]. 行政论坛，2009 (2).

　　[48] 陆汉文，梁爱有. 第三方评估与贫困问题的民主治理 [J]. 中国农业大学学报 (社会科学版)，2017 (5).

　　[49] 张璇. 国内外整体性治理比较研究 [J]. 湖北社会科学，2016 (12).

　　[50] 张海波，童星. 公共危机治理与问责制 [J]. 政治学研究，2010 (2).

　　[51] 李艳军. 农村最低生活保障目标瞄准机制研究——来自宁夏690户家庭的调查数据 [J]. 现代经济探讨，2011 (1).

　　[52] 汪三贵. 在发展中战胜贫困——对中国30年大规模减贫经验的总结与评价 [J]. 管理世界，2008 (11).

　　[53] 杨龙，李萌，汪三贵. 我国贫困瞄准政策的表达与实践 [J]. 农村经济，2015 (1).

　　[54] 易红梅，张林秀. 农村最低生活保障政策在实施过程中的瞄准分析 [J]. 中国人口资源与环境，2011 (6).

　　[55] 温铁军. 部门和资本 "下乡" 与农民专业合作经济组织的发展 [J]. 经济理论与经济管理，2009 (7).

　　[56] 李祖佩. 精英俘获与基层治理：基于我国中部某村的实证考察 [J]. 探索，2012 (5).

　　[57] 邢成举. 乡村扶贫资源分配中的精英俘获 [D]. 中国农业大学，2014.

　　[58] 唐丽霞，罗江月，李小云. 精准扶贫机制实施的政策和实践困境

[J]. 贵州社会科学, 2015 (5).

[59] [印] 阿马蒂亚·森著. 贫困与饥荒: 论权利与剥夺 [M]. 王宇, 王文玉译. 北京: 商务印书馆, 2001.

[60] 彭华民, 黄叶青. 福利多元主义: 福利提供从国家到多元部门的转型 [J]. 南开学报 (哲学社会科学版), 2006 (6).

[61] [美] 莱斯特·M. 萨拉蒙著. 公共服务中伙伴: 现代福利国家中政府与非营利组织的关系 [M]. 田凯译. 北京: 商务印书馆, 2008.

[62] [美] 埃莉诺·奥斯特罗姆. 公共物品合作供给——自发治理, 多中心与发展 [M]//朱宪辰主编. 自主治理与扩展秩序: 对话奥斯特罗姆, 浙江大学出版社, 2012.

[63] 韩启迪. 从福利多元主义到福利治理: 福利改革的路径演化 [J]. 国外社会科学, 2012 (2).

[64] 李迎生, 李泉然. 农村低保申请家庭经济状况核查制度运行现状与完善之策——以 H 省 Y 县为例 [J]. 社会科学研究, 2015 (3).

[65] 施世骏. 东亚福利体制中的社会公民权 [M]//东亚国家和地区福利制度. 北京: 中国社会出版社, 2011.

[66] 韩克庆, 刘喜堂. 城市低保制度的研究现状、问题与对策 [J]. 社会科学, 2008 (11).

[67] 邓大松, 王增文. "硬制度" 与 "软环境" 下的农村低保对象的识别 [J]. 中国人口科学, 2008 (5).

[68] 童星, 王增文. 农村低保标准及其配套政策研究 [J]. 天津社会科学, 2010 (2).

[69] 洪大用. 如何规范城市居民最低生活保障标准的测算 [J]. 学海, 2003 (2).

[70] 黄晨熹等. 让就业者有利可图——完善上海城市最低生活保障制度研究 [J]. 市场与人口分析, 2005 (3).

[71] 唐钧. 完善最低生活保障制度的政策建议 [J]. 中国经贸导刊, 2002 (11).

[72] 杨立雄. 贫困线计算方法及调整机制比较研究 [J]. 经济社会体制比较, 2010 (5).

[73] 杨立雄. 贫困理论范式的转向与美国福利制度改革 [J]. 美国研究, 2006, 20 (2).

[74] 韩克庆, 郭瑜. "福利依赖"是否存在? ——中国城市低保制度的一个实证研究 [J]. 社会学研究, 2012 (2).

[75] 徐月宾, 张秀兰. 我国城乡最低生活保障制度若干问题探讨 [J]. 东岳论丛, 2009 (2).

[76] 陈泽群. "低保养懒人!": 由指控低保户而显露出的福利体制问题 [J]. 社会保障研究 (北京), 2007 (1).

[77] 慈勤英, 王卓祺. 失业者的再就业选择——最低生活保障制度的微观分析 [J]. 社会学研究, 2006 (3).

[78] 李珍. 社会保障理论 (第四版) [M]. 北京: 中国劳动社会保障出版社, 2018.

[79] 风笑天. 社会研究方法 (第四版) [M]. 北京: 中国人民大学出版社, 2013.

[80] 林闽钢. 社会救助理论与政策比较 [M]. 北京: 人民出版社, 2017.

[81] 岳经纶. 社会政策与"社会中国" [M]. 北京: 社会科学文献出版社, 2014.

[82] 穆怀中. 社会保障国际比较 (第三版) [M]. 北京: 中国劳动社会保障出版社, 2014.

[83] 杨立雄, 于洋, 金炳彻. 中日韩生活保护制度研究 [M]. 北京: 中国经济出版社, 2012.

[84] 张奇林, 吴显华, 黄晓瑞. 社会救助与社会福利 [M]. 北京: 人民出版社, 2012.

[85] 米勇生. 社会救助与贫困治理 [M]. 北京: 中国社会出版社, 2012.

[86] 刘小珉. 贫困的复杂图景与反贫困的多元路径 [M]. 北京: 社会科学文献出版社, 2017.

[87] [美] 亨利·乔治. 进步与贫困 [M]. 吴良健、王翼龙译. 北京: 商务印书馆, 2010.

［88］朱玲，蒋中一. 以工代赈与缓解贫困［M］. 上海：格致出版社，2014.

［89］闫坤，刘轶芳，等. 中国特色的反贫困理论与实践研究［M］. 北京：中国社会科学出版社，2016.

［90］孙洁. 家庭财产调查在英国社会救助制度中的功能及其启示［J］. 学习与实践，2008（1）.

［91］金炳彻. 韩国国民最低生活保障制度受助人选定的现状和问题［J］. 社会科学，2009（1）.

［92］李棉管. 技术难题、政治过程与文化结果——"瞄准偏差"的三种研究视角及其对中国"精准扶贫"的启示［J］. 社会学研究，2017（1）.

［93］吕学静. 日本社会救助制度的最新改革及对中国的启示［J］. 苏州大学学报（哲学社会科学版），2016（03）.

［94］A. B. Garcia and J. V. Gruat, (2003), Social Protection: A life Cycle Continuum Investment for Social Justice, Poverty Reduction and Development, Geneva: Social Protection Sector, ILO.

［95］C. de Neubourg, J. Castonguay and K. Roelen, Social Safety Nets and Targeted Social Assistance: Lessons from the European Experience, http://www1. worldbank. Org/sp/safetynets/Training_Events/OECD_3 – 05/EU_Briefing_Book. pdf.

［96］OECD, (2005), Expanding Opportunities: How Active Social Policy Can Benefit US All, Paris: OECD.

［97］M. d, Ercole and A. Salvini, (2003), Towards Sustainable Development: The Role of Social Protection, OECD Social, Employment and Migration Working Paper No. 12, Paris: OECD.

［98］M. d'Ercole and A. Salvini, (2002), Towards Sustainable Development: The Role of Social Protection, Paris: OECD.

［99］Esping – Anderson, Gosta (1999), Social Foundations of Postindustrial Economics, Oxford University Press.

［100］Clasen, J. Reforming European Welfare States: Germany and United Kingdom Compared, Oxford: Oxford University Press, 2005: 15.

[101] J. Baldock, N. Manning and S. Vickerstaff, Social Policy (third edition), New York: Oxford University Press, 2007.

[102] Merton, R. K.. Social Theory and Social Structure. New York: Free Press, 1968: 106 – 107, 94.

[103] Williamson, O. E. 1971, The Vertical Integration of Production: Market Failure Considerations. *American Economic Review* 61 (2).

[104] Ying R K. Case Study Research: Design and Methods [M]. 3rd ed. California: Sage Publications, 2003.

[105] A. Sen. Commodities and Capabilities, London: Oxford University Press, 1999.

[106] Bane, Mary and David Ellwood (1994). Welfare realities. Cambridge, MA: Harvard University Press.

[107] Surender, Rebecca, Michael Noble, Gemma Wright and Phakama Ntshongwana (2010). Social Assistance and Dependency in South Africa: An Analysis of Attitudes to Paid Work and Social Grants. *Journal of Social Policy*, 39 (2): 46 – 59.

[108] Harris, Kathleen Mullen (1991). Teenage Mothers and Welfare Dependency: Working Off Welfare. *Journal of Family Issues*, 12 (4): 492 – 518.

[109] Kaplan, Jan (2001). Prevention of Welfare Dependency: An Overview. *Journal of State Government*, 74 (2): 12 – 24.

[110] Field, Frank (1999). Welfare Dependency and Economic Opportunity. Family Matters, 54 (1): 18 – 26.

[111] Clasen, Jochen (2005). Reforming European Welfare States: Germany and United Kingdom Compared. Oxford: Oxford University Press.

[112] Casey, Bernard (1986). Back to the Poor Law? The Emergence of "Workfare" in Britain, Germany and the USA. Policy studies, 7 (1): 52 – 64.

[113] Veit – Wilsoon, John (2012). Heading Back to the Poor Law? Accessed May 16, http: //www. poverty. ac. uk/articles – attitudes – welfare – editors – pick/heading – back – poor – law.

［114］Ellwood, David (1996). Welfare Reform as I Knew It: When Bad Things Happen to Good Policies. American Prospect, 26 (1), 22 – 29.

［115］Pearce, Dlane (1979). Women, Work and Welfare: the Feminization of Poverty. In Karen Wolk Feinstein (ed.), Working women and families. Beverly Hills, CA: Sage, pp. 103 – 124.

［116］Duncan, Greg (1984). Years of Poverty, Years of Plenty. Ann Arbor: University of Michigan, Institute for Social Research.

［117］Huang, Chenxi (2003). Social Assistance in Urban China: A Case Study in Shanghai, PH. D. diss., University of Hong Kong.

［118］Penchansky. R & Thomas. W. The concept of Access Definition and Relationship to Consumer Sat-isfaction. Medical Care. 1981, 2: 128.

［119］David H. Peters et al. Poverty and Access to Health Care in Developing Countries. Annals of the New York Academy of Sciences. 2008: 161 – 171.

［120］Emily. Saurman. Improving Access: modifying Pen-chansky and Thomas's Thoery of Access. Journal of Health Service Research Policy. 2015, 9.

［121］Gottschalk, Peter and Robert Moffitt (1994). Welfare Dependence: Concepts, Measures and Trends. *The American Economic Review*, 84 (2), 78 – 82.

［122］Mood, Carina (2011). Lagging behind in Good Times: Immigrants and the Increased Dependence on Social Assistance in Sweden. *International Journal of Social Welfare*, 20 (2), 55 – 65.

［123］Moore, John (1987). Welfare and Dependency. Speech to Conservative Constituency Parties Association, September.

［124］Mead, Lawrence (1986). Beyond Entitlement. New York: Free Press.

［125］Murray, Charles (1984). Losing ground. New York: Basic Books.

［126］Lindert, p. H. (2004), Growing Public: Social Spending and Economic Growth since the Eighteenth Century. New York: Cambridge: Cambridge Press, 2004: 20 – 221.

［127］Coady, D., M. Grosh., J. Hoddinott. Targeting of Transfers in Developing Countries: Review of Lessons and Experience. World Bank, 2004.

[128] Vadapalli, D. K. (2009), Barriers and Challenges in Accessing Social Transfers and Role of Social Welfare Services in Improving Targeting Efficiency: A Study of Conditional Cash Transfers. Vulnerable Children & Youth Studies.

[129] Surender, Rebecca. (2013), Social Policy in a Developing World. Edward Elgar.

[130] Tabor, S. R. (2002), Social Safety Net Primer Series Assisting the Poor with Cash: Design and Implementation of Social Transfer Programs. World Bank Other Operational Studies.

[131] K. M. Chen, K. M. , C. H. Leu, T. M. Wang. (2015), Reducing Child Poverty and Assessing Targeting Performance: Governmental Cash Transfers in Taiwan. *International Journal of Social Welfare.*

[132] Ravallion, M. , J. Jalan. (1996), Growth Divergence due to Spatial Externalities. Economics Letters.

[133] Tunstall, R. , R. Lupton. "Is Targeting Deprived Areas and Effective Means to Reach Poor People? An Assessment of One Rationale for Area-based Funding. " Working Paper of The ESRC Research center for Analysis of Social Exclusion.

[134] Conning, J. , M. Kevane. (2002), Community – Based Targeting Mechanisms for Social Safety Nets: A Critical Review. World Development.

[135] Dutta, D. (2009), Elite Capture and Corruption: Concepts and definitions. Retrieved March.

[136] Jha, Bhattacharyya, Gaiha, Shankar. (2008), "Capture" of anti-poverty programs: An analysis of the National Rural Employment Guarantee Program in India. *Journal of Asian Economics.*

[137] Besley, T. , R. Pande, V. Rao. (2007), Just Rewards? Local Politics and Public Resource Allocation in South India. Social Science Electronic Publishing.

[138] Panda, S. (2015), Political Connections and Elite Capture in a

Poverty Alleviation Programme in India. *Journal of Development Studies*.

［139］ Galasso, E. , M. Ravallion. (2005), Decentralized Targeting of an Antipoverty Program. *Journal of Public Economics*.

［140］ L. Pan, L. Christiaensen. (2012), Who is Vouching for the Input Voucher? Decentralized Targeting and Elite Capture in Tanzania. World Development.

［141］ Mood, Carina (2011). Lagging behind in Good Times: Immigrants and the Increased Dependence on Social Assistance in Sweden. *International Journal of Social Welfare*, 20 (2): 55 – 65.

［142］ Alkire S. and Foster J. Counting and Multidimensional Poverty Measurement. *Journal of Public Economics*, 2011 (95): 476 – 487.

［143］ Lipsky, M. (1980), Street – Level Bureaucracy: Dilemmas of the Individual in Public Services. New York: Russell Sage Foundation.

［144］ Pellissery, S. (2006), The Politics of Social Protection in Rural India: a Case Study of Two villages. University of Oxford.

［145］ Caldés N. , J. A. Maluccio. "The Cost of Conditional Cash Transfers. " . *Journal of International Development* , 2005, 17 (2).

［146］ Notten, G. , Gassmann F. (2008), Size Matters: Poverty Reduction Effects of Means – Tested and Universal Child Benefits in Russia. Social Science Electronic Publishing.

［147］ Pierson, P. , The New Politcs of the Welfare State. World Politics.

［148］ Korpi W. , J. Palme. , The Paradox of Redistribution and Strategies of Equality: Welfare State Institutions, Inequality, and Poverty in the Western Countries. *American Sociological Review*.

［149］ Janky, B. , D. Varga. The Poverty – Assitance Paradox. Economics Letters 120.

［150］ Stuber, J. , M. Schlesinger. , Sources of Stigma for Means-tested Government programs. *Social Science & Medicine*.

［151］ Blank, R. , P. Ruggles. , When Do Women Use Aid to Families with Dependent Children and Food Stamps? The Dynamics of Eligibility Versus Participation. *Journal of Human Resources.*

［152］Dorsett, R. , C. Heady. , The Take – Up of Means – Tested Benefits by Working Families with Children. *Fiscal Studies.*

［153］Lister, R. *Poverty*, Cambridge：Polity Press, 2004.